ESSAIS

SUR

L'ALLEMAGNE IMPÉRIALE

Coulommiers. — Imp. P. BRODARD et GALLOIS.

ESSAIS

SUR

L'ALLEMAGNE IMPÉRIALE

PAR

ERNEST LAVISSE

PARIS
LIBRAIRIE HACHETTE ET Cⁱᵉ
79, BOULEVARD SAINT-GERMAIN, 79

1888

AVANT-PROPOS

Les études ici réunies ont été publiées à des intervalles inégaux par la *Revue des Deux Mondes*, la première en 1874, au lendemain de la guerre de France, la dernière cette année même, après la dissolution du parlement d'Allemagne et la victoire électorale de M. de Bismarck.

La guerre de France étudiée dans un département, le parlement d'Allemagne dans une de ses séances, les élections de 1874, les partis socialistes, l'émigration, des notes prises en 1886 au cours d'une excursion en Allemagne, enfin une appréciation de l'état politique de ce pays en 1887 : telle est la table des matières du volume.

Le premier de ces *Essais* montre l'Allemagne militaire en fonction d'invasion : elle déploie sa force, inonde la France, écrase par son artillerie nos villes mal défendues, accable nos armées sous le nombre, s'installe sur la terre conquise, l'administre par ses préfets, l'exploite par ses percepteurs. Machine terrible, dont toutes les pièces jouent sans heurt ni grincement, entretenue et perfectionnée par un corps de métier spécial, qui a traversé ce siècle révolutionnaire sans la négliger un moment, comme ces mécaniciens inventeurs qui vivent les yeux et l'esprit fixés sur leur travail, et n'entendent même pas les bruits du dehors.

Les autres chapitres énumèrent les embarras de la vie politique en Allemagne.

L'Allemagne n'est pas dans un état normal. Elle souffre d'une équivoque. Elle a voulu être une grande nation, mais elle n'a pas accompli elle-même sa destinée. Sa croissance a été trop rapide et factice. Une intrigue diplomatique, le chef-d'œuvre du genre, qui commence en 1864 pour finir par la guerre civile de 1866, l'a mise à la discrétion de la Prusse, c'est-à-dire d'un État d'une nature toute particulière et qui est devenu le maître en Allemagne, parce qu'il ne ressemblait pas au reste de l'Allemagne.

A peine la première ébauche de l'unité était-elle dessinée dans la constitution du *Nordbund* en 1866, que le pays en sentit l'imperfection. La France, en déclarant la guerre au roi Guillaume et en se laissant vaincre par lui, a sauvé cette œuvre malvenue, mais pour un temps seulement, car la constitution de 1871 n'a fait qu'étendre aux États du Sud le pacte de 1866 avec tous ses défauts.

Il faut bien que nous connaissions ces défauts,

pour ne point nous imaginer avec notre promptitude aux extrêmes que tout soit pour le mieux chez nos adversaires, mais il faut savoir aussi que la force de l'Allemagne se défendra longtemps contre la destruction. Certes, s'il est une chose certaine au monde, c'est que la forme rigide où sont aujourd'hui détenus comme dans une geôle militaire les sentiments et les passions qui animent et divisent les âmes allemandes, sera déchirée dans quelque tempête. Mais qui pourrait dire la date et l'occasion ?

L'armée allemande est plus fortement organisée en 1887 qu'en 1871. Elle a confiance en la solidité des preuves qu'elle a données ; elle a corrigé les imperfections qu'elle a remarquées dans le feu même de ses victoires. Elle est en progrès, toujours et toujours en haleine. Le peuple allemand met en elle sa sécurité et son orgueil. Il n'est pas prêt pour les révolutions qu'il fera un jour. Avant d'en venir à ces actes hardis d'indiscipline et de révolte par lesquels une nation s'ouvre des voies nouvelles, il faut qu'elle ait usé certaines habitudes, vertus ou faiblesses, qui la détiennent dans l'inertie conservatrice.

Supposez un peuple qui ait gardé d'un long passé d'obéissance l'habitude du respect, et qui soit, par nature, lent à concevoir, plus lent à l'action : il acceptera sans difficulté la vie comme elle est faite. Ce n'est point là un peuple imaginaire : il habite l'Allemagne. En aucun pays on n'est heureux à moins de frais que dans celui-là. Une réunion de camarades ou d'associés d'un *Verein* quelconque, une fête de famille, de cabaret ou de village, un verre de bière, quelques tours de danse, un chœur chanté sur les routes, y sont des provisions de bonheur tranquille. Nul ne s'y surmène, ni à la ville, ni à la campagne. Nul ne brusque la vie. Point d'âpreté au travail; une humeur ouverte à la joie de vivre et qui produit le *Gemüth*, cette bonhomie des gens satisfaits de leur sort. Tout le monde aime ses aises et les prend. *Sich bequem machen*, se mettre à son aise, est une coutume nationale, dont les effets sont très salutaires. Pour n'en dire qu'un seul, elle prémunit nobles et vilains, pauvres et riches, contre les tentations de la doctrine de Malthus.

Ces dispositions naturelles, dira-t-on, doivent mettre tôt ou tard l'Allemand en révolte contre le régime prussien, qui a de si grandes incommodités. Oui, mais ici s'interpose l'habitude du respect.

L'homme du peuple en Allemagne n'aperçoit pas tous les hommes sur le même plan : son œil met dans la société une perspective, et je dirais volontiers qu'il a le regard hiérarchique. Jamais prince n'a eu plus de simplicité réelle, plus de facilité d'abord que l'empereur Guillaume, mais le sujet le voit très haut, tout en haut d'une échelle mystique, dont les plus bas échelons lui paraissent déjà fort respectables. La déférence dans les relations d'inférieur à supérieur, l'obséquiosité des façons, l'humilité, la bassesse des attitudes et des formules sont un sujet d'étonnement pour l'étranger. L'Allemand ne connaît pas l'inclinaison modérée; quand son échine plie, c'est tout d'une pièce : elle ne sait dessiner que l'angle droit. Sans doute l'esprit révolutionnaire est à l'œuvre en Allemagne avec une énergie qui ne sera pas domptée. Les progrès qu'il fait et dont j'ai essayé de dire les causes diverses se précipitent. Près d'un million d'électeurs à l'heure qu'il est tiennent l'échine droite, et, tête haute, regardent en face les hommes et les choses du nouvel empire : l'œil est insolent et haineux. Mais les socialistes ont fait le plus aisé de leur œuvre de propagande. Ils seront les agents les plus actifs de la destruction finale, et le vieil empereur s'inquiète avec raison des infiltrations qui pénètrent dans la caserne, mais la caserne tiendra longtemps encore, et les bataillons en sortiront innombrables et au complet, le jour de la déclaration de guerre.

La guerre est certaine, car l'Allemagne impériale vient de la guerre et elle va vers la guerre. *A bello ad bellum*, voilà son épigraphe.

Elle vient de la guerre, parce que la Prusse, qui l'a faite, est un produit de la guerre. Cet être historique est né sur un champ de bataille, aux bords de l'Elbe, qui était, il y a mille ans, la frontière chaque jour ensanglantée des Slaves et des Germains. Il n'a reçu sa figure moderne qu'au XVIIe siècle : c'est son armée qui la lui a donnée. La Prusse était toute petite encore par le territoire, mal peuplée, mal faite; tout d'elle était mesquin, hormis son armée, qui était superbe. Elle a forcé l'entrée dans le rang des grandes puissances en les vainquant toutes ensemble. Après avoir frappé par l'épée de Frédéric, elle a failli périr par l'épée de Napoléon. Comment s'est-elle relevée? Par l'armée. A Waterloo, ses clairons ont sonné notre déroute. Et quelle est aujourd'hui la principale gloire de son roi? C'est d'avoir conservé en temps de paix l'esprit militaire de cette armée, c'est de l'avoir accrue et fortifiée. C'est d'en avoir été le meilleur soldat.

Le premier qui fut roi fut un soldat heureux.

Un soldat heureux a été le premier empereur de l'Allemagne nouvelle.

L'Allemagne impériale va vers la guerre. Elle ne menace directement personne, cela est vrai. Le grand ministre à qui elle doit le jour est à la fois très hardi et très prudent. Après des victoires inouïes, il n'a pas commis une seule faute qui pût être évitée. Sa politique est toute conservatrice; mais le traité de Francfort a découvert le cœur de la France, établi à demeure sur nos têtes le péril du *tumultus germanicus*. Il a créé cet étrange État qui fait que chaque jour vécu par l'Europe est une veillée d'armes. Alors même qu'il aurait respecté notre territoire en nous laissant pour tout ressentiment celui d'une défaite que nous avons cherchée, la paix serait-elle assurée? Non. Jamais la Prusse n'admettra l'idée d'un désarmement. Maîtresse de l'Allemagne, elle l'a incorporée dans son armée, et cette armée, campée au milieu du continent, le force à se couvrir de soldats et de forteresses. Terrible cercle vicieux que celui-ci : les États ont des armées pour se défendre contre la guerre; ils ont la guerre parce qu'ils ont des armées. Il est pénible de prélever sur le travail, sur l'intelligence, sur le cœur, sur les vertus, sur la vie même d'hommes faits pour mourir, mais de mort naturelle, l'impôt qui sera dépensé en murailles, en artillerie, en munitions, en plans de campagne, en héroïsme et en tueries. Il serait absurde d'employer ces forces à de simples parades. L'excuse du budget de la guerre, c'est la guerre. Et tout ce personnel hautain et superbe, tous ces hommes ornés et galonnés, qui font sonner le sabre sur les pavés, seraient ridicules s'ils ne mettaient jamais le sabre au clair.

L'Europe aura donc la guerre, parce qu'elle se prépare à la guerre. Les prétextes ne manqueront pas, ni les raisons graves. La question du Danube et celle de la Méditerranée se raccordent à la question du Rhin et s'enchevêtrent avec elle. Une étincelle tombant à la frontière des Vosges, dans les Balkans ou sur le rivage de l'Afrique du Nord fera lever une fusée gigantesque, qui donnera le signal de la mêlée. Ce jour-là, la France et l'Allemagne seront les chefs de camp, et le duel de ces deux puissances sera le centre de la bataille.

La France est plus forte aujourd'hui qu'elle ne paraît, plus forte qu'elle ne le croit elle-même. Elle est très divisée, et les partis en liberté y mènent grand bruit. Ceux qui vivent dans ce tapage s'indignent et s'alarment; les plus impatientés et les plus moroses annoncent même la fin de la France. Ils ne savent pas que les crises révolutionnaires profondes durent longtemps, et qu'un siècle ne suffit pas pour qu'un pays, après avoir rompu avec tous les pouvoirs qui réglaient sa vie, trouve des conditions nouvelles d'existence. Pour avoir le droit de juger la France avec sévérité, il faudrait savoir comment se comporteraient la Prusse sans roi, l'Allemagne sans empereur, l'Angleterre républicaine.

Un jour viendra où toutes les formes de l'autorité traditionnelle s'effaceront dans tous les pays : dans le nôtre, elles ne sont déjà plus visibles. On n'y connaît plus que l'autorité consentie par ceux mêmes sur qui elle s'exerce. Pourtant, nous continuons de vivre. C'est là un sujet d'étonnement à l'étranger pour les esprits non prévenus, qui se demandent si les autres peuples se comporteront aussi sagement que nous, quand ils seront arrivés par une évolution fatale et déjà commencée au point où nous sommes.

Il est vrai qu'il y a péril à marcher si fort en avant des autres. Si encore nous pouvions nous isoler du reste du monde, comme ont fait d'autres États qui ont traversé de grandes crises, l'Angleterre au xviie siècle, et de nos jours les États-Unis! Mais nous tenons par toutes nos fibres à la vieille Europe : d'elle à nous et de nous à elle, chaque mouvement produit un contre-coup. A l'heure présente, nous avons besoin de la paix plus qu'aucun autre pays, et aucun autre pays n'a plus besoin que nous de s'armer pour la guerre. Cette contradiction est la cause d'un grand malaise et de graves inquiétudes.

Deux problèmes sont posés devant nous.

Notre vie est mêlée à celle des autres; n'est-il point périlleux de faire bande à part dans l'Europe monarchique?

Nous nous préparons pour la guerre : le jour venu, nos mœurs s'accommoderont-elles aux nécessités de la guerre? L'obéissance consentie cédera-t-elle la place à l'obéissance absolue, et le pouvoir toujours contesté au pouvoir commandant sans réplique?

L'histoire donne la solution du premier problème. Dans les conflits politiques et militaires, le seul intérêt du moment groupe les partis engagés. Au xvie siècle, deux chevaliers se disputaient l'Europe : François Ier et Charles-Quint. Tout bon chevalier rêvait de la croisade, et une des premières choses que François Ier se soit promise à lui-même, c'est la guerre contre le Turc. Cette guerre, Charles-Quint l'a faite avec éclat. Cependant, lisez la correspondance de l'Empereur et du Roi avec le Grand Seigneur : ces deux chrétiens ont été les courtisans du commandeur des infidèles. Passez quelques années. Notre roi Henri II a été un despote et il a préparé la persécution contre les calvinistes : n'a-t-il pas écrit un manifeste en faveur des libertés germaniques, au haut duquel était représenté un bonnet phrygien entre deux poignards? n'a-t-il point fait une alliance très étroite avec des princes protestants, parmi lesquels M. l'électeur de Brandebourg? Ce qui a été sera. Il y avait plus loin du Roi Très-Chrétien au sultan Soliman que de la République française à tel roi ou empereur d'aujourd'hui.

Plus difficile est le second problème. Par qui serions-nous commandés? De quelle façon obéirions-nous? J'avoue que la question met de l'anxiété dans les âmes sincères; mais il est permis d'espérer que la France saurait la résoudre. La façon dont elle accepte le devoir militaire promet qu'elle s'y soumettra jusqu'au bout.

Nous ne nous savons pas assez gré d'une transformation qui s'est opérée dans nos habitudes. Il y a vingt ans, nous vivions sous le régime du tirage au sort et du remplacement. Des milliers de jeunes gens, après avoir pris un bon numéro ou acheté un homme au marchand d'hommes, se croyaient si bien libérés, qu'ils n'imaginaient pas qu'ils dussent jamais courir un danger, voire même endurer la fatigue d'un exercice ou d'une marche pour le service de leur pays.

Nous avons introduit chez nous le service militaire obligatoire avec des atténuations moindres qu'il ne s'en trouve dans la loi allemande, et ce système que la Prusse n'a pas établi en un jour, qu'elle a porté à la perfection où nous le voyons aujourd'hui un demi-siècle seulement après Stein et Scharnhorst, quel Français l'a trouvé trop dur? qui a protesté? qui a renié son pays plutôt que de subir de telles exigences? Tout de suite les mœurs ont accepté la loi et l'ont faite nationale. Il faut pourtant avoir le courage de dire les vérités qui nous honorent. Le service obligatoire est supporté chez nous mieux qu'en Bade, en Wurtemberg ou en Bavière. Si la politique trouble l'armée par les fréquents changements ministériels, du moins elle la respecte et lui témoigne des égards unanimes. Nous avons un parti d' « antipatriotes » : ils sont une minorité ridicule, qui ne peut parvenir à faire illusion sur son nombre, bien qu'elle promène tout son personnel tapageur de salle en salle et de cirque en cirque. L'ouvrier allemand socialiste déteste l'armée comme l'instrument de la tyrannie politique et de l'oppression sociale; il est résolument international, sans patrie, *Vaterlandesloser Mensch*. Regardez la mine de l'ouvrier français quand un régiment passe, de quelle allure il le suit, et comme le clairon chatouille sa narine.

Il s'est fait chez nous une conciliation du militarisme et de la démocratie, qui n'est pas sans dangers politiques, mais qui est une des garanties de la sécurité nationale.

J'éprouve quelque embarras à nous rendre ainsi justice à nous-mêmes. La forfanterie nous a valu de si terribles déboires, que l'apparence même en est odieuse. Je sais que notre armée n'est pas au bout de ses efforts. L'histoire de la guerre de 1870 écrite par l'état-major allemand prouve à chaque page que nos ennemis sont redoutables; mais elle montre aussi ce que nous avons su faire avec des ressources si médiocres et même après que nos armées régulières ont été perdues pour nous. Le premier chapitre de ces *Essais* contient une courte notice sur l'armée du Nord, commandée par le général Faidherbe. En octobre 1870, cette armée n'existait pas. Quelques bataillons de garde mobile avec de mauvais cadres, sept dépôts de régiments de ligne, un dépôt de régiment de dragons, une batterie en médiocre état, tels sont les misérables éléments qui s'offrirent alors aux organisateurs de la défense nationale. Avec des recrues nouvelles, des soldats débandés, des officiers évadés de Metz ou de Sedan; sous le feu même de l'ennemi, — car la première bataille est du 27 novembre; — par une saison rigoureuse qui couvrait les routes de verglas ou les fondait en une boue glissante; malgré cette hâte d'une improvisation fiévreuse et la scélératesse de ces fournisseurs qui mirent aux pieds de nos soldats des souliers à semelles de carton, le général Faidherbe a composé l'armée du Nord, qui, en deux mois, a livré quatre batailles rangées, plusieurs combats et infligé des pertes sérieuses à nos ennemis de toutes façons supérieurs. Ces souvenirs nous permettent d'espérer, d'affirmer, en notre âme et conscience, que nous ferions une autre figure dans une autre guerre.

Ainsi deux adversaires sont en présence, dignes de se mesurer l'un contre l'autre. L'issue de ce duel certain est incertaine.

Quelle que soit cette issue, qu'un des camps succombe et soit écrasé, ou que l'un et l'autre s'arrêtent épuisés après une lutte indécise, il y aura un vaincu qui ne se relèvera pas, c'est le système politique par lequel l'Europe est régie depuis trois siècles.

Qu'on nous permette à ce propos quelques considérations générales. L'historien qui place le moment où nous vivons dans l'ensemble de l'histoire, ne peut se défendre d'une grande mélancolie. Quelque chose s'est achevé sous nos yeux; par conséquent quelque nouveauté nous menace, car l'histoire est une succession d'expériences; dès qu'une est terminée, une autre commence, toute contraire.

Ce qui s'est achevé, c'est la constitution des grandes puissances.

La grande puissance était inconnue au moyen

âge. Cette époque de l'humanité n'a pas su organiser la force d'État : par contre, elle mettait de l'idéal dans tout pouvoir. L'empire et la papauté étaient des puissances d'opinion, et la papauté a détruit l'empire par l'opinion qu'elle avait donnée aux hommes de la justice de sa cause. La royauté française était une magistrature. Voyez le roi saint Louis. Après avoir battu les Anglais, il leur rend des provinces. Les modernes lui font un reproche d'avoir consenti ce sacrifice, mais il n'a pas cru faire un sacrifice. Il avait un sentiment très élevé de sa dignité, cet humble de cœur, qui aimait les pauvres et leur lavait les pieds. Un jour, après avoir couru péril de naufrage, il veut tirer une leçon de modestie de cet accident, et il fait remarquer qu'un « petit vent » a failli faire périr le roi de France. Quel bel orgueil dans cette humilité! Louis IX se savait donc très grand, mais toute sa grandeur tenait dans sa qualité de roi de France. Il n'estimait point qu'elle se mesurât à l'étendue d'un domaine, et il l'aurait crue plus diminuée par une injustice que par la perte d'un territoire!

Un des signes de la fin du moyen âge est l'importance que prend dans la politique le *territoire*, qui est la base de la puissance moderne.

Le roi de France compose son royaume comme un paysan son domaine en acquérant pièce à pièce les terres féodales; les Espagnes se fondent en la monarchie espagnole : France et Espagne passent grandes puissances. Les rois des deux pays ont de l'argent et des troupes; sans plus tarder, ils les emploient au dehors, et, en même temps que la grande puissance, naît la grande politique, cette source de tant de misères que nous admirons. Les magistratures idéales s'effacent. La papauté devient une toute petite principauté. L'empire n'est plus rien, mais la maison d'Autriche, qui en porte le titre, possède des provinces et deux royaumes : l'Autriche est grande puissance. L'Angleterre prend rang avec cette dignité, dès qu'elle se mêle aux affaires du continent. Enfin le système est complété par l'accession de la Russie, après que Pierre le Grand l'a vêtue à l'européenne, et de la Prusse, après que Frédéric II a conquis la Silésie. Il fut alors établi que la gloire et l'honneur d'un État exigeaient qu'il eût de belles troupes et fît des conquêtes. Les personnages principaux furent le ministre de la guerre et le ministre des relations extérieures. Tout un personnel se forma d'hommes politiques : résidents, ministres, ambassadeurs. La diplomatie étudia les affaires, les compliqua, les embrouilla. Elle inventa des théories et des combinaisons dont l'objet était le maintien de la paix et dont l'effet fut la guerre à peu près perpétuelle.

Au moyen âge, les frontières étaient de vagues régions intermédiaires, des transitions indécises entre un peuple et un autre : tel le pays de la Meuse au Rhin et du Rhône aux Alpes. La polyarchie et la confédération étaient les formes politiques qui répondaient le mieux aux idées et aux besoins des hommes. Du moyen âge subsistaient encore, il y a trente ans, les petits États de la zone intermédiaire entre France, Allemagne et Italie, c'est-à-dire la Hollande, la Belgique, la Suisse et la Savoie, puis la confédération germanique et la polyarchie italienne. Aujourd'hui la Savoie appartient à la France ; la Hollande se sent menacée ; la Belgique s'apprête à se défendre ; l'Allemagne est annexée à la Prusse, et l'Italie a une monarchie nationale. C'est justement la fondation de l'empire allemand et du royaume d'Italie qui achève le système des grandes puissances et qui en montre les dangers : France, Allemagne, Italie, qui se touchaient jadis par des extrémités mortes, se heurtent aujourd'hui chair vive contre chair vive.

La grande puissance a eu des effets bienfaisants. Elle a groupé les forces intellectuelles et morales des peuples ; elle les a vivifiées et stimulées ; elle a donné aux génies nationaux la conscience d'eux-mêmes, l'occasion et les moyens de s'exprimer avec précision. Elle a produit dans une civilisation commune une variété pittoresque et féconde. Elle a placé au-dessus de l'égoïsme de personne et de clocher, cet égoïsme national qu'on appelle le patriotisme, et qui a été une source de sentiments élevés et de belles vertus. Elle a donc rendu de grands services à l'humanité, mais elle les lui a fait payer par d'aussi grandes souffrances.

Il a été employé dans la politique internationale beaucoup de talent, voire même de génie, et une part de l'œuvre faite par chaque État était nécessaire pour assurer son existence, mais que de combinaisons étranges a imaginées l'ambition des politiques ! En fin de compte, quels minces résultats pour tant d'efforts et de sang répandu et de ruines faites ! Prenez les États européens au début du XVIe siècle. Calculez ce qu'a coûté l'acquisition par chacun d'eux de quelques lieues carrées. Considérez l'état présent de l'Europe; mesurez les territoires contestés; puis comptez le nombre des soldats, additionnez les budgets de la guerre, évaluez les pertes que l'universelle anxiété prélève sur le travail; appréciez le progrès de la haine entre les hommes. Nous sommes tellement imbus d'admiration à l'égard de la grande politique, que nous ne sommes point capables de comparer entre elles ces deux quantités, c'est-à-dire les résultats obtenus ou espérés et la peine dépensée; mais les historiens de l'avenir verront bien qu'il n'y a pas entre elles de proportion raisonnable. Ils étudieront nos budgets. Ils décriront nos armements et nos parades gigantesques. Ils raconteront l'histoire du duel héroï-comique entre le boulet et la cuirasse du navire, entre l'obus chargé de mélinite et la muraille des forteresses. Ils verront clairement que les philosophes se trompent, qui croient au progrès perpétuel comme à une cause finale de l'histoire. Ils démontreront sans peine que, si des progrès de toute sorte ont été accomplis par les temps modernes, la politique internationale inventée par nous est une barbarie servie par toutes les forces de notre civilisation.

Cette barbarie est la perfection du système des grandes puissances, et, parce qu'il a été porté à la perfection, il est près de la décadence. Il n'est pas de personne raisonnable en Europe qui ne confesse cette vérité certaine sous cette forme familière : « Cela ne peut durer. » Mais comment cela finira-t-il ?

Ici est l'imprévu, mais savait-on comment vivrait l'humanité après la disparition de l'empire romain qui l'avait absorbée en lui-même ? Aucun esprit n'était assez hardi pour imaginer que le monde pût être gouverné autrement que par César. Les grands chrétiens qui étaient les révolutionnaires de ce temps-là, les Tertullien, les Jérôme, les Augustin prédisaient que la fin de l'empire serait la fin même du monde. Cependant César a disparu; préfets du prétoire, vicaires, présidents, agents du fisc, maîtres des milices, généraux, légions, tous les instruments de la monarchie universelle ont été brisés et rejetés hors de l'histoire. L'extrême variété a remplacé l'unité de la *pax romana*. A travers mille désordres et dans d'atroces souffrances, la féodalité a succédé à l'empire romain.

Nul ne peut imaginer ce que sera l'Europe du xx⁰ siècle; mais un parti, qui toujours va grossissant, s'annonce comme le successeur des puissances d'aujourd'hui. Il ne sert de rien de lui reprocher l'indignité de son personnel : ce ne sont point les anges qui font des révolutions; ni la violence de ses procédés : si le ciel a été promis aux violents, la terre leur a toujours appartenu; ni l'impuissance a réédifier après avoir détruit : détruire et rebâtir sont deux vocations différentes, qui s'exercent l'une après l'autre, et point par les mêmes personnes. « Quelque chose me pousse à détruire Rome », disait un chef barbare, qui ne se préoccupait guère de rebâtir. Avant de mépriser les espérances des socialistes et les menaces des anarchistes, il faudrait d'abord leur enlever leur raison d'être, et qui ne voit qu'ils en ont une? Elle est éclatante. Déclarer la guerre à la guerre, réclamer le droit de vivre dans la paix et le travail, déclamer contre les États d'aujourd'hui et la politique homicide faite ou acceptée par les classes dirigeantes, cela est un très beau thème et très sérieux et très redoutable.

N'est-il aucun moyen de préparer doucement et par des transitions la liquidation du système des grandes puissances? Il en est un, mais un seul. Déposséder peu à peu l'État omnipotent, omniscient, collecteur et consommateur de toutes les forces vives, qu'il met aujourd'hui au service de la guerre. Cet État aura bientôt fait son temps. Il a donné tout ce qu'il pouvait donner, parce qu'il a pris tout ce qu'il pouvait prendre. Rien de nouveau n'est à espérer de lui. Il faudra bien ressaisir quelques-unes des libertés qui lui ont été sacrifiées; car sa tête trop grosse pèse sur des membres trop grêles, et la responsabilité générale qu'il assume a déshabitué les citoyens de tout effort viril et de toute initiative.

En France, nous suivons une sorte d'instinct qui nous pousse à fortifier les membres. Pour l'armée, nous arrivons au recrutement régional; pour l'enseignement, aux universités régionales; pour l'administration, aux grandes préfectures à conseils, qui seront comme les métropoles de moindres préfectures. D'autre part, le législateur reconnaît la puissance et l'efficacité de l'esprit d'association et lui offre le moyen de se produire. Il semble qu'après nous être étroitement unis pour établir sur des bases indestructibles les principes modernes d'égalité et de liberté, nous voulions détendre un peu les liens qui entravent notre activité. Les organes d'État n'ont plus la même puissance qu'autrefois. Les représentants de l'autorité publique ne sont plus si aisément obéis : ils ont à compter avec les conseils municipaux et généraux. Le Parlement lui-même finira par tomber en discrédit, s'il continue à ressasser le conflit des abstractions politiques. Cet affaiblissement des puissances d'État doit avoir pour conséquence l'affranchissement des individus et la formation de groupements nouveaux dans l'unité nationale. Si nous étions isolés dans le monde et seuls maîtres de nos destinées, nous trouverions peut-être la nouvelle façon de vivre que nous cherchons. La France, allégée du poids qui l'opprime, vivant dans toutes ses parties et dans toutes ses parcelles, dépensant avec moins de fatigues une somme plus grande de forces, donnerait au monde l'exemple contagieux d'un pays organisé pour le travail dans la paix. La nation qui enseignerait à l'Europe, tout entière tournée vers la guerre, que la paix est la condition normale de l'humanité, sauverait le continent des catastrophes qui l'attendent. Mais quand donc notre pays pourra-t-il prendre cette initiative et, une fois de plus, ouvrir une ère nouvelle? Car ce n'est pas aujourd'hui qu'il pourrait être question de détendre les ressorts de la force publique. Tout Français doit être prêt à obéir sur l'heure à tel ordre que lui apportera le télégraphe, et toute la France est au service du ministre de la guerre.

Faisons un rêve. Le canon tonne à Potsdam. Les troupes sont alignées dans les rues. L'église dont la crypte garde les tombes des rois de Prusse est remplie de rois et de princes. Dans le chœur est un cercueil, qui porte deux couronnes, une épée, une grande palme de lauriers. Là gît Guillaume 1er, roi de Prusse, empereur d'Allemagne. Après les bénédictions et les prières des prêtres, au milieu des sanglots parmi le recueillement des assistants qui baissent la tête, le cercueil est descendu dans son caveau. Le cortège s'écoule hors de l'église. Alors quelqu'un qui n'était point attendu et que l'étiquette retenait dans son palais en deuil se présente : c'est le second empereur d'Allemagne. Rois et princes font cercle autour de lui avec les généraux de toutes armes, vétérans des grandes guerres. Le nouvel empereur est presque un vieillard déjà. Des fils blancs courent dans sa longue barbe blonde; de la tempe, des rides rayonnent vers l'œil bleu. L'aspect est grave, triste même. La maladie a touché ce puissant et lui a fait voir de près la mort. Il parle à voix basse, mais le silence est si profond!

« Mon père est mort dans la grandeur et dans la gloire. Il a fait sur cette terre l'œuvre qu'il y devait faire, et je suis assuré que l'ouvrier héroïque qui a construit l'Allemagne reçoit sa récompense dans le sein de Dieu. Mais l'humanité se donne au cours des siècles des tâches diverses : demain ne peut ressembler à aujourd'hui. Le passé nous a laissé la guerre, mais le présent, qui souffre et qui étouffe dans une atmosphère chargée de haine, veut la paix. Le moment est venu de réconcilier les hommes avec les hommes. Tous les États ont commis quelque injustice ou quelque violence, même lorsqu'ils ont combattu de bons et saints combats. Ces péchés des nations ne peuvent être effacés en un jour; mais quelle gloire que d'effacer le premier péché! La laideur des autres sera si répugnante, qu'elle ne pourra plus être supportée. Nous avons fait la patrie allemande, et je sais ce que vaut l'honneur d'avoir vaincu aux champs de Bohême et de France. Mais dans notre joie nous entendons des cris de douleur. Nous avons reconquis par la force des frères que la force et la ruse nous ont enlevés, il y a deux siècles, mais ces frères ont donné leur cœur à une autre patrie. Ni nos caresses ni nos violences n'ont ébranlé leur fidélité envers la France. Que faisons-nous aujourd'hui? Nous enrôlons dans nos armées des soldats qui renient notre drapeau. Vienne la guerre : faudra-t-il que nos sous-officiers contraignent à coups de crosse le conscrit de Lorraine ou d'Alsace à tirer sur ses frères d'adoption? Mais quel crime! Je n'y puis penser sans horreur!

« Messieurs, le temps est passé où la terre valait plus que l'homme et l'entraînait dans sa destinée. Jadis on vendait un domaine avec ses esclaves, on conquérait une province avec ses habitants. L'âme était incluse dans la glèbe. Aujourd'hui elle se dégage, elle est libre. Respectons cette liberté. Notre force ne sera pas diminuée, quand notre grande Allemagne ne comprendra plus que de vrais Allemands, et quand nous ne serons plus obligés de nous épuiser dans cette garde formidable qu'il faut faire au pied des Vosges.

« Mon père, avant d'être notre roi et notre empereur, a vécu dans une longue paix. Sous la couronne, il a conduit trois guerres. Moi qui ai combattu avec quelque gloire avant que Dieu m'appelât à régner sur vous, je voudrais régner en paix, mourir en paix, et léguer à mon fils et à tous les fils de l'Allemagne et aux fils de tous les hommes la paix !

« Messieurs, j'ai ordonné à mes troupes d'évacuer leurs garnisons d'Alsace-Lorraine. »

Si un pareil discours était prononcé, si une pareille action était accomplie, quel orateur pourrait être comparé à cet orateur, et quel prince à ce prince !

Réveillons-nous. Ce rêve était insensé ; mais il faut que la vieille Europe soit insensée elle-même pour qu'une action qui affranchirait le monde du servage de la peur et de la haine soit invraisemblable et impossible, tandis que l'avenir appartient aux négociateurs de coalitions, aux ingénieurs militaires et aux généraux, c'est-à-dire à la politique des grandes puissances qui achèvera d'épuiser notre continent et qui donnera raison aux ennemis de notre société.

L'INVASION

DANS

LE DÉPARTEMENT DE L'AISNE[1]

I

Dans les derniers jours du mois d'août 1870, quand le Prince royal de Prusse se fut avancé jusqu'à Châlons, le département de l'Aisne ressentit les premières terreurs de l'invasion : elles passèrent vite. Mac-Mahon, marchant vers les Ardennes, attirait les forces de l'ennemi : une bataille allait se livrer, et l'on attendait la nouvelle d'une victoire. Le 29 août, le bruit se répand que des généraux ont annoncé à Laon que l'armée du Prince royal est anéantie. Des villes, la nouvelle est portée aux campagnes par les voitures publiques : le paysan voit arriver la diligence ornée du drapeau tricolore; il court à l'auberge, où le conducteur s'empresse de faire le récit de la victoire. Verres en main, des groupes joyeux écoutent les coups lointains et sourds du canon achevant de détruire dans les Ardennes l'armée qui menaçait les récoltes à peine rentrées dans les greniers.

[1]. Publié dans la *Revue des Deux-Mondes*, le 15 novembre 1871.

Mais deux jours après se multipliaient partout les tristes pronostics. Sur le chemin de fer de Tergnier à Mézières, des trains chargés d'hommes sont arrêtés à Vervins, le 2 septembre, par des signaux. Aux portières des longues files de wagons, les soldats passent la tête. Les officiers courent au télégraphe; ils demandent l'explication des signaux d'arrêt, et reçoivent l'ordre de se replier sur Paris. Ils adressent de nouvelles questions : aucune réponse n'arrive. Les habitants qui voient les locomotives se placer à la queue des trains et quitter la route de la frontière pour reprendre celle qu'elles viennent de parcourir, demeurent plongés dans l'anxiété. Tous les doutes hélas! vont être levés. Les fuyards vont vite : déjà ils apparaissent sur les chemins qui mènent vers le Nord ou vers Paris. Ce sont des cavaliers de toutes armes, des cuirassiers et des dragons entremêlés de turcos et de zouaves, rudement secoués sur des chevaux volés; des pontonniers avec leurs équipages; des artilleurs sans leurs canons : les traits coupés à coups de sabre pendent sur le flanc des chevaux. La triste cohue est assaillie par des curieux; mais beaucoup de ces malheureux ne veulent pas s'arrêter. « On n'est pas fier, dit un artilleur qui portait la médaille de Crimée et d'Italie, quand on a été battu comme cela! — Mais qu'est-il arrivé? — C'est bon, vous le saurez assez vite; ce n'est pas à moi de le dire! » — « A combien sommes-nous de Sedan? demande un autre. — A vingt-cinq lieues, lui crie-t-on. — Donnez-moi à boire; ils vont venir! » — Et il rejoint en courant ses camarades.

Le triste défilé dure trois jours entiers. Partout où les fugitifs font halte, on voit le même spectacle, on entend les mêmes discours. Les premiers arrivés appartiennent au corps du général de Failly. Ils ne parlent de leur chef qu'avec colère; les officiers sont unanimes à déplorer son incapacité; quant aux soldats, personne n'aurait pu leur ôter de l'esprit l'idée qu'ils avaient été trahis. Ceux-ci ont été surpris au moment où ils faisaient la soupe, et surpris par de l'artillerie! D'autres ont reçu les premiers obus au moment où ils passaient une revue d'armes, leurs fusils démontés étendus à leurs pieds. A La Capelle, un soldat contait cet épisode en tendant à son cheval de petites pincées de foin. Depuis huit jours la pauvre bête n'avait pas été dessellée; pour toute nourriture elle avait mangé l'herbe piétinée et poudreuse qui croît au bord des chemins. Le cavalier lui mesurait la ration. « Il faut lui faire reprendre tout doucement l'habitude de manger, disait-il. Elle l'a perdue comme moi! Mais ce n'est encore rien de ne pas manger! » Et le souvenir de la défaite revenant, il laissait échapper ce mot si triste : « Nous nous sommes bien battus, voyez-vous, monsieur, nous n'avons pas mérité ça! »

En même temps que s'écoulaient vers Lille ces débris de l'armée de Mac-Mahon, le corps de Vinoy, qui n'avait pas été engagé dans les Ardennes, se repliait en hâte par la route de Mézières à Laon. L'aspect en était lamentable. Quand il entra dans le département par le canton de Rozoy, la fatale nouvelle n'était pas encore connue; les soldats eux-mêmes l'ignoraient. Ils contaient aux habitants de Montcornet et des villages voisins, accourus pour leur apporter le pain et la viande, que tout allait bien, qu'ils étaient à la poursuite des Prussiens et qu'ils sauraient bien les débusquer des bois où ils se cachaient toujours. Ils passèrent près de Montcornet une nuit inquiète, et à l'aube, laissant derrière eux quantité de sacs, de sabres, de cartouches, de fusils, ils prirent la route de Laon : le corps d'armée y était réuni le 5 septembre, et, le 6, il partait pour Paris. On savait alors que ces troupes étaient la dernière ressource de la France, et les habitants de Laon ne pouvaient se défendre des plus tristes pensées, en regardant du haut de leurs promenades les vignes arrachées, les échalas brisés, des bouteilles amoncelées à la porte d'un marchand de vin dévalisé, et sur la voie ferrée des sacs de sucre, de tabac, de café éventrés et jetés au hasard à la suite du pillage d'un train.

Cependant, sur les principales routes du département qui est maintenant ouvert de toutes parts à l'invasion, s'avancent les éclaireurs ennemis, presque toujours des uhlans. Lancés fort en avant de l'armée, à laquelle ils sont reliés par une chaîne de petits postes, ils ne se montrent pas beaucoup à la fois : vingt ou trente au plus ; mais que de précautions dans leur témérité ! Ils connaissent les routes aussi bien que les habitants du pays ; avant d'entrer dans un canton nouveau, les officiers, quelquefois même les soldats ont reçu des cartes qu'ils ont étudiées. Les soldats n'ont pas trop de peine à se reconnaître dans la géographie de quelques lieues de terrain ; ils apprennent les noms des routes et des villages qu'elles traversent. Par la précision de leurs connaissances topographiques, ils confondent d'étonnement le paysan, qui ne sait pas que ces belles cartes sont nos propres cartes d'état-major, et ne comprend pas que l'ennemi ait pu se procurer des « papiers où des maisons, des arbres même sont marqués ». « Figurez-vous, me disait un cantonnier, qu'ils ne demandent jamais leur chemin ; quand ils vous interrogent au croisement de deux routes, ils ne disent pas : « Où mène cette route? » mais : « Ceci est bien la route de... » et, je ne les ai jamais vus se tromper. Que voulez-vous faire avec ces gens-là? »

Cette connaissance du pays donne de l'assurance aux éclaireurs, mais sans rien leur ôter de leur prudence. Dès que la petite troupe arrive à portée d'un village, elle détache en avant deux, trois ou quatre cavaliers. Ceux-ci parcourent les rues au pas, la carabine au poing, regardant de droite et de gauche. Ils demandent s'il y a dans le village ou aux environs des soldats, des mobiles, des francs-tireurs, en avertissant que le moindre mensonge sera puni par l'incendie des maisons. S'ils n'ont rien vu de suspect, ils retournent vers la troupe, qui se met en marche. En un instant, l'officier a fait venir le maire, visité le bureau de poste, le télégraphe, mis la main sur les lettres, journaux, dépêches, sans oublier les caisses, bien entendu. Il revient au maire, auquel il annonce, s'il y a lieu, que la commune est frappée d'une réquisition, payable dans tel délai : c'était d'ordinaire immédiatement. Il lui renouvelle les questions déjà faites et l'informe que, s'il trouve dans la commune une arme ou un soldat, lui et les notables seront personnellement responsables. Sur toutes les routes, des sentinelles apostées veillent à la sécurité de la troupe. Le village est cerné. On peut bien en sortir du côté d'où viennent les cavaliers, mais toute issue est interdite vers le pays qu'ils traverseront tout à l'heure ou demain; car il ne faut pas que leur visite soit attendue. Ces uhlans ne sont que trente; mais à chaque pas qu'ils font quelques pouces de terrain sont conquis; derrière eux, l'invasion se déverse sur la route qu'ils ont éclairée. Ils forment les lignes mobiles de l'armée allemande; malheur à qui voudrait franchir ces lignes, en passant par un sentier dissimulé ou à travers champs! Du haut de son cheval, le cavalier surveille la plaine, et, si l'on n'obéit pas au premier geste, il abaisse le canon de son fusil et fait feu.

Ainsi le uhlan partout attendu surprend partout son monde, et, presque sans danger, car il a l'ordre de s'enfuir au plus vite s'il est attaqué, il chevauche sur les routes à vingt lieues de l'armée. « Toujours plus oultre », telle est sa devise. Il arrive auprès de Laon le 5 septembre à portée du canon de Vinoy. Ce jour-là, l'état-major du général était logé au presbytère de Vaux, au pied de la montagne de Laon, et à Coucy-lès-Eppes, première station du chemin de fer de Laon à Reims, trente uhlans passaient tranquillement la nuit. Le lendemain, jour du départ de nos troupes, ils arrivent à Vaux, et le plus naturellement du monde, comme s'il n'y avait jamais eu de citadelle en haut de la colline escarpée, et qu'ils n'eussent qu'à se présenter pour trouver bon gîte et le reste, ils montent par la rampe de Vaux. Leur officier, qui préparait son attitude de vainqueur, allumait un cigare à vingt mètres de la porte; une seconde après, les cavaliers s'enfuyaient au galop, poursuivis par la fusillade.

C'est la première résistance que l'ennemi rencontrait dans le département. Était-ce le commencement de la lutte, l'inauguration de la guerre à outrance dont on parlait à Paris et dans la France entière?

Il n'est pas de mot qui sonne mieux que celui de *guerre à outrance* dans un pays qui subit la honte de l'invasion. La guerre à outrance, c'est l'insurrection en masse de tout un peuple contre l'étranger ; c'est le paysan embusqué avec son fusil au coin des haies, ou debout sur son seuil la fourche à la main ; c'est le sacrifice de tous les biens et de la vie elle-même offert à tout instant à la patrie en danger ; c'est, comme ont dit éloquemment des ministres, des journalistes, des orateurs de clubs, le renouvellement de l'épopée de 1792. Voilà certes le plus beau des thèmes pour une proclamation ministérielle, un article de journal ou un discours de réunion publique. Mais on a pu remarquer que, durant toute la guerre, ces choses-là se sont dites ou écrites loin des événements. Ce n'est pas à Bordeaux, ni à Marseille, ni à Lyon : c'est dans le département de l'Aisne, au lendemain de Sedan, qu'il aurait fallu voir à l'œuvre les partisans de la guerre à outrance !

S'embusquer avec un fusil au coin d'une haie ! Mais s'imagine-t-on qu'il y ait partout des fusils et des haies ? que nos campagnards soient des paysans d'opéra-comique ou de drames patriotiques, tous braconniers et soldats ? que nos campagnes ressemblent au Bocage ou à la Vendée, et qu'il soit si aisé d'y renouveler les scènes des guerres de l'Ouest ? Dans l'Aisne, la plupart des paysans n'ont jamais tiré un coup de fusil, ni possédé une arme à feu, et les plaines qui, presque partout, bordent les routes de l'invasion, n'auraient point abrité des chasseurs d'hommes. Que faire donc ? Attendre sur sa porte et, plutôt que de livrer son toit à l'ennemi, se faire tuer en vendant chèrement sa vie ? Hélas ! la fourche est une arme de roman, qui n'aurait pas jeté beaucoup d'Allemands par terre ! Ceux-ci ne se risquent jamais dans un village dont les dispositions leur semblent hostiles. A la moindre apparence de résistance, ils font avancer des canons, et bientôt sur les toits tombe à grand fracas l'obus, qui n'a rien à démêler avec les plus belles fourches du monde. Dans un pays découvert, devant un ennemi assez nombreux pour se présenter partout en forces, assez prudent pour s'entourer, même quand il ne prévoit aucun danger, des précautions les plus minutieuses, assez habile pour dépister les moindres velléités de résistance, assez peu généreux pour punir de la façon la plus cruelle les plus légères et les plus inutiles démonstrations, la guerre à outrance était impossible, et l'héroïsme inutile. Mais il est vrai que l'histoire honore en certaines circonstances l'héroïsme même inutile, et il faut avouer qu'il ne s'en est guère dépensé de cette sorte-là. Ce n'est pas une raison pour nous accuser nous-mêmes de lâcheté, ni pour prononcer notre propre déchéance. La situation morale où la guerre de 1870 nous a surpris est très complexe. Le mal, sans contredit, y a sa place à côté du bien, mais il n'est pas équitable de n'y voir que le mal.

Des idées qui prévaudront dans l'avenir ont fait leur apparition dans notre pays, à son grand honneur, mais à son grand péril. La vanité de nos succès militaires et de nos éclatantes victoires de la République et de l'Empire, suivies de revers aussi éclatants, a éclairé l'esprit de nos historiens. Pendant que la Prusse, passant par-dessus le souvenir de la double revanche de 1814 et de 1815, s'attachait aux souvenirs de 1807 et n'attendait que l'occasion de nous appliquer la peine du talion, pendant que ses généraux étudiaient les procédés de la tactique et de la guerre napoléoniennes, nous portions dans l'histoire de l'Empire et de notre domination sur l'Europe une critique élevée et désintéressée; nous blâmions les excès et les abus de nos victoires; nous acceptions comme légitime l'expiation de nos fautes, comme juste le jugement porté par la fortune à Leipzig et à Waterloo. La grande majorité d'entre nous croyait en toute sincérité qu'il existe pour régler les relations des peuples entre eux un autre droit que celui de la force. Quelque capricieuse et incohérente qu'ait été notre politique extérieure depuis le commencement du siècle, elle a montré une répugnance croissante pour les conquêtes violentes, et finalement professé que toute annexion non consentie est injuste, attendu que l'homme n'appartient pas à la terre qu'il habite, mais la terre à l'être humain. Par l'effet de ces idées qui ont pénétré jusqu'aux derniers rangs de la société, l'esprit militaire n'a cessé de s'affaiblir parmi nous. Chaque jour emportait quelques vestiges de nos haines nationales; en face de l'Europe encore haineuse et jalouse, la France avait désarmé.

Si encore de fortes institutions militaires nous avaient permis de nous abandonner sans crainte à ce courant, en nous gardant contre des dangers imprévus! Mais la déplorable coutume de l'exonération, plus encore que toutes ces idées imprudentes et prématurées, nous a perdus! Dans un pays où les uns s'exemptent à prix d'argent du service sous les drapeaux, les autres le considèrent comme une corvée, la plus lourde qui ait jamais été imposée aux classes déshéritées, puisqu'elle demande au pauvre les meilleures et les plus productives années de sa vie. Personne ne semble se douter qu'en vertu d'une loi supérieure tout citoyen doive une part de sa vie à la patrie. Il est certain qu'en France des milliers de jeunes hommes, appartenant à ce qu'on est convenu d'appeler l'élite de la population, n'avaient jamais fait entrer dans leurs prévisions qu'ils dussent à aucun moment courir un danger, endurer même une fatigue au service de la France. Le moyen pour un pays soumis à un tel régime de se trouver prêt tout entier pour la lutte, alors même que sa propre existence serait mise en danger !

Laissons de côté toutes les phrases sur l'énervement produit par la prospérité croissante du pays. Sans doute il eût mieux valu que le progrès de la richesse allât moins vite. La vie s'est partout améliorée : le petit propriétaire campagnard a jeté bas son toit de chaume et ses murs de boue, pour bâtir en belles briques et ardoises luisantes; il a mis dans l'écurie, à côté de l'âne, réservé aux petites corvées, un gros cheval percheron, et dans la remise, derrière le tombereau, une charrette suspendue ou un cabriolet; mais est-ce à dire qu'il mène une vie désœuvrée? Ne se lève-t-il pas dès l'aube? Sa main est-elle moins large et moins calleuse? Sa maison de brique, entourée d'un jardin coquet, où les arbres fruitiers sont taillés selon les règles de l'art, témoigne de la richesse du vieux sol de France, mais ne dit pas que ceux qu'il porte ont dégénéré. Il est encore vrai que le jeune citadin a succombé à toutes les tentations du luxe; ses molles habitudes, sa sotte tenue, son langage où perce à chaque instant le mépris des sentiments louables le feraient prendre pour un être dégradé par une civilisation raffinée et sur qui la patrie n'a rien à prétendre. Mais à toutes les époques de notre histoire, à la cour des Valois, de Marie de Médicis, d'Anne d'Autriche, sous la Régence, au lendemain de la Terreur, la jeunesse avait de pareils ridicules, et pourtant elle fit bonne contenance sur les champs de bataille.

N'allons pas chercher si loin la cause de la stupeur profonde où notre pays est tombé le lendemain de nos désastres. Au mois de juillet dernier, nous étions près d'un million d'hommes valides qui, les bras croisés, regardions partir notre armée. Si mal commandée qu'elle fût, elle était notre seule force : l'armée détruite, il n'est resté en face de l'Allemagne en marche qu'un peuple accablé de malheurs aussi grands qu'imprévus, désarmé par l'effet de ses lois et de ses mœurs, et pénétré du sentiment de son impuissance. Il a pourtant tenté l'impossible; il a docilement obéi aux ordres des organisateurs de la guerre à outrance. Avec des cohues de jeunes hommes, appelés de toutes parts sous les drapeaux, il a formé des armées qui sur sa défaite définitive ont jeté quelque gloire. Mais parce qu'il a fait tristement son devoir, et sans cet élan que donne l'espérance, ce n'est pas à dire qu'il ait perdu toute vertu et doive désespérer de l'avenir.

Il y avait dans l'Aisne des partisans de la guerre à outrance. A la fin d'août, le préfet envoyait des délégués auprès des conseillers généraux et d'arrondissement, des maires et des commandants des gardes nationales, et le 1er septembre, dans une communication adressée à la presse, il faisait, sur le rapport de ces agents, un tableau très animé des dispositions belliqueuses du département. Ici se forme une compagnie de francs-tireurs; là on demande des armes, mais, n'eût-on pas d'armes, on résistera, on courra sus à l'ennemi, et par tous les moyens on le harcèlera. On n'est pas équipé; mais l'article 2 de la loi du 29 août 1870 dispense de cette formalité : « Sont considérés comme faisant partie de la garde nationale les citoyens qui se portent spontanément à la défense du pays avec l'arme dont ils peuvent disposer, et en prenant un des signes distinctifs de cette garde qui les couvrent de la garantie reconnue aux corps militaires constitués. » Il semble qu'en vérité nous soyons au prélude d'une guerre comme en Espagne ou au Mexique. « C'est la guerre de guérillas, dit précisément M. le préfet, mais une guerre légale et sacrée, qui s'organise activement. »

Ce document administratif causa un grand étonnement aux esprits réfléchis. Les ennemis du préfet (quel préfet n'a point d'ennemis?) ne manquèrent pas de dire que ce fonctionnaire avait voulu prendre une attitude héroïque, au moment où le changement de front de l'ennemi semblait la rendre peu dangereuse. Il vaut mieux croire que, de la meilleure foi du monde, le préfet de l'Aisne était convaincu que de petits groupes de campagnards nouvellement et très mal organisés, peu ou point commandés, armés la veille de mauvais fusils ou seulement pourvus « de l'arme dont ils peuvent disposer », périphrase élégante qui désigne la fourche, iraient se heurter à ces corps d'armée qui défileront à travers les villages en colonnes serrées pendant des journées entières. C'était là une illusion patriotique; mais l'illusion était un peu forte.

Déjà, sur les routes, l'émigration a commencé. Les habitants des Ardennes, fuyant leurs maisons incendiées, ont jeté partout la terreur, en racontant les actions atroces d'un ennemi qui brûle les villages où il a essuyé un seul coup de feu. Les jeunes gens atteints par la conscription se sont rendus sous la conduite de leur maire au chef-lieu, où pas un n'a manqué à l'appel. Les mobiles sont au bataillon; les militaires, rappelés au régiment. Tout ce qui peut s'enfuir, du reste de la population, se hâte. Les plus pauvres partent le pied léger; mais le cultivateur entasse sur des chariots ses meubles, ses instruments agricoles, ses fourrages. A peine reste-t-il place, dans ce pêle-mêle, pour les femmes et les enfants; les hommes marchent, le berger conduisant son troupeau, le vacher poussant le sien; on n'a rien laissé derrière soi que les murs nus de la ferme, et la terre qu'on ne peut emporter à la semelle de ses souliers. Ces malheureux vont au hasard, sans espoir de trouver, comme autrefois les tribus fugitives, une terre inhabitée, qui devienne une nouvelle patrie. Partout où ils passent, les paysans consternés s'apprêtent à les suivre, les maisons se vident et se ferment, et de nouveaux villages sont dépeuplés. De ses fenêtres, M. le préfet aurait pu voir onduler dans la campagne le triste cortège, le jour même où il annonçait que la guerre sacrée allait commencer.

Ce *communiqué* à la presse avait été précédé d'une proclamation aux habitants de Laon : « Votre ville, chef-lieu du département, est en mesure de rendre les services que sa situation comporte... L'honneur d'une ville, dans les circonstances où nous sommes, est de se montrer prête à tous les devoirs. » Affirmer qu'une ville est en mesure de se défendre, c'est chose grave, surtout quand cette déclaration a du retentissement et qu'elle vaut à son auteur des éloges publics, comme ceux qui furent décernés du haut de la tribune du Sénat au préfet de l'Aisne. Devant la nation entière, l'honneur de la ville de Laon était engagé par cette parole.

C'est fort bien sans doute pour une ville d'être logée

sur un plateau dont les flancs sont coupés à pic, et qui domine de si haut la plaine qu'on aperçoit sur toutes les routes, à dix lieues à la ronde, les quatre hautes tours de sa cathédrale; mais ce plateau ne peut arrêter une armée, s'il n'est défendu sur tous les points. Or la ville de Laon est à peu près entourée d'un mur, mais d'un mur qui a depuis longtemps égrené son ciment à ses pieds, et en maints endroits ne tient plus que par habitude, mur pittoresque que l'eau noircit et que la mousse verdit, mur archéologique où alternent, sans rime ni raison, la tour ronde et la tour carrée, aussi solides l'une que l'autre et qui s'écrouleraient au sifflement du premier obus. La citadelle est moderne et forte, mais elle ne saurait protéger tout le plateau laonnois, dont la forme pourrait être exactement comparée à celle de la Sicile, l'île aux trois pointes. C'est à la pointe orientale que se dresse la citadelle; mais sur le promontoire de l'ouest tournent pacifiquement les ailes d'un moulin à vent, et les vieilles murailles du monastère Saint-Vincent se cachent dans un bosquet à la pointe du sud. Pour que l'on pût appeler Laon une ville forte, il aurait fallu que chacun de ces caps portât une forteresse, que la ville fût entourée d'une enceinte et que l'artillerie et la garnison fussent en mesure de défendre un pourtour de quatre kilomètres.

On comptait à Laon une trentaine de canons, parmi lesquels trois ou quatre pouvaient être utiles; un seul pouvait réellement servir. Quant aux artilleurs, il s'en trouvait une compagnie parmi les huit cents mobiles qui composaient la garnison; on avait même trouvé un mobile qui savait tout l'exercice à feu; au moment suprême, on lui confiera la bonne pièce. Il est difficile à une population qui se sait ainsi protégée d'attendre avec sérénité l'orage qui s'approche. Elle a été dotée d'un comité de défense, mais elle sait que les officiers du génie du corps de Vinoy ont déclaré que la ville ne peut être défendue sans de grands travaux qu'on n'a pas le temps d'exécuter. Ce ne sont point les tranchées creusées devant ses portes qui la rassureront : d'un saut on les franchirait, comme le fossé de Romulus. L'autorité militaire la convie à prendre part aux travaux de la citadelle, et fait une réquisition de pioches, ignorant qu'il s'en trouve en magasin cinq cents toutes neuves, que les Prussiens sauront bien découvrir. Le maire fournit les pioches et à l'heure dite se met à la tête d'une escouade de travailleurs volontaires. Il arrive à la citadelle; le portier et le garde du génie demandent, étonnés, ce qu'il vient faire. Il attend deux heures par une pluie battante, puis il se retire. Ces petits faits donnent aux habitants une haute idée de l'organisation de la défense; bientôt ils apprendront que, vérification faite, les étoupilles manquent : il faut en envoyer querir à La Fère. En vérité, comme disait le préfet, « la ville de Laon, chef-lieu du département, était en mesure de rendre les services que sa situation comportait ». Elle était en mesure de repousser les avants-coureurs de l'armée du grand-duc de Mecklembourg; mais contre cette armée elle ne pouvait rien... que se laisser détruire, sans profit pour personne.

C'est bien de la destruction de la ville que parle le colonel comte Alvensleben, quand il vient, le 8 septembre, la sommer de se rendre le lendemain à six heures du matin. Prié de distinguer entre la ville et la citadelle, il n'a rien voulu entendre. Après son départ, grand émoi dans les rues. Les habitants courent du préfet au général. Placés en face de la terrible réalité, ceux-ci comprennent qu'ils ne peuvent faire brûler une ville pour l'honneur d'une citadelle incapable de la protéger et de se défendre elle-même; mais ils ont pris un engagement public : il leur faut l'autorisation de ne point le tenir. Ils télégraphient au ministère de la guerre, d'où arrive, la nuit, cette réponse : « Agissez devant la sommation suivant la nécessité. » Ils font enfin la juste appréciation de cette nécessité et rédigent la capitulation.

Le 9 septembre à midi, l'armée allemande fait son entrée en ville, musique en tête. Après que les postes ont été placés, le duc de Mecklembourg se rend à la citadelle avec son état-major et un bataillon de chasseurs. Le général venait de faire la remise de la citadelle et s'entretenait avec le duc. Les mobiles, que la capitulation renvoyait dans leurs foyers à la condition de ne plus servir pendant la durée des hostilités, avaient déposé les armes et achevaient de défiler, quand une explosion retentit. Un grand cri s'élève; un nuage épais, noir, monte en se tordant vers le ciel : la poudrière a sauté. 460 personnes gisent à terre, parmi lesquelles 100 Allemands. Le général et le duc sont tombés l'un près de l'autre, mais celui-ci se relève vite en proférant des cris de colère et des menaces de vengeance.

Dans la ville, l'explosion a brisé au loin les vitres, projeté de tous côtés des pierres qui atteignent jusqu'au sommet des tours de la cathédrale et d'horribles débris humains qu'on retrouvera dans les greniers. Des murs sont fracassés, des toits effondrés. On sort des maisons, on s'interroge; mais un flot d'Allemands et de mobiles s'est précipité dans les rues au bruit de l'explosion. Les Allemands tirent sur les mobiles et les poursuivent jusque dans les caves. Bientôt paraît le duc de Mecklembourg, traînant son pied blessé. Il pleut à torrents : son visage et son long manteau noir ruissellent d'une boue jaunâtre. Un piquet de soldats l'escorte, l'arme prête, regardant de droite et de gauche, visant les rares habitants qui paraissent dans la rue ou montrent aux fenêtres leurs visages effarés. Le cortège arrive à l'hôtel de ville. « Où sont les autorités ? » s'écrie le duc. Le maire se présente. « C'est une honte pour la France, continue le duc, c'est une infamie ! J'en veux tirer une vengeance dont on parlera dans mille ans ! » Et comme le maire essaye de parler : « Silence, c'est moi qui commande ici ! » Les soldats tiennent couchés en joue les conseillers et les personnes qui se sont réfugiées à l'hôtel de ville. L'œil fixé sur leur général, ils n'attendent qu'un signe, et leur visage dit qu'ils le désirent.

Cependant le maire, d'une voix calme, rejette toute complicité dans l'événement et parle des dépêches qu'il a envoyées au ministère de la guerre pour démontrer que la ville ne pouvait se défendre. Le duc reste muet, le visage altéré par la fatigue, l'émotion, la douleur de sa blessure. Quelqu'un lui tend un verre d'eau. — « Je n'ai pas confiance ! » s'écrie-t-il en écartant le verre de la main. Heureusement le comte Alvensleben arrive. Avant de se présenter à Laon comme parlementaire, il y avait, dit-on, passé deux jours sous un déguisement ; il prend la défense de la ville, intercède pour elle et fait les plus grands efforts pour calmer le prince. Celui-ci cède enfin ; il ordonne que le général et le préfet seront arrêtés et traduits devant un conseil de guerre, et que des otages répondront de la sécurité de ses soldats. Son escorte relève les fusils, et les officiers font cesser le massacre dans les rues.

Les habitants courent alors à la citadelle. Le spectacle était plus horrible que celui d'un champ de bataille, car beaucoup vinrent là pour reconnaître un des leurs, qui remuèrent inutilement un tas informe de chair humaine. Toute la journée, les blessés et les restes des morts furent transportés à l'Hôtel-Dieu, et fort avant dans la nuit on entendait encore dans les rues le pas des brancardiers et la plainte des blessés. La lumière s'est faite sur ce lugubre épisode. Il est aujourd'hui certain que l'unique auteur de la catastrophe est le garde du génie Henriot, vieux soldat auquel les malheurs de la patrie avaient troublé la tête.

Au moment où l'ennemi s'établissait ainsi au chef-lieu, tout le sud du département était recouvert par l'invasion. Poussant son aile droite jusqu'à Crépy, au nord-est de Laon et à quelques kilomètres de La Fère, l'armée allemande descend en trois colonnes dans la direction du sud-ouest. La première, qui a traversé Laon, va passer l'Aisne au pont de Cuise-la-Motte; elle atteindra bientôt Pierrefonds et Compiègne. La seconde passe par Braisne, Villers-Cotterets et envoie ses coureurs jusqu'à Chantilly. La troisième suit la vallée de la Marne et se dirige sur Meaux par Château-Thierry. Dans cette dernière ville passent le roi Guillaume et M. de Bismarck.

Les populations attendaient l'ennemi dans une indicible terreur.

Quand il arrivait après avoir été vingt fois annoncé par de fausses rumeurs, et qu'on voyait s'avancer dans la plaine, graves, silencieuses, sans trompettes ni tambours, sans un cri, sans cliquetis d'armes, les longues colonnes de ses fantassins et de ses cavaliers, quand ses éclaireurs paraissaient la carabine au poing, les plus fermes sentaient battre leur cœur. Cependant les hommes entraient dans les maisons et s'y installaient; ils s'occupaient de la nourriture et du coucher. Ceux qui étaient fatigués s'étendaient dans quelque coin, les malades demandaient des soins; tous paraissaient bourrus et maussades. Néanmoins, comme on s'attendait à être battu et chassé de chez soi, on commençait à respirer; on remarquait avec plaisir que les officiers affectaient une certaine politesse; on se sentait protégé par la discipline allemande, qui faisait l'admiration et l'envie de ceux qui avaient vu, quelques jours avant, passer en déroute les troupes françaises.

Cette favorable impression ne durait guère. Le seul moyen de garder quelque tranquillité était d'obéir à toutes les volontés du soldat, à tous ses caprices, et « tout de suite ». Ceux qui ne savaient que dix mots de français savaient ces trois mots : *tout de suite*. A la moindre hésitation, grinçaient les dents noires de ces rougeauds; à la moindre désobéissance, les coups de plat de sabre pleuvaient, et le récalcitrant était expulsé de chez lui à la baïonnette. Si la désobéissance était de nature à compromettre la sécurité de l'ennemi, il n'y avait qu'une peine, le *fusillement :* ce mot nouveau a été créé par les envahisseurs pour les besoins quotidiens de leur conversation avec les vaincus.

Il serait trop long de conter tous les épisodes de cette guerre terrible. Le département de l'Aisne a eu ses victimes, dont nous ne dirons pas les noms obscurs; il suffit qu'on se souvienne là où elles sont tombées.

Dans l'application du système de terreur qu'il faisait peser sur le vaincu, l'envahisseur n'a pas une fois cédé à la pitié; le sang-froid qu'il gardait dans l'exécution de ce qu'on appelle les lois de la guerre montrait qu'il était implacable. Magistrat d'une nouvelle espèce, il a, comme dans un code, prévu, classé des délits et des crimes; il les a frappés d'une peine édictée d'avance, et qui n'est point révocable. Nous savons qu'on peut tout craindre de la furie française, mais on peut tout espérer de la générosité française; il n'y a pas de furie, mais il n'y a pas non plus de générosité allemande.

La crainte des châtiments qui atteignaient toute velléité de résistance, la conviction trop justifiée qu'une défense sérieuse était impossible, puisque les dernières forces de la France étaient enfermées dans Paris, décourageaient la population. Elle en vint à redouter comme une calamité le voisinage des francs-tireurs, dont les compagnies n'étaient du reste, à quelques exceptions près, ni assez bien commandées, ni assez bien composées pour faire subir à l'ennemi des pertes comparables aux malheurs qu'elles attiraient sur les habitants. Tout Allemand devint un personnage sacré pour le vaincu. Tel officier s'est promené seul, à plusieurs lieues de sa troupe, traversant les villages, distribuant aux passants les coups de cravache sur la tête, et le campement l'a vu revenir sain et sauf, satisfait et fier de sa promenade. Un jour, un chevalier d'industrie recueille, sous le costume allemand, de l'or et des billets de banque en faisant par les mairies une tournée de réquisitions. Ailleurs trois landwehriens, fatigués de la guerre, ne peuvent parvenir à se constituer prisonniers; on s'imagine qu'ils tendent quelque piège, car les Allemands avaient l'habitude de frapper d'une amende les communes qui faisaient des prisonniers. Un cavalier ayant été capturé dans les rues de Guise, le comte de Lippe, général saxon, avait pris l'arrêté suivant : « Attendu que les habitants de Guise ont capturé un soldat allemand, pour cette bêtise la ville payera une amende de 10 000 francs. » A ce compte, nos trois landwehriens représentaient une valeur de 30 000 francs; ils furent reconduits en voiture hors du territoire de la commune. L'ennemi avait donc produit l'effet qu'il attendait de ses rigueurs : la terreur régnait dans le pays, et il pouvait en toute tranquillité employer ses forces à des opérations qui devaient avoir quelque importance; car il se trouve dans l'Aisne deux places fortes, Soissons sur la route de Paris, La Fère sur la route du nord, et le voisinage de Lille, où s'organisait une armée française, donnait une valeur particulière à la possession des voies ferrées, des routes et de tous les moyens de communication du département.

Située sur la rivière d'Aisne, commandant les routes de Maubeuge à Paris, de Reims à Compiègne, de Château-Thierry à Saint-Quentin, et la ligne ferrée de Reims à Paris et Mézières, Soissons ne pouvait être longtemps négligée par l'ennemi. Au moment du grand passage, il ne s'était pas arrêté à en faire le siège : le temps pressait, et le vainqueur ne parlait que de sa prochaine entrée triomphale à Paris; tout au plus prit-il la peine de tendre la main pour recevoir la capitulation. Elle lui fut refusée, et il passa son chemin; mais il fallait mettre l'arrière garde et les convois de l'armée allemande à l'abri d'une surprise de la garnison, qui pouvait inquiéter des détachements isolés : aussi la cavalerie ennemie commence-t-elle le 16 septembre l'investissement de la place. La garnison comptait une compagnie d'artilleurs de ligne, 200 artilleurs de la mobile du Nord, un bataillon du 15ᵉ de ligne, deux bataillons de mobiles de l'Aisne, en tout 4000 hommes; mais les deux tiers de cet effectif se composaient d'hommes inopinément appelés sous les drapeaux. Les mobiles de Vervins, convoqués dans cette ville le 10 août, ont été dirigés vers Soissons, après avoir reçu un fusil à tabatière et une blouse de toile bleue marquée au bras d'une croix rouge. Lorsque l'investissement commence, ils ont à peine un mois d'exercice. Quant au bataillon du 15ᵉ de ligne, il était formé moitié d'hommes du dépôt mal habitués au maniement des armes, moitié de soldats de divers régiments échappés de Sedan, qui étaient venus offrir leurs services au commandant de place. Dans ces 4000 hommes, il y avait beaucoup de braves gens, mais peu de soldats.

Soissons attendit longtemps l'inévitable coup de grâce qui devait mettre fin à sa résistance. Pendant près d'un mois, du 16 septembre au 12 octobre, l'attaque fut molle et l'investissement peu rigoureux. La garnison fit des efforts pour éloigner les lignes ennemies : deux fois elle réussit à introduire dans la place des convois de ravitaillement, mais elle n'était ni assez forte ni assez exercée pour se heurter aux plus importantes positions, et le canon de la place essayait seul de troubler les travaux qui s'achevaient à 3 kilomètres du bastion, sur les collines du sud. Le 12 octobre au matin, le bombardement commence. Des batteries de Presle et de Sainte-Geneviève, la mitraille tombe sur la ville jusqu'au lendemain à trois heures de l'après-midi. A ce moment, un parlementaire se présente :

il emporte une fière réponse. Le bombardement reprend plus furieux, et dure, sans interruption, jusqu'au surlendemain à la nuit tombante. L'artillerie de la place tient tête à l'orage, pendant quatre-vingts heures, avec ses servants improvisés. Plus d'une fois la justesse de son tir ralentit le feu des batteries de Sainte-Geneviève, mais Soissons se couvre de ruines. Des obus trouent la tour Saint-Jean, qui domine la ville et dont l'architecture magnifique rappelle au voyageur l'antique splendeur de la cité épiscopale. La cathédrale est entamée, l'arsenal et la manutention sont criblés de projectiles; le grand hôpital, atteint dès la première heure, brûle; les casernes s'effondrent, et les obus qui éclatent sans cesse achèvent ici la destruction commencée, allument là de nouveaux incendies.

Au pied du rempart, où la garde nationale a rejoint la garnison, la plaine est déserte. L'ennemi est invisible, et l'on est écrasé. Que faire?

Une large brèche a éventré le rempart auprès de Saint-Jean des Vignes. Si la raison permettait quelque espoir de délivrance, il faudrait persévérer, coûte que coûte; mais un conseil de guerre a reconnu que les sorties sont impossibles, et d'où viendrait le secours? La France n'a plus d'armée qui tienne la campagne. Quelques milliers d'hommes, détachés de Lille, ont poussé jusqu'à Saint-Quentin, mais ne peuvent s'aventurer si loin de leur base d'opération. Il ne restait plus à l'état-major de la place qu'à confesser son impuissance. Le 15 au soir, un parlementaire sortait de la ville; à onze heures, la capitulation était signée; le lendemain à midi, musique en tête, 20 000 Allemands, commandés par le duc de Mecklembourg, entraient dans Soissons en poussant des hourras.

Aux termes de la capitulation, les soldats de ligne étaient prisonniers; leurs officiers et les officiers des mobiles étaient libres, à la condition de signer l'engagement écrit de ne plus servir contre l'Allemagne pendant toute la durée de la guerre. La convention accordait aux mobiles de l'arrondissement de Soissons la faculté de rentrer dans leurs foyers, mais se taisait sur le sort des autres, qui prirent à cinq heures du soir la route de Château-Thierry, c'est-à-dire d'Allemagne. 2000 Français environ étaient escortés par 800 Allemands.

A huit heures, la colonne s'engageait dans le bois d'Hartennes, quand des coups de feu partent en tête. C'est alors une confusion générale : les prisonniers s'enfuient à travers bois. Les Allemands tirent, crient, gesticulent, piétinent de fureur, hésitant entre la garde de ceux qu'ils tiennent encore et la poursuite des fuyards, qui se dispersent dans les taillis. A l'arrière-garde, prisonniers et gardiens, qui ne savent d'où vient le tumulte, se sont jetés les uns sur les autres, dans les fossés qui se comblent. « J'avais pour ma part, nous contait un de nos amis, un gros landwehrien sur le corps; il tremblait de tous ses membres; il croyait que nous étions délivrés et me caressait la tête en me disant les meilleures paroles. Mais quand ses camarades et lui se furent relevés sur l'ordre des officiers, et qu'ils se retrouvèrent à peu près un contre un, eux armés et nous sans armes, il me donna les plus furieux coups de crosse que j'aie reçus sur le chemin de l'Allemagne. » Quand les Allemands se remirent en marche, ils avaient perdu les deux tiers de leur convoi. On ne sait d'où partit cette fusillade nocturne : on a dit que des francs-tireurs cachés dans le bois avaient tiré sur l'escorte des prisonniers pour faciliter leur évasion. Cette supposition n'est guère vraisemblable, car aucun franc-tireur n'a revendiqué cet exploit. Il est à peu près certain que des soldats de ligne qui marchaient en tête se sont jetés, à la faveur de la nuit, sur leurs gardiens, en ont désarmé plusieurs et, après quelques coups de fusil, ont donné le signal de la fuite.

La prise de Soissons, en même temps qu'elle assurait à l'ennemi le tranquille usage d'une des grandes routes de l'invasion, lui livrait le sud du département. Depuis quelques jours d'ailleurs, le pays était officiellement considéré comme conquis, et M. de Landsberg avait pris les fonctions de préfet de l'Aisne. Cependant le nord n'était pas soumis encore; La Fère n'avait pas été attaquée, et dans Saint-Quentin résidait le préfet français, M. de La Forge, qui était décidé à disputer le terrain à son compétiteur. Déjà même il avait infligé à celui-ci un échec mémorable. Le 8 octobre 1870, une colonne, composée de deux compagnies de landwehr et de 400 dragons de Mecklembourg, s'était présentée en vue de Saint-Quentin; mais la ville attendait cette visite. Ses ingénieurs avaient construit des barricades, que ses gardes nationaux et ses pompiers étaient résolus à défendre. Aussitôt que le guetteur a signalé du haut de sa tour l'approche des éclaireurs, le tocsin sonne à toute volée, appelant à leur poste les défenseurs de la ville.

Du côté où arrivait l'ennemi, c'est-à-dire au sud-est, la ville est terminée par le canal et par la Somme, qui forment deux lignes d'eau voisines et parallèles. Un observateur, placé sur le pont du canal et tournant le dos à Saint-Quentin, a derrière lui une rue escarpée, qui conduit au centre de la ville, la rue d'Isle; et il a devant lui le faubourg d'Isle, qui monte par une pente assez raide vers la campagne. C'est au bas de la rue d'Isle, en deçà du canal, que s'élève le plus solide ouvrage de défense, une barricade bien construite et se reliant aux maisons voisines. En haut du faubourg d'Isle, une première barricade abrite un poste avancé occupé par des pompiers. Ceux-ci tirent les premiers coups sur la colonne allemande; après l'avoir arrêtée le temps nécessaire pour qu'on puisse jeter à l'eau le pont du canal et fermer la grande barricade, ils se retirent en ordre et viennent se ranger près de la garde nationale. Derrière eux, les Allemands entrent dans le faubourg; mais, bien qu'ils se glissent le long des maisons, ils sont atteints par les balles d'excellents tireurs, qui visent avec calme, annoncent leurs coups et sont applaudis par leurs camarades. La lutte dure depuis plus de trois heures, quand la commission municipale, avertie qu'un incendie vient d'être allumé par l'ennemi dans le faubourg et trompée par de faux rapports sur le nombre des morts et des blessés, se rend à la barricade. Elle représente au préfet qu'une ville ouverte comme Saint-Quentin ne peut pousser la résistance au delà des limites d'une défense honorable.

Depuis le début de l'action, le préfet s'était tenu debout près de la barricade, encourageant les combattants par son exemple et par sa parole, sans ostentation, avec le sang-froid du courage. Il répond à la commission que, la lutte étant engagée, c'est aux chefs militaires seuls qu'il appartient de décider si elle doit cesser ou continuer. Les commandants de la garde nationale et des pompiers reconnaissent que la situation peut s'aggraver par une modification du plan d'attaque ou par l'arrivée de renforts ennemis; mais, avant d'entrer en pourparlers avec les assaillants, ils demandent à continuer la lutte une heure encore. Une demi-heure après, l'ennemi commençait sa retraite; il emportait une quarantaine de morts et de blessés, et laissait quelques prisonniers entre les mains de la garde nationale. Du côté de la ville, douze hommes avaient été atteints, parmi lesquels M. de La Forge. La fureur de l'ennemi fut grande devant cette résistance inattendue. Fidèles à leur odieuse habitude, les soldats allemands passèrent leur mauvaise humeur sur des gens inoffensifs; ils emmenèrent une dizaine de pauvres gens qui n'avaient commis d'autre crime que de se trouver sur leur chemin; le long de la route, ils les insultèrent et les battirent. Un d'eux fut si maltraité par les landwehriens ivres, qu'un chirurgien dut panser ses blessures au bord d'un fossé avant d'arriver à Ribemont.

Le colonel de Kahlden, commandant de Laon, qui avait ordonné l'expédition, ne voulut point rester sous le coup d'une défaite qui eût quelque retentissement, car Saint-Quentin venait de donner aux villes ouvertes un grand exemple en repoussant l'ennemi sans le secours d'aucune force régulière. M. de La Forge savait bien que les représailles ne se feraient pas attendre. Il avait obtenu qu'un corps d'armée de 10 000 hommes vînt tenir garnison à Saint-Quentin, mais l'autorité militaire reconnut que la ville ne pouvait être mise en état de défense, et que les troupes n'y seraient pas à l'abri d'un coup de main : elles furent rappelées au lendemain de la capitulation de Soissons, et Saint-Quentin se trouva ainsi livré sans défense à la colère de l'ennemi. A la nouvelle de la décision de l'autorité militaire, M. de La Forge donna sa démission. Le 20 octobre, M. de Kahlden réunit une petite armée. Il la divise en deux colonnes, dont l'une marche sur La Fère et l'autre sur Saint-Quentin. Les villages qui avoisinent La Fère crurent que le siège allait commencer; ils furent quittes pour la peur et pour le pillage de quelques habitations. Les 1000 hommes qui arrivent à Danizy le 19 octobre bouleversent les maisons de fond en comble; puis ils procèdent au déménagement; ils entassent sur les chariots des couvertures, des vêtements d'homme et de femme, des couteaux, des cuillers, de la vaisselle, même des chandeliers et des casseroles. Les habitants menacent de se plaindre aux officiers, au colonel, mais M. le colonel était avec 3 officiers et 150 hommes au château de M. D... Les chevaux mangeaient l'avoine à pleine auge; les officiers buvaient le champagne à pleine coupe, le ventre à table, le dos au feu, qui flambait si bien qu'un incendie se déclare tout à coup. « J'avais justement, dit le colonel, l'intention de faire brûler cette cassine. » Comme il y devait passer la nuit, il fit pourtant éteindre l'incendie; mais le lendemain ses hommes chargeaient sur des fourgons une pendule, les plus jolis meubles, des tapis et tout le vin de la cave. Ce colonel ne pouvait punir ses soldats d'avoir volé des casseroles.

Pendant ce temps, M. de Kahlden marchait sur Saint-Quentin. Le 20 octobre au soir, il avait appris au village de Brissais-Choigny que les ponts sur l'Oise et sur la Sambre étaient rompus; mais il avait expédié aux autorités municipales de la commune de Vendeuil, sur le territoire de laquelle les ponts étaient situés, l'ordre de les reconstruire avant le lendemain à dix heures du matin, sous peine d'une amende de 20 000 francs et d'autres représailles militaires, comme « l'emprisonnement et le fusillement des principaux habitants ». En une nuit, les ponts furent rétablis, les hommes travaillant, les femmes et les enfants éclairant la rive avec des lanternes. Le colonel, comme témoignage de satisfaction, consentit à réduire l'amende à 10 000 francs; encore voulut-il bien se dessaisir de 500 francs au profit des pauvres de la commune. Après cette œuvre charitable, il poursuivit sa route.

Arrivé vers onze heures du matin au-dessus de Saint-Quentin, il place deux batteries auprès de la route de La Fère, à 3500 mètres du centre de la ville, et s'annonce par trois obus envoyés sans sommation. La garde nationale était aux barricades, mais l'ennemi ne paraissait pas. Les trois obus voulaient dire que M. de Kahlden était là et qu'il attendait; d'autres, qui arrivaient par intervalles inégaux, prouvaient qu'il s'impatientait. Le commandant des pompiers et un officier de la garde nationale qui entendait l'allemand partent avec le drapeau blanc. Aux avant-postes, ils trouvent un officier de landwehr qui les mène à M. le colonel. Celui-ci était dans un champ à la tête de ses cavaliers. Près de lui se tenait comme interprète un jeune homme du nom de Berg, Belge de naissance, Allemand de profession, qui a été, durant toute l'occupation, l'instrument haineux des rigueurs de l'ennemi. Le lorgnon sur le nez, blond, petit, grêle, il semblait abriter derrière les géants du Mecklembourg sa faiblesse et son insolence. Quand M. de Kahlden avait parlé, il traduisait d'une voix sèche, en scandant ses paroles, les ordres de « M. le colonel ». Or M. de Kahlden donna l'ordre aux parlementaires d'aller querir la commission municipale *tout de suite*, ajoutant que, si elle ne se dépêchait pas de venir, il brûlerait la ville. Quand la commission arriva, il lui remit une pièce curieuse que la ville conserve dans ses archives. C'était un jugement motivé qui frappait la commune :

1° D'une amende de 600 000 francs, « par suite de la proclamation du 18 septembre 1870, signée par M. Anatole de La Forge, ainsi que de plusieurs articles dans le *Courrier de Saint-Quentin* du 30 septembre 1870, contenant des sentiments calculés d'exciter la population à lui faire prendre les armes, et à exprimer des sentiments hostiles à Sa Majesté le roi de Prusse »;

2° D'une amende de 300 000 francs et d'une réquisition de 20 chevaux de selle, « pour avoir, dans la journée du 8 octobre 1870, tiré à coups de feu sur une compagnie d'infanterie et trois escadrons de dragons qui étaient envoyés à la ville, sans aucune intention hostile, afin de lui remettre des proclamations, et pour avoir détruit les ponts et moyens de communication avec la ville, et avoir empêché les troupes de remplir leur mission. »

Il y avait fort à dire sur ce tarif étrange qui frappe d'une amende de 600 000 francs l'insulte faite à Sa Majesté le roi de Prusse, et n'en réclame que moitié pour des coups de feu qui ont jeté par terre 40 Allemands; mais M. de Kahlden ne souffrit pas qu'on dît la moindre chose. A trois heures, il entra dans la ville et procéda au désarmement de la garde nationale.

Une affiche avertit les détenteurs d'armes *quelconques* d'avoir à les déposer dans un délai de deux heures sous peine de mort. Une autre contenait cette phrase unique : « L'autorité allemande prévient que, si un coup de feu est tiré sur un soldat allemand, six habitants seront fusillés. »

La commission municipale se soumit : elle fit appel à la bonne volonté des habitants pour trouver sur l'heure 950 000 francs, car les chevaux présentés avaient été tous refusés, et l'amende s'était accrue de 50 000 francs. Les souscriptions volontaires n'ayant point suffi, on eut recours aux banquiers de la ville et à la Banque de France, et l'argent fut intégralement compté. La ville fournit encore du sucre, du tabac, des cuirs en quantités invraisemblables. Le 22 au soir, tout le produit de cette productive expédition était soigneusement emballé dans des voitures réquisitionnées; puis, avant le jour, sans bruit, avec de si minutieuses précautions que personne ne fut réveillé, cavaliers et fantassins se glissèrent hors de la ville. M. de Kahlden laissait sur les murs une affiche :

« Si après le départ des troupes allemandes *des nouvelles* manifestations déloyales, si des désordres quelconques ont lieu de manière à nécessiter le retour des troupes, il serait procédé contre la ville avec la plus grande rigueur. Des contributions fort élevées devront être payées, et chaque individu compromis ou *soupçonné* sera puni de mort. »

En aucun pays, en aucun temps du monde, le vainqueur n'a plus insolemment dénié au vaincu le droit de la défense, ni pris un moindre souci de tempérer par quelque générosité l'emploi de sa force. Le 48° landwehr, qui venait de faire cette campagne de Saint-Quentin, ne se sentait pas d'aise d'avoir accompli pareil exploit, et c'était une joie homérique dans l'état-major de M. de Kahlden quand le jeune baron Berg invitait ceux qu'il rencontrait sur la route à « voir passer le million de Saint-Quentin ».

Les populations, réduites à souffrir en silence de tels affronts, ne pouvaient se résigner à croire qu'il faudrait les endurer jusqu'au bout. Elles accueillaient avidement les nouvelles les plus invraisemblables, au début surtout, car les mensonges tombèrent à la fin si drus et si gros, qu'ils ne trouvèrent plus de dupes. A la fin d'octobre, elles espéraient encore : elles s'entretenaient des exploits de Bazaine; on disait qu'il avait brisé les lignes prussiennes, qu'il allait venir; mais les journaux de l'ennemi, qui malheureusement ne mentaient guère, annoncèrent sa capitulation. Dix jours après, le département était foulé du nord au midi par une nouvelle invasion. Une fraction de l'armée qui a pris Metz passe à Château-Thierry, marchant vers Paris; l'autre, plus considérable, déroule pendant près de quinze jours ses colonnes et ses convois sur les routes de Reims à Soissons et de Soissons à Laon; de là elle prend par tous les chemins la direction d'Amiens. Manteuffel la commande, et elle a pour mission de détruire notre armée du Nord. Ce renouveau d'invasion assombrit toutes les pensées, et dans les villages encombrés d'Allemands les paysans se demandent ce que les journaux de Paris entendent par ces paroles que l'Allemagne est « définitivement épuisée ».

II

A la première nouvelle de la capitulation de Metz, La Fère fit ses préparatifs pour soutenir un siège : l'occupation de cette place était en effet aussi nécessaire à l'armée ennemie qui allait opérer dans le nord que l'avait été la possession de Soissons pour celle qui marchait sur Paris au mois de septembre. Aussi, le 13 novembre, le capitaine de vaisseau Planche, récemment nommé au commandement de La Fère, reçut-il la sommation de se rendre. Elle lui fut apportée par le maire et l'adjoint d'une commune voisine, qu'une colonne ennemie avait requis de faire office de parlementaires. Il refusa d'abord de considérer comme sérieuse une démarche contraire à tous les usages; mais sur les instances de ces parlementaires malgré eux, qui devaient rapporter une réponse sous peine de mort, il leur remit un exemplaire d'une proclamation où il avait déclaré qu'il se défendrait jusqu'à la dernière gargousse, jusqu'au dernier morceau de biscuit, et que, si la place était bombardée, « il ne se laisserait arrêter par aucune considération d'intérêt particulier ». — « Nous aurons des souffrances à supporter, disait-il en terminant; mais nous serons forts et énergiques, et nous montrerons que l'ère des lâches capitulations est passée. » L'officier qui tenait ce langage ne se faisait pas illusion sur la force de la place; mais, avant d'en prendre le commandement, il avait reçu la promesse d'être secouru par l'armée du Nord, et il voulait préparer les habitants à tout endurer jusqu'à l'arrivée du secours attendu. Les Allemands, qui savaient trop bien que cette armée du Nord allait être mise hors d'état de songer à autre chose qu'à son propre salut, considéraient déjà La Fère comme ville prise; seulement, pour s'éviter la peine d'un siège dont l'issue leur paraissait certaine, ils se seraient contentés de l'évacuation de la place et du libre passage par le chemin de fer. Ils acceptèrent le défi du commandant, et le lendemain l'investissement de La Fère commençait.

Jamais place n'a mérité aussi bien que La Fère le nom de nid à bombes. Le voyageur qui se dirige vers cette ville en venant de Saint-Quentin découvre, au moment où il dépasse le village de Travecy, une ligne bleue de hauteurs broisées. A sa droite s'élèvent les collines du Parc et de Danizy, séparées par un court vallon; en face de lui, le plateau de Charmes et d'Andelain; à sa gauche, la forêt de Saint-Gobain va s'inclinant vers les bords de l'Oise. Son regard est attiré au loin par les tours de la cathédrale de Laon, qui apparaissent dans une échappée entre Charmes et Danizy et dominent le paysage; mais ce qu'il ne découvre qu'en dernier lieu, et non sans faire effort, c'est la ville de La Fère, qui est à ses pieds. Vue de 3 kilomètres au nord, elle semble adossée aux collines et perdue dans leur ombre.

Comme Soissons, La Fère prend les précautions traditionnelles. Les 2700 mobiles qui avec quelques francs-tireurs composent sa garnison sont employés aux travaux de la défense. Ils font monter les eaux de l'Oise pour inonder la prairie. Le faubourg Notre-Dame, qui mène à Danizy, est coupé par des tranchées, et si bien semé de chevaux de frise, cavaliers, casse-cou, que, si jamais l'ennemi s'y engage, il n'en sortira pas... Pauvres villes fortes du temps passé! quand elles emploient leurs vieux procédés contre les engins nouveaux des brûleurs de villes, elles ressemblent à des insectes pris sous la lourde patte d'un éléphant et qui, près de mourir, lancent leur dard ou leur venin, parce que leur instinct veut qu'ils fassent ainsi, et qu'ils ne savent ni ne peuvent faire autre chose.

Contre cette place condamnée d'avance, les Allemands emploient toutes les ressources de leur science, de leur nombre, de leur matériel. Leurs précautions sont prises comme s'ils avaient en face d'eux le plus redoutable ennemi. Derrière des murs et des haies, dans de profonds fossés, leurs avant-postes, poussés aussi près que possible de la ville, demeurent immobiles, silencieux, invisibles. Du côté de la campagne, des postes d'infanterie protégés par des tranchées sont établis sur les routes, sur les sentiers, et à coups de fusil écartent les indiscrets. De poste en poste, des cavaliers vont et viennent sans arrêter; d'autres éclairent les routes et les villages voisins. Cependant ces mystérieux assiégeants travaillent ostensiblement sur toutes les collines : à Travecy, mais surtout au sud, à Charmes, à Andelain, à Bertaucourt, pour donner à croire que c'est là qu'ils établiront leur artillerie. Aussi la place canonne d'importance ces positions; c'est en face d'elles, à côté de la gare, qu'elle met ses meilleures pièces en batterie. A l'est, au petit polygone, dix pièces sont servies par d'anciens canonniers volontaires : c'est la batterie des vieux ; quatre de ces pièces regardent Danizy.

Le 24, à six heures du soir, l'artillerie de l'ennemi et 200 voitures chargées du matériel nécessaire à l'établissement des batteries arrivaient à Danizy. Depuis deux jours, le piquetage était fait et les emplacements marqués : en moins d'une heure, toutes ces voitures déposent leur chargement, planches, madriers, rails de chemin de fer, pelles, pioches, saucissons, gabions, aux lieu et place désignés d'avance, sans hésitation ni encombre. Aussitôt, de la colline du Parc jusqu'à la chaussée du chemin de fer, sur une grande ligne circulaire qui enveloppe le front oriental de la place, les travailleurs se mettent à l'œuvre. En une nuit, ils enlèvent, pour établir les batteries et creuser les fossés où s'abriteront les troupes de soutien, 4400 mètres cubes de terre. A l'approche du jour, de hardies escouades vont à 300 mètres du bastion scier des peupliers qui auraient gêné le tir ; à peine sont-elles rentrées dans les retranchements, que le premier obus est tiré sur la ville : il va droit à la chambre du commandant de l'arsenal.

Tout le monde est surpris à La Fère, et les mobiles demeurés au quartier, qui se précipitent à la hâte hors des chambrées, laissant des morts sur les escaliers qui s'effondrent, et les artilleurs de la gare qui prennent le café à l'auberge d'en face, et les *vieux* surtout, qui avec leurs quatre pièces portent le principal effort d'un feu infernal. Artilleurs de Sébastopol et de Solferino, ils ne s'étaient jamais trouvés à pareille fête, car ce jour et cette nuit-là 3500 obus tombèrent sur la malheureuse petite ville, qu'aisément on traverse en cinq minutes dans toute sa longueur. Tous firent leur devoir pourtant, les jeunes comme les vieux; mais les embrasures sont ruinées, la plupart des canons qui peuvent tirer sur Danizy sont démontés; quelques-uns, visés avec une justesse qu'expliquent l'habileté des pointeurs ennemis et la proximité de leur position, sont atteints en pleine âme. A midi, la destruction est effroyable, surtout dans le quartier militaire, à l'est de la ville. La porte Notre-Dame n'a pas une pierre qui ne soit touchée; l'arsenal, les casernes, le magasin à fourrages s'allument successivement; dans les rues désertes sifflent les boîtes à balles, et des bestiaux, chassés des étables militaires, errent en beuglant.

Le 26 novembre au matin, après bien des hésitations et une longue lutte entre l'ardent désir de résister encore et la raison qui démontre l'inutilité de la lutte, le commandant de place cède aux prières de la ville. Aucun secours n'est possible : quelques troupes venues de Ham se sont en vain heurtées, six jours auparavant, aux lignes d'investissement, auprès de Vouel et de Liez; quant à l'armée du Nord, elle est aux prises avec Manteuffel. A neuf heures, un parlementaire est envoyé à l'ennemi; mais le brouillard cache le drapeau, et la violence du bombardement couvre l'appel du clairon. Une heure passe ainsi; enfin des gens du faubourg qui ont aperçu le signal avertissent les Allemands. Le feu cesse, et bientôt le parlementaire rentre en ville avec un capitaine d'état-major prussien. Ce capitaine s'était moqué quand on lui avait mis le bandeau sur les yeux : il connaissait La Fère aussi bien que personne, disait-il; il s'était pourtant soumis, à cause de la vieille habitude; mais, chemin faisant, il maugréait contre la vieille habitude, quand son pied heurtait un obstacle ou que son sabre sonnait contre les fils de fer des casse-cou.

Cette facile victoire mettait au pouvoir de l'ennemi la voie ferrée qui, partant de Reims et passant par Laon, Crépy, La Fère, raccorde à Tergnier le chemin de l'Est à celui du Nord. En ce moment, Manteuffel entrait à Amiens après avoir refoulé l'armée française. Il a désormais, par La Fère, Laon, Soissons, ses communications assurées à l'est; au sud, il communique librement avec l'armée de Paris; il peut laisser à une partie de ses troupes la surveillance de nos places fortes du nord et commencer avec le reste sa campagne de Normandie.

Cependant le département de l'Aisne ne devait pas connaître cette tranquillité funèbre qui pesait sur la France orientale depuis que le canon de Metz s'était tu, car notre armée du Nord va entrer en scène. En effet, La Fère était à peine prise depuis quelques jours, et les journaux allemands commençaient à raconter la marche triomphale de Manteuffel vers l'Océan, quand les troupes d'occupation du département de l'Aisne sont tout à coup saisies de panique. La Fère voit sa garnison dresser les ponts-levis, garnir les remparts d'artillerie; dans les rues, des sentinelles, le fusil chargé, dispersent les rassemblements de plus de trois personnes. L'alarme va jusqu'à Laon, où le préfet met en sûreté sa personne, ses secrétaires et sa caisse; la garnison enferme à la citadelle ses munitions et ses vivres. Un soir, un coup de feu retentit; la générale bat, les officiers courent, les hommes se précipitent hors des maisons. On ne soupçonnait pas au landwehrien cette agilité : tout ce monde se cache dans la citadelle, où l'on apprend que le coup de feu a été tiré par une sentinelle ivre. Le lendemain, on criait par la ville l'avis suivant :

« A partir de sept heures du soir, il est défendu de sortir sur la voie publique sans avoir une lanterne allumée. En cas d'alerte, signalée par le tambour ou la trompette, chacun devra rentrer immédiatement dans son domicile. Dans ce même cas, les fenêtres du premier étage de chaque maison donnant sur la voie publique doivent être éclairées. Ces dispositions sont prises dans l'intérêt des habitants. Le commandant leur enjoint de s'y conformer rigoureusement. »

Le commandant fut obéi : à la nuit tombante, il vit dans les rues plus de lanternes qu'il n'en aurait voulu voir; elles étaient de toutes les couleurs, et des reflets jaunes, violets, rouges, verts éclairaient les figures narquoises de ceux qui les portaient. Ce ridicule arrêté fut, trois jours après, retiré : les Allemands s'étaient rassurés pour un moment; mais d'où était venue cette subite inquiétude?

Le général Faidherbe venait de prendre le commandement de l'armée du Nord.

Cette armée, née au milieu de nos désastres, a vécu trois mois en combattant, et son histoire est un glorieux épisode dans cette triste guerre. M. le général Faidherbe l'a racontée dans une courte et sobre notice que devront lire ceux qui cherchent des raisons de ne point désespérer de l'avenir. Au milieu d'octobre, l'organisation n'était pas même commencée. Quelques bataillons de mobiles, sans cadres convenables; sept dépôts de ligne, qui envoyaient des détachements dans le centre de la France; un dépôt de dragons, qui fournissait à peine quelques cavaliers d'escorte; une batterie qui n'était pas en état de marcher : tels étaient les éléments qu'avait trouvés en octobre 1870 le commissaire général chargé par Gambetta d'organiser la défense dans la région du nord. Il se mit à l'œuvre pourtant, aidé par M. le colonel Farre, directeur des fortifications de Lille, qui lui fut adjoint avec le grade de général de brigade. Pas une heure n'est perdue. Quand le général Bourbaki prend le commandement en chef, le 22 octobre, avec le général Farre, qu'il a nommé major général, l'œuvre est en bonne voie ; quand il le quitte, le 19 novembre, une première division est organisée ; six batteries sont à peu près en mesure d'entrer en campagne. D'anciens sous-officiers, des officiers évadés de Metz et de Sedan ont fourni les cadres.

Resté à la tête de l'armée, le général Farre forme une seconde division, et il achève les préparatifs nécessaires pour la mobilisation des troupes. Des marchés sont conclus pour l'habillement et l'équipement ; mais, comme la fabrication de ces objets se fait d'ordinaire à Paris, il fallut s'adresser à l'étranger en même temps qu'à l'industrie privée et ne point se montrer difficile sur la qualité des fournitures. Peu nombreuses et accablées de besogne, les commissions de vérification acceptèrent un jour une livraison de souliers dont les semelles se composaient d'une feuille de carton entre deux tranches de cuir. Les malheureux soldats qui usèrent en quelques jours ces souliers sur les routes durcies par la gelée ou détrempées par la pluie purent envier le sort des fameux volontaires en sabots de la première République. Il ne faut point s'étonner qu'une aussi faible armée n'ait pu ni secourir La Fère, ni soutenir, le 27 novembre, le choc de l'armée de Manteuffel dans cette bataille d'Amiens où 35 000 Allemands furent engagés. On avait organisé à la hâte, quelques jours avant le combat, la 1re brigade d'une seconde division ;

le jour même, une batterie arrivait sur le champ de bataille, par le chemin de fer, à 10 heures du matin, et ouvrait son feu à 1 heure de l'après-midi. Le service des munitions n'avait pu être complètement assuré : l'artillerie et l'infanterie en manquèrent vers la fin de la journée. Pourtant l'ennemi éprouva des pertes aussi fortes que les nôtres, et, quand il ramassa nos morts sur le champ de bataille, il n'en put croire les livrets, qui attestaient que de très jeunes soldats avaient combattu avec tant d'honneur contre de vieilles troupes. Mais ce qui donne à l'histoire de l'armée du Nord un intérêt particulier, c'est qu'en dépit de toutes les épreuves elle continue à s'organiser et à s'accroître. Elle n'est jamais si près de rentrer en ligne que quand l'ennemi la déclare battue et détruite.

Au moment où le général Faidherbe prend le commandement, la seconde division est complétée, et l'armée du Nord s'appelle le 22° corps. Aussitôt une troisième division est formée, et déjà l'artillerie compte dix batteries; 30 000 hommes et 60 canons sont prêts à entrer en campagne. Cinq jours après son arrivée, le général Faidherbe se mettait à la tête des troupes; la garnison prussienne de Ham était enlevée, La Fère menacée, et des journaux prussiens qualifiaient d'imprudent le mouvement de Manteuffel, qui interrompait sa marche sur le Havre. Immédiatement, les renforts arrivent de toutes parts à l'ennemi, qui opère d'importantes concentrations de troupes; mais l'armée du Nord s'accroît de trois batteries nouvelles et d'une quatrième division, formée de mobilisés. Elle se divise en deux corps d'armée, le 22° et le 23°, commandés le premier par le général Paulze d'Ivoy, le second par le général Lecointe. Faidherbe commande en chef avec le général

Farre pour major général. De ce jour jusqu'à la conclusion de l'armistice, Faidherbe poursuit avec une habileté, une persévérance qu'on ne saurait trop admirer, l'exécution du seul plan qu'il lui fût permis d'adopter : se tenir autant que possible à portée des places fortes, tenter de temps à autre une pointe hardie, battre l'ennemi où il n'est pas en trop grand nombre, le tenir constamment en haleine, l'empêcher d'inonder les provinces ouvertes ou de se porter sur Paris pour y renforcer l'armée d'investissement. La tâche était rude : parmi ces 40 000 hommes, on comptait à peine un tiers de troupes solides. Malade, accablé de fatigues, sans illusion sur l'issue de la campagne, sans espoir de vaincre, Faidherbe soutint pourtant l'âme de ses soldats par la confiance qu'il leur inspirait. Déconcertés par la nouveauté d'une vie si rude, par la misère et le froid, par la continuité des malheurs de la patrie, ces enfants reprirent courage et furent dociles à la main du général « fait de bronze », comme ils disaient.

Chaque fois que Faidherbe a frappé quelque coup vigoureux, les Allemands se donnent beaucoup de mal pour démontrer qu'ils l'ont battu. Ils abusent des apparences qui sont contre lui, puisqu'il est obligé de ramener toujours son armée à portée des places fortes, et ils se moquent de ces victoires qui font reculer le vainqueur; mais dans le département de l'Aisne on sait bien que l'ennemi n'est point aussi rassuré qu'il veut le paraître. A peine Faidherbe a-t-il opéré ses premières concentrations de troupes et débuté le 23 décembre à Pont-Noyelles, qu'on voit arriver les renforts envoyés à Manteuffel : 8000 hommes venant de Montmédy passent à Saint-Quentin. Après la bataille de Bapaume, l'ennemi chante encore victoire, mais il est obligé de replier ses troupes, qui, s'étendant pour la première fois dans le nord du département, avaient occupé Guise et semblaient menacer Vervins. Inquiet de l'audace croissante de Faidherbe, von Gœben, qui a succédé à Manteuffel, concentre ses forces à la fin de décembre pour lui tenir tête. Faidherbe allait exécuter la plus hardie expédition qu'il ait entreprise, et livrer une des grandes batailles de cette guerre.

Au moment où devait être tenté de toutes parts le suprême effort que commandait la prévision de la chute prochaine de Paris, l'armée du Nord quitta ses cantonnements de Boisleux, près d'Arras, le 10 janvier. Il était impossible de songer à marcher sur Paris avec une si faible armée, car les Allemands avaient fait sauter tous les ponts de la Somme, d'Amiens à Corbie; ils s'étaient barricadés dans les villages de la rive droite; ils avaient couvert Amiens en fortifiant le cours de la Hallue, affluent de la rive droite de la Somme. Le général Faidherbe, qui savait que la garnison de Paris allait tenter une sortie, résolut de marcher sur Saint-Quentin, de manière à faire craindre à l'ennemi que ses communications ne fussent coupées à Tergnier, entre Reims et Compiègne d'une part, entre Reims et Amiens de l'autre. « J'étais sûr, dit-il, d'avoir bientôt affaire à des forces très considérables; mais le moment de se dévouer était venu. »

Malheureusement, deux incidents dérangèrent ses combinaisons. Péronne, qui était investie depuis le 18 septembre, et qu'il comptait débloquer, capitula le jour même où il se mettait en marche, après avoir subi un furieux bombardement qui n'a épargné que de rares maisons dans la petite ville. L'armée du Nord était obligée de laisser derrière elle, occupée par l'ennemi, une place sur laquelle elle aurait pu s'appuyer dans son mouvement vers le sud. Une autre opération, confiée à un petit corps d'armée qui reçut l'ordre de chasser de Saint-Quentin la garnison saxonne, eut un meilleur succès, mais elle révéla trop tôt les projets de l'armée française au général von Gœben.

Pendant que sur les chemins luisants de verglas nos jeunes soldats marchaient péniblement, von Gœben prenait la direction de Saint-Quentin, et les renforts lui arrivaient de tous côtés. A Laon, le 16 janvier, le 17, le 18, passent, le jour et surtout la nuit, d'énormes convois de troupes qui viennent de Reims et se dirigent vers La Fère. Plusieurs, sinon tous, arrivent de Paris. D'autre part, Chauny a logé des troupes envoyées de Compiègne. Le 18 janvier, l'ennemi était déjà en mesure d'attaquer en forces notre armée près de Vermand, à l'ouest de Saint-Quentin; un combat sanglant est livré ce jour-là. Dans l'ordre du jour qu'il adresse le 18, à 10 heures du soir, à son armée, von Gœben regrette que les forces allemandes qui ont été engagées n'aient « pu suffisamment poursuivre l'ennemi, ni arriver aux positions qui leur avaient été assignées »; mais il annonce pour le lendemain une belle et complète victoire : évidemment, il croyait anéantir d'un seul coup l'armée du Nord. Il trace à grands traits le plan de cette bataille du lendemain : le général Kummer attaquera la ville par l'ouest, en suivant les routes de Vermand et d'Étreillers; il étendra sa gauche jusqu'à la route de Cambrai et tournera Saint-Quentin au nord; le comte de Lippe attaquera par le sud, en suivant la route de La Fère, et s'efforcera d'étendre sa droite de façon à envelopper la ville par l'est. La réserve se tiendra entre les deux corps d'armée, sur la route de Ham.

Le 19 au matin, la bataille s'engage au sud et à l'ouest de Saint-Quentin. Le canal, qui suit une ligne à peu près droite dans la direction du sud-ouest, partage en deux parties le vaste champ de bataille. A droite du canal, en tournant le dos à la ville, notre 23ᵉ corps s'étend jusqu'à la route de Cambrai ; à gauche, une division et une brigade du 22ᵉ corps occupent au lever du jour les hauteurs de Gauchy et de Grugies ; l'autre brigade est en réserve à Saint-Quentin. Nos lignes de retraite sont les routes du Cateau et de Cambrai. Une brigade de mobilisés est postée à Bellicourt, au nord de Saint-Quentin, pour les protéger. L'action commence du côté du 22ᵉ corps. L'ennemi attaque les hauteurs de Gauchy et de Grugies avec des forces considérables, les divisions Barnekow, prince Albert, Lippe et la brigade de cavalerie de la garde, commandée par le prince de Hesse. Les nôtres, fort inférieurs en nombre, sont couverts par leurs tirailleurs et protégés avec une remarquable efficacité par une batterie établie sur une éminence à mi-chemin de Gauchy à Saint-Quentin, près du Moulin-de-Tout-Vent. Mais bientôt se dessine le mouvement tournant sur la route de La Fère ; l'ennemi masse ses colonnes et menace de déborder notre gauche. La 4ᵉ brigade arrive alors au pas de course, et, se plaçant à la gauche du 22ᵉ corps, étend notre front de bataille jusqu'à la route de La Fère ; elle prend même l'offensive et s'avance sur la route ; mais le colonel Aynès, qui la commande, tombe mortellement frappé, et l'ennemi ramène nos troupes jusqu'aux premières maisons du faubourg d'Isle. Heureusement, le 88ᵉ de marche l'arrête et le refoule par une charge à la baïonnette.

Cependant l'attaque des hauteurs de Gauchy continue ; l'ennemi lance six fois à l'assaut de fortes colonnes chaque fois renouvelées ; nos soldats repoussent les assaillants, les poursuivent, s'approchant d'eux à quelques pas. Dans ces combats livrés de si près, où l'homme regarde l'homme en face, où comptent le courage, l'élan, l'adresse du soldat, ils malmènent leurs adversaires, dont les cadavres recouvrent le sol. Une charge d'un régiment de hussards allemands est en quelques minutes arrêtée, brisée par des feux d'ensemble. Sur ce point du champ de bataille, nous avions de très jeunes soldats, les mobiles du 91º et du 46º. Mal équipés, armés de médiocres fusils, ils ont mérité que le général en chef déclarât qu'ils avaient rivalisé de courage avec les vieilles troupes à côté desquelles ils ont combattu. Notre artillerie tenait toujours tête à l'artillerie ennemie : cinq batteries étaient venues s'établir autour du Moulin-de-Tout-Vent. De cette admirable position se découvre tout le champ de bataille, riche territoire où la charrue n'a laissé debout que quelques bouquets d'arbres, au milieu desquels se cachent les grandes fermes et s'élèvent les cheminées des sucreries.

Du côté du 22º corps, l'action n'a été, quatre heures durant, qu'un combat de tirailleurs et d'artillerie. En allant du canal à la route de Cambrai, on rencontre successivement la brigade Lagrange, la brigade Isnard et la division des mobilisés. La brigade Michelet est en réserve. Deux batteries sont établies à l'extrême droite pour défendre la route de Cambrai. Au centre, une batterie occupe une position qui vaut celle du Moulin-de-Tout-Vent ; enfin, l'artillerie de réserve couronne à la gauche du 23º corps les hauteurs qui commandent la route de Ham, par laquelle l'ennemi attend ses renforts. C'est vers

2 heures de l'après-midi seulement que l'ennemi tente d'exécuter à notre droite le mouvement tournant prescrit par von Gœben. Il attaque vivement la division des mobilisés, qui abandonne le village de Fayet et découvre un moment la ligne de retraite; mais des troupes et de l'artillerie envoyées en toute hâte par le général en chef, et la brigade de mobilisés, accourue de Bellicourt, rétablissent le combat. Fayet est repris et occupé par un bataillon de mobiles. A gauche, les brigades Isnard et Lagrange contiennent l'ennemi et pénètrent à plusieurs reprises dans le bois de Savy, où se livrent de sanglants combats.

Jusqu'à 3 heures de l'après-midi, les Allemands sont tenus en échec; leurs efforts pour tourner notre droite par la route de Cambrai, notre gauche par la route de La Fère, et pour percer notre centre à Gauchy, ont échoué. Il s'en faut que le général von Kummer ait accompli sa mission, qui était de *culbuter tout ce qu'il trouverait devant lui*. Notre artillerie, admirablement postée, dirigée et servie, fait subir aux masses allemandes des pertes énormes. Deux batteries essayent les nouveaux obus inventés par le général Treuille de Beaulieu : ces obus, en éclatant, projettent à 200 et 300 mètres en avant une gerbe de balles qui mettent en débandade l'infanterie. La fureur et la frayeur des Allemands sont au comble : ils en donnent, dans les villages qu'ils occupent, des preuves non équivoques.

L'officier sait bien que les renforts arrivent, qu'ils arriveront toute la journée, demain encore et après-demain, jusqu'à ce que nous ayons plié, écrasés par le nombre. Il se montre fort calme. A la ferme de la Manufacture, près de la batterie placée en avant d'Essigny, pendant que les hommes de la troupe de soutien pillent la maison de la cave au grenier et que deux femmes, qui ont voulu rester là, tremblent sur leurs chaises collées au mur, un officier, nonchalamment étendu sur le lit, joue avec la frange du rideau. Voyant les deux malheureuses qui prient et qui pleurent, il disserte sur la Providence, dont la main châtie la France trop doucement encore. Au Hamel-Seraucourt, un jeune officier prussien entre au plus fort de l'action dans la maison d'habitation de la sucrerie : on y travaillait depuis le matin à préparer une ambulance, mais ce jeune homme est pressé, il frappe avec son sabre sur une table, comme il eût fait à l'auberge. On arrive. « Que demandez-vous ? — Vous devez avoir du champagne ? — Je crois que oui. — Il faudrait en être sûr... » Il n'y avait pas à répliquer ; on descend à la cave. Le Prussien se promène, frisant sa moustache blonde, se pinçant la taille. On apporte une bouteille. « Quelle marque ? demande-t-il. — C'est trop fort ! regardez vous-même. — Oh ! ne vous fâchez pas », et il soulève la bouteille. « Excellente marque ! Le colonel l'apprécie beaucoup. Il en faut quinze bouteilles », et il sort en saluant suivant toutes les règles de l'art.

Sans avoir cette assurance, les troupes de réserve qui depuis le matin encombrent les villages sont cependant fort exigeantes. Après avoir bien mangé, le soldat se fait faire des tartines, qu'il emporte ; après avoir bien bu, il fait emplir sa gourde. Beaucoup de ces héros sont ivres. Vers 2 heures, leur fureur est à son comble. Les blessés arrivent en foule : on en compte 800 dans le seul village d'Essigny, et des cavaliers sont venus requérir le fossoyeur et des habitants pour cacher les morts aux nouvelles troupes qui entrent en ligne. « C'est votre faute, brigands de Français! » hurlent les soldats, et ils frappent; d'autres vont se cacher dans les greniers et les caves. Il y en avait plus de 200 dans les greniers d'Essigny.

La panique ne dure pas longtemps. Par la route de Ham, des renforts qui viennent d'Amiens se portent sur le 23⁰ corps; le 22⁰ est attaqué sur tous les points par ceux qui arrivent de La Fère. A Vendeuil, à 8 kilomètres de La Fère, l'artillerie, l'infanterie, la cavalerie, défilent depuis le matin; des troupes stationnent dans le village. Les musiques jouent pour les distraire. A 6 heures, il en arrive encore qui viennent de Gonesse; le lendemain, il en arrivera d'Évreux. M. de Moltke, qui avait donné l'ordre à von Gœben de détruire l'armée du Nord, lui en fournissait largement les moyens.

A 4 heures, la bataille est perdue. Du côté du 22⁰ corps, la 2⁰ brigade de la 1ʳᵉ division, menacée d'être débordée par sa droite, cède enfin les hauteurs de Gauchy; la gauche suit ce mouvement, et notre artillerie, après avoir dirigé sur l'ennemi ses plus formidables bordées, rentre dans Saint-Quentin par le faubourg d'Isle. Sa retraite est protégée par une barricade établie dans le faubourg et qui est armée de 4 canons de montagne. En même temps, le 23⁰ corps était rejeté sur la ville après avoir longtemps disputé le terrain à l'ennemi, qui s'avance sur la route de Ham et le long du canal; il est protégé par les barricades construites à l'entrée du faubourg Saint-Martin. Le 22⁰ corps se retire par la route de Cambrai, le 23⁰ par la route du Cateau. Sur les pas de nos soldats, l'ennemi entre dans la ville après y avoir envoyé des obus. La nuit est tombée, les rues sont désertes; les hourras font trembler les habitants dans les maisons: 6000 ou 7000 des nôtres sont pris dans la ville : c'étaient les soldats débandés, perdus, fatigués, et les compagnies qui s'étaient dévouées pour retarder la marche de l'ennemi ; mais plus de la moitié de ces prisonniers parvint à s'enfuir et à rejoindre l'armée. Les pièces de montagne, abandonnées sur les barricades, tombent au pouvoir des Allemands ; mais nos quinze batteries de campagne n'ont perdu ni une pièce ni un caisson.

Ce fut une triste nuit pour Saint-Quentin et les environs que celle qui suivit la bataille. « Avez-vous des parents à Saint-Quentin ? demandait le soir de la bataille un colonel saxon dans une maison de Vendeuil. — Oui, lui répondit-on. — Je le regrette, reprit-il, car nous laisserons nos hommes piller ce soir. » Maintes maisons furent en effet pillées dans le faubourg et dans la rue d'Isle. Nous voulons bien que ce soient des horreurs comme il s'en rencontre dans toutes les guerres ; mais il faudrait ne pas les commettre pour avoir le droit de se dire une armée modèle. Pas plus que le pillage, l'ivrognerie ne sied au soldat élu de Dieu pour châtier les iniquités de la France. Or ces vainqueurs avaient une soif inextinguible. « Il fallait les voir, nous disait le meunier du Moulin-de-Tout-Vent, quand ils furent arrivés après le départ de nos braves artilleurs ! Ils étaient quatre-vingts : ils se jetèrent sur la cave ; il y avait un peu de vin, ils le boivent ; il y avait du cidre : l'un d'eux, un tonnelier, bien sûr, perce les pièces, et ils boivent du cidre ; il y avait du lait, ils se le disputent ; ils trouvent quelques bouteilles d'eau-de-vie et les avalent ; il restait quelques jattes de crème, ils les happent avec leur langue, comme des chiens, en grognant les uns contre les autres ! Toute la nuit, il a fallu les servir ; sitôt qu'il y en avait un qui ouvrait l'œil, il demandait à boire, et il y en avait toujours un qui ne dormait pas! » Ainsi vont les choses dans les maisons où l'Allemand vainqueur a élu domicile. Il s'en donne à cœur joie, et après avoir rempli son ventre, ses poches et son sac, il s'endort près de la cheminée, où brûle toute la nuit le bois amoncelé.

Cependant nos pauvres soldats, mourant de fatigue et de faim, se traînent péniblement sur les routes que le dégel a détrempées. Ils vont à la débandade : une si jeune armée ne sait pas battre en retraite. A Cambrai, Valenciennes, Lille, ils donnent le spectacle d'une lamentable déroute. Les télégrammes allemands chantent victoire, et Guillaume Ier, étrennant son titre impérial, dénombre les canons qu'il a pris et les prisonniers qu'il a ramassés à Saint-Quentin. Les Allemands qui ont assisté à la bataille n'ont pas des airs si triomphants. Les soldats avouent leurs pertes : « Français haut comme cela », disait un chasseur saxon, et, en relevant la main : « Nous haut comme cela! » Les officiers parlent avec admiration des dispositions prises par Faidherbe et de la valeur de son artillerie. D'ailleurs ils assurent tous qu'ils tenaient à l'avance la victoire pour certaine; retardée d'un jour, elle eût été plus complète. Cependant ils avaient espéré d'autres résultats. « Si nous avions été vainqueurs dès le matin, disait un général saxon, Saint-Quentin aurait été un nouveau Sedan! » Von Gœben lui-même est plus modeste après qu'avant la bataille. Il n'a pas suivi de très près l'armée vaincue, car il croit qu'elle s'est retirée en partie sur Cambrai, en partie sur Guise, tandis qu'elle a pris les routes de Cambrai et du Cateau. Le 21 janvier, il prescrit aux généraux Kummer et Grœben, dans le cas où ils seraient *pressés par l'ennemi* en le poursuivant, de se replier le premier sur Amiens, le second sur Péronne.

C'est qu'en effet, si ébranlée qu'elle fût, l'armée du Nord n'était pas détruite. Il est vrai que des bataillons ont plié et que, pendant l'action, beaucoup d'hommes qui s'étaient cachés furent traqués dans les rues de Saint-Quentin et poussés au feu par les gendarmes; mais ceux qui ont vu dans leurs cantonnements les mobiles et les mobilisés, ces derniers surtout, soldats de la veille, conduits par des officiers souvent aussi novices qu'eux-mêmes, leur pardonneront d'avoir eu des défaillances. Après tout, est-il plus d'un peuple en Europe qui, après la destruction de toutes ses forces régulières, trouverait sans plus d'efforts des armées qui, sur tous les points du territoire, disputent à l'ennemi, comme ont fait les nôtres, une victoire presque consommée? Parmi nos officiers, beaucoup n'ont trouvé qu'à grand'peine le loisir de feuilleter les pages d'une théorie, et nos jeunes soldats ont eu moins de temps pour apprendre tout leur métier que n'en ont mis les militaires allemands pour étudier l'exercice du pas décomposé. Et quels terribles débuts que les leurs! Cette marche de trois jours par des chemins affreux avant d'arriver à Vermand, cette bataille de deux jours contre une armée aguerrie deux fois plus nombreuse, et dont le chemin de fer a déposé doucement les renforts à quelques kilomètres du champ de bataille, couronnaient dignement une campagne de deux mois, pendant laquelle l'armée du Nord a livré quatre batailles, plusieurs combats, et infligé à l'ennemi des pertes que le général Faidherbe évalue à 20 000 hommes.

Le général travaillait sans relâche à refaire son

armée, et, le 10 février, il était prêt à rentrer en ligne avec un effectif presque égal à celui qu'il comptait à Saint-Quentin, grâce à l'incorporation de nouveaux mobilisés ; mais la France a déposé les armes le 29 janvier. Entre l'armée française, qui garde les départements du Pas-de-Calais et du Nord, et l'armée allemande, l'armistice a mis une frontière large de 10 kilomètres. Le département de l'Aisne va donc être livré presque tout entier à l'occupation allemande. Les habitants étaient si bien revenus de toutes leurs illusions, que la nouvelle de l'armistice fut accueillie avec plaisir, et celle de la paix attendue avec impatience. Ils espéraient que le terme des souffrances était venu pour les pays envahis. Personne ne se doutait que l'ennemi tînt encore en réserve de nouvelles rigueurs, ni que ses préfets pussent faire regretter ses généraux.

III

Le département de l'Aisne était du ressort du gouvernement de Reims, où se succédèrent le duc de Mecklembourg et M. de Rosenberg. Le gouverneur était assisté par MM. le prince Charles de Hohenlohe et le comte Charles de Taufkirchen, commissaires civils, et par M. Pochhammer, directeur des contributions. Au-dessous étaient les préfets des départements. Ces personnages ont inauguré leurs fonctions par de cérémonieux saluts au public; ils ont promis par voie d'affiches leur bienveillance à leurs administrés, auxquels ils demandaient en échange leur confiance et leur concours. Ils les invitaient à se désintéresser des malheurs de la patrie, à s'arranger au milieu de nos désastres une vie égoïste et honteuse, ou, comme dit le duc de Mecklembourg, à « s'assurer les bienfaits de la paix avant sa conclusion définitive ». Ils réconfortaient contre la crainte de poursuites après la guerre ceux qui consentiraient à l'oubli de leurs devoirs patriotiques, par exemple les conscrits qui ne se rendraient point à l'appel. « Tous les traités de paix, dit leur journal officiel, ainsi celui de Paris du 30 mai 1814, celui de Prague de 1866, contiennent des dispositions spéciales et garantissent les citoyens contre les pour-

suites *relativement à leur attitude pendant la guerre.* »
Il n'était donc pas impossible de vivre heureux sous la domination prussienne. Si l'on voulait bien se livrer à ses « occupations habituelles », se complaire en la société de ses hôtes, aller écouter leur musique, saluer dans la rue au moins les colonels, renoncer aux journaux « hostiles aux armées allemandes » et faire ses délices du *Moniteur de Reims,* déposer à la mairie ses armes de guerre, de chasse et de luxe, s'abstenir de tout contact avec les gens malveillants qui portent les armes « sans faire partie des troupes alliées », dénoncer les francs-tireurs ou tout au moins les empêcher par la force de faire sauter un pont, d'enlever un rail, de couper un fil télégraphique, on était garanti contre tout risque et péril d'emprisonnement, déportation et autres représailles prévues par les lois de la guerre, à moins qu'on n'eût un jour la velléité de réclamer contre une réquisition, de discuter une amende, de contester la répartition des impôts directs et indirects, c'est-à-dire de défendre sa bourse après avoir livré son honneur, ce qui eût été en vérité une prétention exorbitante.

Il fallait pourtant trouver dans son cœur des trésors de patience ou la conviction profonde de l'inutilité de toute résistance pour supporter l'administration financière des Prussiens. Leur rapacité était rendue plus insupportable par leur orgueil : leur désir de nous humilier était presque aussi fort que celui de nous appauvrir. Passe encore pour les réquisitions de vivres, bien que le menu fameux du soldat allemand soit ruineux pour celui qui l'héberge; de lumière, bien qu'il en coûte cher pour éclairer des soldats qui n'aiment pas à dormir sans chandelles; de bois, bien qu'ils aient rapidement vidé un bûcher, en entretenant jour et nuit un feu de vingt bûches dressées les unes contre les autres; voire même de tabac et de cigares, bien que ces grands fumeurs aient épuisé toute la provision accumulée dans les magasins du Nord; mais les Allemands mettaient de l'esprit dans leurs exactions : c'était trop. N'eût-il pas mieux valu réclamer au conseil municipal de Saint-Quentin 3780 francs, en invoquant à l'appui de cette demande le simple désir de se procurer 3780 francs, que d'envoyer le mémoire du commandant des télégraphes de la première armée, qui « s'en remet à la municipalité de Saint-Quentin du soin de solder ses officiers et employés »? N'est-ce pas une idée étrange de faire payer à la même ville 2500 francs « pour sa quote-part dans la dépense de l'éclairage au gaz de l'armée allemande devant Paris »? M. de Landsberg n'a-t-il pas poussé un peu loin le goût de la plaisanterie quand, pour mettre en lieu convenable sa recette quotidienne chaque jour plus abondante, il s'avisa de requérir le maire de Laon de lui fournir un vaste et solide coffre-fort, non pas *tout de suite*, car M. de Landsberg était très poli, mais « dans une heure, sous peine d'une amende de mille francs »?

Ces réquisitions de vivres, de matériel, auxquelles il convient de joindre les amendes de toutes sortes pour de prétendues insultes à des officiers et à des soldats, ou pour des coups de fusil imaginaires tirés par des habitants, n'étaient que des accidents de la vie de chaque jour; elles constituaient le budget extraordinaire de l'invasion. Le gouvernement général de Reims avait son budget ordinaire dressé par M. Pochhammer, commissaire général de l'administration des finances. Le rêve de M. Pochhammer aurait été de se substituer purement et simplement à l'État français, et de percevoir « les contributions, impôts et droits de toute nature en vertu des lois françaises, et par l'intermédiaire des employés ordinaires ». Mais « la rentrée des droits d'après les lois françaises étant devenue inexécutable, dit ingénument le gouverneur général de Reims, dans son arrêté du 22 octobre 1870, par le refus constant des employés supérieurs français chargés du service régulier », il avait fallu recourir à des expédients. Les contributions directes et indirectes furent donc supprimées par l'article 1er de l'ordonnance, mais remplacées, en vertu de l'article 2, par une contribution unique, composée « de la quote-part assignée aux communes dans les états généraux de sous-répartement des contributions directes, dressés par les conseils d'arrondissement, et de la somme du produit des droits d'enregistrement et de timbre, ainsi que des contributions indirectes, non compris le revenu du tabac, du sel et de la poudre ». Les maires étaient chargés de la répartition de l'impôt ; le gouverneur général eut l'audace de leur recommander de procéder aussi consciencieusement que possible, « en considérant de préférence la fortune, l'état et le commerce de chaque contribuable ». Le maire de chaque commune devait recevoir au début de chaque mois un douzième, et le verser le 6 entre les mains du maire du chef-lieu de canton ; celui-ci ferait son versement le 10 à la caisse générale du département. Comme toute peine mérite salaire, l'article 7 attribuait au maire de chaque commune une remise de 3 p. 100, au maire du chef-lieu de canton 1 p. 100 en plus, pour frais d'encaissement et de versement.

Tels sont les principaux articles de l'ordonnance qui devint une inépuisable source de tourments pour les pays envahis. L'administration allemande fit remonter au 1ᵉʳ septembre les obligations des communes envers le trésor du gouverneur général, donnant ainsi une rétroactivité d'un mois et demi à la mesure qui frappait les départements occupés. Elle refusa de tenir compte des versements déjà faits par anticipation et qui représentaient une somme très considérable. Sa façon d'évaluer les contributions indirectes montrait bien qu'elle avait d'autres intentions que celle de se substituer à l'État français. Ces contributions avaient finalement été remplacées par un impôt de 50 francs par tête d'habitant; ce mode d'évaluation très simple permettait aux intéressés de discuter les feuilles de recouvrement qui leur étaient envoyées, mais la préfecture prussienne ne se croyait pas liée par la règle établie. Le 27 janvier, le maire de la commune d'Aulnois s'aperçoit qu'il a été commis au préjudice de sa commune une erreur d'évaluation de 11 448 fr. 58 c.; il envoie immédiatement à M. de Landsberg une réclamation très bien motivée, où il vise le texte même de l'ordonnance du gouverneur général. Trois jours après, il reçoit la réponse suivante :

Monsieur le Maire,

En réponse à votre lettre du 27 courant, je viens vous informer que le montant provenant de l'augmentation de 50 francs pour chaque individu de la population n'a pas été *répartie* entre les communes du département d'après le nombre d'habitants, mais d'après leur quote-part dans la somme des contributions directes payées antérieurement.

Recevez, Monsieur le Maire, l'assurance de ma parfaite considération.

Baron de Landsberg.

M. le maire d'Aulnois comprit qu'il fallait payer. Il paya à 8 francs près la contribution de 34 008 francs imposée à sa commune de 305 habitants; mais M. de Landsberg n'était pas homme à négliger les centimes. Il envoya chercher les 8 francs oubliés par quarante hommes et un officier, qui les rapportèrent après s'être fait donner 86 francs pour frais de déplacement.

L'envoi de garnisaires, entretenus à grands frais par les communes et chèrement payés, était un des moyens de coercition les plus doux; le plus odieux était l'enlèvement d'otages, choisis parmi les personnes notables des communes récalcitrantes. Ces otages étaient traités comme des malfaiteurs. Nous en connaissons qui, enlevés un jour de janvier, de grand matin, de la commune de Nouvion-en-Thiérache, furent conduits en voiture découverte, par un froid horrible, à Saint-Quentin. Leur voyage dura tout un jour, sans qu'il leur fût permis de descendre pour manger; les gardiens se firent un plaisir de déjeuner sous leurs yeux, et refusèrent de leur procurer un morceau de pain, sous prétexte qu'ils n'avaient pas d'ordres. A Saint-Quentin, ils furent conduits dans une salle de l'hôtel de ville; sous prétexte que l'heure du dîner était passée, on refusa de leur faire rien servir. Le lendemain matin, ils partirent pour Ham, où ils devaient prendre le chemin de fer. Près de la gare, ils furent entourés par une ignoble cohue de voituriers militaires : ils faillirent être massacrés par ces brutes, qui les prenaient pour des francs-tireurs. A la gare, ils durent monter dans un wagon qui avait servi à des transports de bestiaux et n'avait point été nettoyé. Leurs gardiens s'assirent, mais ils durent rester debout jusqu'à Amiens.

La citadelle d'Amiens était le terme de leur voyage.

Ils y furent enfermés dans une salle où ils demeurèrent trois semaines, couchant par terre, serrés les uns contre les autres, sans pouvoir ouvrir les fenêtres, bien qu'elles donnassent sur la cour de la citadelle, sans autre distraction qu'une promenade d'une demi-heure par jour, qu'ils devaient faire les yeux baissés, parce qu'il était défendu de communiquer du regard avec d'autres otages enfermés dans la forteresse. La seule visite qu'ils reçurent fut celle du commandant prussien, vieil officier retraité qui avait repris du service comme geôlier ; il venait de temps à autre leur annoncer qu'ils partiraient le lendemain pour l'Allemagne, et les invitait à écrire au conseil municipal de leur commune, pour le presser de se libérer. Il se frottait bruyamment les mains lorsqu'il voyait un malade parmi ses détenus, et comme un médecin qui se trouvait au nombre des otages le suppliait un jour de renvoyer un de ses compagnons qui dépérissait : « C'est le bon moment pour le garder, dit-il tranquillement ; qu'il écrive à sa commune qu'il va mourir. » D'autres fois, il s'apitoyait sur le sort de ces malheureux que leurs compatriotes abandonnaient ; il les priait de lui donner les noms des personnes riches, chez lesquelles on pourrait trouver tout de suite la contribution réclamée. « Nous irons chercher l'argent, disait-il ; nous emmènerons du canon, s'il le faut ; écrivez que nous allons envoyer du canon. » Il alla jusqu'à imaginer de leur donner le spectacle d'une exécution militaire, pour leur rendre la prison plus odieuse. Un commerçant, très estimé dans Amiens, s'étant avisé de défendre son magasin contre une troupe d'Allemands qui s'étaient mis à le piller par partie de plaisir, avait blessé un soldat à la main : il fut fusillé, sous les fenêtres des otages, par de jeunes soldats qui arrivaient d'Allemagne et qui tiraient là leur premier coup de fusil. Enfin, au bout de trois semaines, les otages, dont le courage n'avait pas fléchi un instant, virent entrer un gardien qui laissa la porte ouverte et, le bras tendu vers le corridor, prononça ce simple mot : « *Fort!* » Ils sortirent, et apprirent dans la rue que l'armistice était signé.

L'armistice ne suspendit pourtant pas le cours de ce que les Prussiens appelaient l'administration allemande, et il est probable que nos prisonniers ne durent leur liberté qu'à une heureuse erreur, car les arrestations d'otages ne furent jamais si nombreuses qu'après le 29 janvier. Les réclamations des préfets devinrent plus pressantes auprès des conseils municipaux, qu'ils harcelaient de lettres, d'ordres et de menaces. C'est dans ces procès-verbaux des conseils qu'est écrite la partie la plus instructive de l'histoire de la dernière guerre; il faut les lire pour se donner une idée de l'insoutenable existence que faisaient aux vaincus des vainqueurs qui sentaient que la proie allait leur échapper avant que leur avarice fût satisfaite et leur haine rassasiée.

Jusqu'à l'armistice, la municipalité de Laon avait pu éluder la plupart des exigences prussiennes. Elle avait reçu le 8 novembre 1870 l'ordre de payer : le 23 novembre, le douzième d'octobre; le 6 décembre, le douzième de novembre; le 6 janvier, le douzième de décembre; chaque douzième était évalué à 40 114 francs. Le conseil municipal prit une délibération concluant au refus de se soumettre à l'injonction allemande; il invoquait force considérants sur la nature de l'impôt, qui est destiné à assurer les services publics et ne saurait plus avoir de raison d'être quand ils sont interrompus; sur les limites du droit de la guerre, qui ne va pas jusqu'à recouvrer le montant des contributions publiques au détriment d'une population désarmée, à laquelle toute résistance a été impossible et qui depuis l'occupation a été accablée de réquisitions; sur l'impossibilité matérielle de trouver une base légitime pour l'évaluation de l'impôt quand toutes les hypothèses ont été cruellement démenties par les faits; enfin sur l'incompatibilité qui existe entre les attributions municipales et la levée de l'impôt. On ne pouvait avoir plus complètement raison, ni plus inutilement : M. Vinchon, maire de la ville, et les trois membres de la commission municipale qui furent délégués auprès du gouvernement de Reims, reçurent de M. de Hohenlohe l'ordre de verser intégralement et sans plus ample discussion les sommes demandées. La commission, réunie le 12 novembre, déclare alors qu'elle se considère comme frappée d'une contribution de guerre de 40 000 francs par mois, à laquelle la ville est incapable de se soustraire, et elle convoque les plus haut imposés pour délibérer avec eux sur les moyens de se procurer de l'argent. Une souscription publique, ouverte quelques jours après, produit près de 88 000 francs.

Cependant, le 23 novembre, le 6 décembre, le 6 janvier passent sans que les termes échus de l'impôt allemand aient été acquittés. Une somme de 15 000 francs avait été seulement versée au mois de décembre, et la ville commençait à espérer qu'elle aurait raison, par la force d'inertie, des prétentions de M. de Landsberg. Le maire n'était pourtant pas homme à gagner les bonnes grâces de l'ennemi par le moindre sacrifice aux dépens de sa dignité. Toutes les demandes vexatoires qui lui avaient été communiquées par les autorités allemandes avaient reçu d'énergiques réponses.

Un jour que M. Koski, fonctionnaire qui prenait le titre bizarre de « la direction royale du commandant », l'avait invité à désigner les notables qui devraient « accompagner » chaque jour la locomotive du premier train partant de Laon, M. Vinchon avait, par un refus catégorique, fort étonné M. Koski; car ce personnage s'était ingénié à faire passer cette communication désagréable, en y mêlant le grain d'hypocrisie qui donne à tous les documents prussiens une saveur particulière :

> La soussignée direction du commandant, disait-il en terminant, s'efforce autant que possible d'adoucir les charges de la guerre, et laisse à la disposition de la mairie le choix de désigner les habitants de Laon pour la liste, et a la conviction, en tant que la municipalité exécutera ces arrangements, qu'elle épargnera à la direction du commandant d'employer les forces militaires.
> La direction royale du commandant.
> Laon, 26 novembre.
> *La direction royale,*
> Koski.

M. Vinchon mit autant de fermeté dans ses rapports avec M. de Landsberg. Il refusa de lui fournir la liste des personnes sujettes à la conscription et à la mobilisation, et laissa sans réponse six lettres qui lui furent adressées à ce sujet, avec menace d'amende et d'exécution militaire. Invité, en sa qualité de maire de chef-lieu de canton, à faire porter et afficher dans les communes des proclamations allemandes, il renvoya à deux reprises les affiches, méprisant une fois de plus les menaces traditionnelles. Il finit par être arrêté, au moment même où, par une convention qui suivit l'armistice, les maires des chefs-lieux de département étaient chargés de l'administration des pays envahis : ce qui força M. de Landsberg à le mettre en « liberté provisoire ». Mais le moment était venu pour M. de Landsberg de prendre sa revanche sur ce magistrat récalcitrant.

Le 7 février 1871, le maire de Laon apprend à la commission municipale que les Allemands, malgré l'armistice, se considèrent comme en pays conquis, qu'ils font des exécutions militaires, qu'ils enlèvent des notables, et que la liste des personnes à arrêter a été dressée pour la ville de Laon. Il résume la situation financière : déduction faite de 15 000 francs déjà versés, et d'une somme de 14 000 francs représentant l'indemnité promise par les Allemands pour la nourriture de leur garnison pendant le mois de janvier, la ville doit encore, sur les termes échus des contributions de 1870, 90 000 francs. Ce n'est pas tout : les Prussiens ont élevé, sans daigner en dire la raison, la contribution mensuelle pour janvier de 40 000 à 60 000 francs, et ils ont frappé, sans plus de motifs, l'arrondissement d'un impôt extraordinaire de 100 000 francs. Effrayé d'un pareil bilan, le Conseil autorise le maire à verser, après s'être défendu aussi bien que possible, un acompte de 25 000 francs. Mais le 12 février le maire reçoit du commandant sommation de payer, avant le lendemain, à 11 heures, les contributions de 1870, sous peine d'une exécution militaire dont voici le programme : occupation par 500 hommes et 12 officiers de tous les magasins de Laon; inventaire des marchandises, pendant la durée duquel les officiers recevront une solde de 6 francs, les hommes de 2 francs par jour; envoi des marchandises en Allemagne. En outre, à partir du 13 février, commencera à courir une amende de 5 p. 100

par jour sur la totalité des sommes non payées. Le maire, après avoir reçu du préfet l'assurance que les ordres les plus précis de son gouvernement l'obligeront à exécuter la menace, remet entre ses mains tout l'argent disponible.

Aussitôt le préfet réclame 60 000 francs pour la contribution de janvier, et 10 000 francs, part de la ville de Laon dans l'imposition de 100 000 francs dont l'arrondissement a été frappé. Ces 70 000 francs devront être payés le 16 février, sous peine de pillage et d'une amende de 5 p. 100 pour chaque jour de retard. Or on était au 13 février : dans l'impossibilité où elle se trouve de réunir les fonds nécessaires, la commission vote un emprunt forcé. Le 17 février, elle devait encore le douzième de janvier, quand elle reçoit l'avis que le douzième de février est également exigible. Le 18, M. de Landsberg ajoute que, depuis le 12 février, l'amende de 5 p. 100 par jour court pour le douzième de janvier, et que la contribution de février est « exigible et productive d'amende » depuis trois jours. Devant ce déluge d'assignations, le Conseil prend le parti de s'acquitter des contributions de janvier. Essayant de prendre l'offensive, il réclame le prix de 50 sacs de farine, que la ville avait avancés à l'administration prussienne pour l'opération du ravitaillement de Paris, moyennant promesse de payement d'une somme de 2000 fr.; mais M. de Landsberg ne voulait pas cumuler avec ses fonctions de receveur celles de payeur ; il renvoie le maire à la caisse départementale, laquelle se déclare incompétente. En même temps, pour ne pas laisser cette réclamation impunie, il avertit la ville que la faible indemnité qui lui avait été un moment allouée pour la nourriture de la garnison est supprimée depuis huit jours.

Cependant tous les journaux du monde publient l'ordre, émané du roi Guillaume, de suspendre la levée de toute contribution de guerre. Les Laonnois se croient quittes une fois encore : une fois encore ils étaient victimes d'une illusion. Le 28 février, M. de Landsberg, commentant la parole impériale, déclarait qu'à la vérité il renonçait au prélèvement des contributions de guerre, mais qu'il exigeait le payement des impôts, y compris les amendes pour retard; aussi réclamait-il le versement immédiat du douzième de janvier, plus l'amende à partir du 15 février, et du douzième de février, plus l'amende à partir de la même date. M. Vinchon réunit le Conseil. Il expose que la première réclamation « constitue tout au moins une erreur », et qu'elle révèle le désordre avec lequel les fonctionnaires prussiens, « dans l'empressement de leur rapacité », s'acquittent de leurs perceptions : la ville, en effet, a payé les contributions de janvier. Mais en présence des menaces d'exécution militaire, qui se réalisent au moment où il parle dans des communes voisines, le maire met à l'étude les moyens de solder la contribution de février. Ces moyens n'étaient pas encore trouvés, quand M. Vinchon reçoit, le vendredi 3 mars, ordre de payer le lendemain, sous peine d'exécution militaire, une amende de 49 832 fr. 50, pour retard dans le payement des contributions. L'exécution devait commencer à midi. A 9 heures, le Conseil se réunit, attendant de minute en minute, avec une impatience facile à comprendre, la nouvelle officielle de la conclusion de la paix. Elle arrive enfin, et les conseillers se séparent en se félicitant d'être délivrés de ce cauchemar de l'exécution militaire, que M. de Landsberg depuis un mois faisait peser sur la ville.

Pour la troisième fois, la ville comptait sans son hôte, car le 6 mars, à 9 heures, le Conseil, convoqué d'urgence, reçoit communication de deux nouvelles lettres : l'une est de M. de Landsberg, qui annonce que les impôts échus jusqu'à la notification du traité restent acquis aux Allemands; elle se termine par un touchant appel « à l'intérêt que le maire porte à ses administrés ». L'autre, plus brève, est du commandant prussien, qui prévient le maire que les soldats chargés de l'exécution sont commandés pour 10 heures et demie. Le conseil n'avait pas le temps de se récrier; il envoya une députation chez le préfet pour lui demander quelque répit et la permission d'expédier à Paris des délégués qui réclameraient la protection du gouvernement. M. de Landsberg consentit : il savait que la province avait été bel et bien livrée aux exactions prussiennes, les négociateurs de l'armistice ayant dépensé toute leur peine pour obtenir que la garde nationale de Paris ne fût pas désarmée. Il ne lui déplaisait pas de laisser courir quelques jours de plus l'intérêt de 5 p. 100 par jour. Du ministère de l'intérieur, les délégués ne rapportèrent que l'opinion du ministre, qui jugeait illégales les exigences prussiennes, et le conseil qu'il donnait de les endurer, sans mot dire. « Vous avez le droit, leur fut-il dit; mais ils ont la force. » Or le 14 mars le maire annonce que des faits nouveaux se sont produits. La poste prussienne, qui avait renoncé, le 3 mars, à la surtaxe de 20 centimes qu'elle percevait sur les lettres affranchies par la poste française, l'a rétablie six jours après, si bien qu'un inspecteur français des finances a fait fermer le bureau et que le commerce se trouve dans le plus grand embarras. Les réquisitions et les violences continuent;

les réclamations d'argent deviennent par trop étranges. Quand l'armée allemande s'était enfermée à la citadelle, au moment où elle craignait l'approche de l'armée du Nord, elle avait exigé que la municipalité y envoyât des vivres; au moment où elle en sortit, tous ces vivres n'avaient pas été consommés; M. de Landsberg venait de s'en souvenir : estimant à 4000 francs la valeur de ce que la garnison avait abandonné, il réclamait ces 4000 francs. Il parlait de lever les contributions de mars. Il exigeait le payement des amendes, qui s'élevaient maintenant à 58 288 fr. 58 c., et prévenait que cette amende elle-même serait, à partir du lendemain, productive des 5 p. 100 d'intérêt par jour. Cette fois, la mesure était comble; les conseillers, qui n'en pouvaient croire leurs oreilles, prièrent leur président d'aller demander au préfet ce qu'il entendait faire de la malheureuse ville qu'il torturait à plaisir. Au moment où le maire sortait, il reçut avis de la signature de la convention Pouyer-Quertier. M. de Landsberg connaissait la nouvelle depuis la veille, mais il ne s'était pas pressé de déclarer qu'à l'avenir l'autorité allemande renoncerait à toute perception.

Si nous avons choisi de préférence l'histoire du conseil municipal de Laon, c'est que nous avons pu lire nous-même et copier les documents officiels; mais les mêmes exigences se retrouveraient avec les mêmes menaces, les mêmes violences dans les autres villes du département, surtout à Saint-Quentin, que l'ennemi s'est fait un plaisir de vexer, en haine de sa population, qui n'a jamais laissé entrer ou sortir ses troupes sans les saluer de quelques coups de fusil. Dans les villages, la résistance était plus malaisée que dans les villes; l'exécution suivait de plus près la menace, l'ennemi jugeant que l'hypocrisie était moins nécessaire. Une commune des environs de Laon, qui s'est libérée de ses contributions, se les voit réclamer une seconde fois, quelques jours après, par un officier qui ne veut entendre aucune explication, ni même lire les reçus qu'on lui présente, attendu qu'il est soldat et ne connaît que ses ordres. Dans une autre, l'intérêt de 5 p. 100 par jour court si vite qu'il rattrape le capital : le retard dans le payement d'une somme de 2000 francs produit une amende de 1700 francs.

Les maires perdent la tête quand ils reçoivent l'avis que l'exécution militaire va commencer. S'ils veulent savoir la définition de ces mots terribles, on leur répond comme fit un jour à la commission municipale de Saint-Quentin M. Binder, capitaine au 70e de ligne, commandant de la place :

> Messieurs,
> Selon les ordres du chancelier fédéral allemand, les mesures de l'exécution sont le logement d'une garnison augmentée auprès des habitants, l'enlèvement des otages (les notables de la ville), et comme mesure extrême, en dernier lieu, la mise à feu et le bombardement.
> Agréez, messieurs, l'assurance de ma considération parfaite.

Se figure-t-on l'effet d'une pareille missive sur un conseil municipal de village ? Il n'est que trop vrai que des maires, après avoir inutilement essayé de réunir l'argent nécessaire, ont dénoncé à l'autorité prussienne leurs administrés récalcitrants. Aussitôt l'argent trouvé, les magistrats municipaux accouraient à la préfecture. « Un des anciens bureaux, transformé en caisse, dit M. Ed. Fleury dans ses *Éphémérides*, présente un spectacle à la fois attristant et original. Il est plein à comble de maires, d'adjoints, de délégués, qui s'entassent et s'empilent autour d'une table où l'on paye, et d'une autre où les comptes sont dressés. Devant le receveur, qui ne suffit pas à sa besogne, l'or coule à flots, les sacs d'écus s'amoncellent... Le métal et les papiers précieux sortent de toutes les poches, le caissier ne sait où les placer : on les lui compte tristement et sans parler. Autour du comptable, qui aligne les comptes et dresse les états, éclatent au contraire les exclamations de saisissement. A ces comptes, on ne comprend rien, sinon qu'on doit des amendes fabuleuses, qu'on a cru s'acquitter intégralement et qu'on reste débiteur de sommes inimaginables. » Le temps n'est plus où les hauts administrateurs de Reims promettaient d'accueillir toute plainte légitime; M. Pochhammer avertit une fois pour toutes les maires qu'il est « impossible d'accorder aucune réduction, et qu'il faut s'abstenir d'envoyer des réclamations, qui resteront sans réponse ». C'est que la curée touche à sa fin. Ce bel or de France, dont le soldat serre précieusement quelques pièces dans son mouchoir, le caissier impérial le palpe avec volupté, pièce à pièce (*pecuniam probant veterem et diu notam*, dit Tacite en parlant des Germains, *amant serratos bigatosque*), et toujours il tend la main au guichet, où se succèdent les victimes. Une seule pensée trouble sa joie : est-ce qu'il ne restera pas encore beaucoup d'or dans ce pays maudit, quand le guichet sera fermé ?

Ruiner la France était le rêve des Allemands. A l'heure du déménagement, ils emporteront ce qu'ils pourront emporter. En attendant, ils détruisent tout pour le plaisir de détruire et de penser qu'il en coûtera cher aux vaincus de réparer ces dégâts. A Laon, ils s'acharnent aux ruines de la citadelle; ils enlèvent le plomb des couvertures, les charpentes, les portes, les escaliers, vendent une partie de ce butin à des brocanteurs allemands ou français, brûlent le reste ou le jettent par-dessus les murailles; ce jeu coûte la vie à deux personnes qui passent par là. Des fourneaux de mine sont préparés pour faire sauter les murs, et le conseil municipal proteste contre de pareils préparatifs, poursuivis en pleine paix. A La Fère, les vainqueurs prennent dans les établissements militaires le bois et le fer qui sont en magasin; ils arrachent et brisent tout ce qui est scellé dans la construction; ils vendent à la criée les outils et les meubles. L'Hôtel-Dieu est menacé d'un sort pareil, car les Prussiens font demander un inventaire du mobilier qui garnit les salles; l'administration n'épargne à la ville cette dévastation nouvelle qu'en prouvant que l'hospice, fondé par des donations privées, n'appartient point à l'État. A La Fère aussi, les fortifications, les piles de barrages ont été minées, et l'on a cru longtemps que l'ennemi les ferait sauter.

IV

Pendant de trop longs mois, nous avons étudié à notre aise le soldat et l'officier allemand. Nos maisons appartenaient à ces deux personnages. Le soldat, levé dès l'aurore, buvait son café, fumait sa pipe, lavait, brossait, frottait armes et habits, si consciencieusement, que son intelligence en était tout absorbée. L'officier partait pour la promenade, revenait, sifflait ou fredonnait dans les corridors, faisait sonner ses éperons et son sabre, appelait son ordonnance, et quand il vous rencontrait, saluait en portant la paume de la main au côté droit du casque ou de la casquette, pendant que la partie supérieure de sa personne, inclinée d'un mouvement sec, figurait avec l'autre un angle de 175 degrés.

Nous prêtons au soldat allemand maintes qualités qu'il n'a pas, trompés, comme nous le sommes, par la présence dans les rangs de cette armée de jeunes gens instruits et de bonne famille qui s'y trouvent en minorité. Nous nous figurons, par exemple, qu'il est instruit comme un maître d'école, connaît plusieurs langues et parle le français comme sa langue natale; mais si l'Allemand des provinces rhénanes sait quelques mots de français, si les ouvriers qui vivaient chez nous avant la guerre le parlent couramment, la plupart des soldats ignorent notre langue, et ils ne se tirent de la lecture d'un texte allemand qu'en épelant avec les lèvres et en s'aidant du doigt. S'ils écrivent, leur orthographe fantaisiste n'envie rien à celle du troupier français.

Ces hommes ne sauraient être tourmentés par les besoins intellectuels : les autres tiennent trop de place dans leur existence. Nos paysans, gens d'appétit modéré, ouvraient de grands yeux en regardant manger ces voraces. Un manuel franco-allemand répandu par les Prussiens dans tous le pays envahi nous apprend que l'Allemand mange peu ou point de pain, qu'il se repaît de viande, de légumes, de pommes de terre surtout, et qu'il est friand de chocolat : ce chapitre de la nourriture est de beaucoup le plus considérable du volume. En dehors du service, le soldat, en effet, ne songe guère qu'à manger. Dans les villes où il tient garnison, son ordinaire est réglé; mais dans les marches, quand, après l'étape faite, il s'abat sur quelque grasse ferme où les poules courent sur le fumier, où le porc grogne dans sa cabane, quels festins se servent ces Gargantuas!

Un jour, une escouade se présente dans une ferme des environs de La Fère. Aussitôt ceux qui sont chargés de la cuisine s'emparent des chaudrons, marmites et casseroles; d'autres vont, avec des pelles, des pioches, des bêches, fouiller et dévaster le jardin; ils rapportent des brassées de pommes de terre, qu'ils mettent cuire sans les éplucher. Puis ils tuent des poules, hachent du mouton et du porc, mêlent le tout dans les marmites, au-dessous desquelles flambe un feu énorme. La cuisine faite, on nettoie l'auge des chevaux avec de la paille et un balai; les cuisiniers y entassent les viandes d'un côté, les légumes de l'autre, et versent le succulent bouillon plein l'auge. Les hommes, couchés sur la paille, sentent au flair que l'heure approche; ils se lèvent, rangent leurs pipes, et chacun prenant son pain noir, pain de sarrasin, mal cuit ou brûlé, puant et vieux, se met en devoir de le casser en petits morceaux dans le bouillon, jusqu'à ce qu'il soit saturé. On répand sur ce mortier du sel, et l'un des cuisiniers, s'armant d'une dent de herse trouvée dans le fumier, opère le mélange, allant, venant et retournant la bouillie, tellement épaisse que la dent y tient debout. Alors le brigadier d'ordinaire dégage les viandes, les découpe, les distribue, et au commandement les hommes s'avancent vers l'auge, la cuiller d'une main, la viande de l'autre. Tout cela dévore en même temps, au plus vite et au mieux. Les yeux fermés, entendant ce rauque langage, on se serait cru dans une cage aux bêtes, à l'heure du repas.

La saleté des soldats rebutait les habitants d'un pays où la propreté est minutieuse, car tous les samedis on y nettoie la maison de fond en comble; le torchon fait les vitres limpides comme le cristal et les cuivres luisants comme l'or. Sous sa tunique bien brossée et dont les boutons brillent, l'Allemand garde sa chemise noire, grasse de sueur et de poussière, nauséabonde : aussi son odeur survit-elle longtemps à son départ. Il ne se sert guère de son mouchoir que pour y mettre son café ou porter ses paquets de cartouches. Ce n'est pas tout. Pour être historien fidèle, il faudrait écrire tout un chapitre sur l'ordure, qui a joué un grand rôle dans l'invasion : elle a fourni matière aux plaisanteries dont se sont le plus égayés nos vainqueurs.

Qu'il y eût dans cette foule d'hommes quantité de très braves gens, cela n'est pas douteux. J'en ai vu qui cherchaient à se faire pardonner leur présence et leurs victoires. « Ah! la guerre, disaient-ils à l'arrivée, en déposant leur sac! *Gross malheur*, la guerre! » Ils essayaient de se rendre utiles dans la maison, caressaient les enfants, les prenaient par la main et les promenaient. Les pères de famille s'attendrissaient en pensant aux têtes blondes qu'ils avaient laissées là-bas! Un jour, un landwehrien entra dans la cuisine d'une ferme où je me trouvais. Il demanda du pain. Comme il venait de dîner copieusement, la domestique fit semblant de ne pas entendre. Il insista doucement et d'un air de supplication. Comme il montrait la porte, mon regard suivait son geste. Une mendiante se trouvait là, entourée de trois enfants. Je pris un pain tout entier et le lui donnai; il courut le porter à la malheureuse et revint vers moi. J'avais deviné ce qu'il allait me dire : « Ma femme aussi avec mes enfants mendie là-bas une bouchée de pain! » Il souriait avec une larme dans les yeux et il me tendit une main que je ne repoussai pas.

Comme tous les soldats du monde, le soldat allemand, ouvrier ou paysan, aimerait mieux rester chez lui que de perdre son temps et de risquer sa vie pour la plus grande gloire de quelques Altesses. Il n'aime point la France, et il avoue que depuis son enfance on lui apprend à la détester. Il n'est point insensible à la gloire de faire partie d'un grand pays ; mais il sent fort bien ce que coûte cette gloire, et le nom de M. de Bismarck prononcé devant lui provoque des malédictions.

Un soir, un soldat saxon fumait au coin du feu chez un de nos amis. La conversation, qui se faisait dans une sorte de langue internationale que les vainqueurs et les vaincus se sont mutuellement apprise, languissait. L'Allemand avait le mal du pays et ne parlait guère. Tout à coup, secouant dans la flamme la poussière de sa pipe : « A bas Bismarck, s'écrie-t-il avec fureur! A bas Napoléon! A bas Wilhelm! » L'hôte le regardait étonné. « Vive la France! » reprend le Saxon, qui se met à parler avec volubilité; mais, s'apercevant qu'il n'est pas compris, il écrit sur la cendre la date : 1866.

Chez le soldat prussien lui-même, on ne trouve pas d'enthousiasme pour la guerre. Vervins a logé plusieurs semaines un bataillon de landwehr poméranienne. Les hommes se vantaient d'être, au témoignage de leur roi, les plus beaux et les meilleurs soldats de la Prusse. Ils ne reculent jamais sur le champ de bataille, disent-ils, mais se font hacher sur place. Pourtant, lorsque dans leurs villages, où l'on ne disserte guère sur la grande Allemagne ni sur les destinées de l'Europe, arriva l'ordre de se trouver à Anclam, parce que la guerre avait éclaté, ils furent étourdis de ce coup de tonnerre et désolés de quitter leur vie tranquille, leurs pommes de terre, qu'ils disent meilleures que les nôtres, leur eau-de-vie de grain, qu'ils préfèrent au cognac de nos cabarets. Ils nous reprochaient d'avoir troublé leur tranquillité, mais aussi maudissaient Bismarck et Guillaume lui-même. « Plus la Prusse devient grande, nous disait l'un d'eux, plus nous avons de contributions à payer. » Chez les jeunes gens dont nous parlions tout à l'heure, chez les volontaires d'un an, on retrouve l'enthousiasme érudit de 1813, l'amour de la Germanie, le mépris des races latines. Mais le commun des soldats n'entend rien à ces belles choses et ressemble à notre Poméranien, qui ne se soucie pas de payer de ses deniers la gloire de la patrie.

Quelque bons soldats que soient ces hommes, et si bien dressés qu'ils soient à leur métier, il ne paraît pas que le métier leur plaise ; ils n'aiment point, comme on dit, l'odeur de la poudre, et l'insouciance du danger n'est pas dans leur nature. Ils ont besoin de se sentir bien gardés, protégés par la vigilance de leurs chefs, soutenus par le succès, par la confiance en leur nombre, en la supériorité de leurs canons. Malgré cette série de succès inouïs, ils ne se sont pas laissés enivrer par la victoire, et jamais armée victorieuse n'a désiré la paix aussi ardemment que celle-là.

Ils la croyaient certaine après Sedan, et quand on se risquait à leur dire, pendant l'armistice, que les prétentions de M. de Bismarck amèneraient certainement la reprise de la guerre, les plus paisibles ne parlaient de rien moins que de tout incendier et de tout tuer, même les enfants à la mamelle. Il est certain que des officiers, effrayés de l'abattement où tombaient leurs hommes à la pensée d'une lutte nouvelle, leur avaient promis qu'on ne reculerait devant aucun moyen pour l'abréger.

Il faut donc rabattre beaucoup de ces panégyriques du soldat allemand qui ont été accueillis par nos imaginations trop crédules. Ce n'est point ce lourdaud qui est notre vainqueur, mais son seigneur et maître, l'officier, si différent de lui, si supérieur à lui, qu'on le dirait d'une autre nation, d'une autre race.

L'officier allemand a la prétention d'être le plus poli, le mieux élevé, le plus gentilhomme des officiers du monde ; un mot revient sans cesse sur ses lèvres : « Nous sommes civilisés. » Il faut bien convenir que les apparences plaident en sa faveur. Dès qu'il arrive dans la maison sur la porte de laquelle le fourrier a écrit son nom à la craie, il s'habille, puis, ganté de frais et pommadé, il descend au salon et demande à présenter ses respects à Madame. Il a des attentions pour tout le monde; il joue avec les enfants; il est plein de déférence pour les vieillards. Après le dîner, il se croit obligé de rester avec ses hôtes le temps convenable, avant de demander la permission de se retirer.

Dans notre malheureux pays, où la finesse et la justesse de vue sont des qualités de nature, on ne s'est guère laissé prendre à ces belles manières. « Ces gens-là, disait-on, sont trop polis pour être honnêtes. »

Ils sont trop polis, en effet, et c'est une singulière prétention qu'ils ont d'être traités en hôtes ordinaires, presque en amis. Ils ne permettent pas qu'on s'en tienne aux limites du strict nécessaire dans cette hospitalité qu'on leur donne en vertu de leur billet de logement. Ils sont fâchés qu'on ne veuille pas sortir avec eux, et que dans la rue on n'ait plus l'air de les connaître; ils feraient si volontiers une promenade en famille! Le mot est d'un de ces messieurs, qui aurait aimé le soir à entendre de la musique et danser. Quand nous avons été débarrassés du soin de les nourrir, beaucoup ont demandé à vivre, comme par le passé, à la table de la maison : ils ont été étonnés d'être éconduits. Ils assurent qu'ils se souviendront de nous, espérant à leur tour que nous leur garderons un souvenir. Il n'en manque pas qui ont laissé leurs photographies en partant; nous en avons vu par centaines : le casque à pointe alterne avec le casque à boule; le grand officier à taille fine, au visage ovale, aux yeux bleus, aux moustaches blondes et dont la main délicate est couverte de bijoux, fait pendant au petit officier, gros, trapu, à tête carrée, à mine renfrognée, et dont le nez épais porte d'épaisses lunettes. On ferait, à regarder ces documents d'un nouveau genre, l'histoire des passages de troupes de l'invasion.

Toute cette affectation de politesse dissimulait fort mal la dure et sèche nature du vainqueur. Dans la maison qui a l'honneur de loger un officier, il faut que tout le monde obéisse au moment même, et sans réplique. Si le déjeuner, commandé pour 11 heures, se fait attendre cinq minutes, un furieux coup de sonnette appelle l'ordonnance, qui va faire tapage à la cuisine. La vraie politesse eût consisté, dans les maisons où l'on était convenablement reçu, à se conduire modestement, comme un hôte; mais le désir de montrer qu'on était le maître l'emportait. Celui-ci critique le menu du dîner, réclame le plat sucré qui manque; celui-là veut du feu dans toutes les chambres qui composent son appartement, et à côté de sa lampe, une bougie, pour allumer plus commodément son cigare. Un autre invite ses amis à visiter son logement; il fait demander quelques bouteilles d'un vin qu'il a bu la veille et qu'il trouve à son goût : on les lui envoie. Il lui faut encore des pâtisseries, qu'on fournit, et des citrons, qu'on ne trouve pas; mais l'ordonnance en va chercher et réclame 65 centimes au maître de la maison. Si celui-ci discute et se récrie, il s'expose à des tracasseries de toutes sortes : l'officier quittera le logement et y enverra une dizaine de garnisaires, des cordonniers par exemple, qui établiront leur atelier dans le salon, où passeront toutes les vieilles savates du régiment. Le plus prudent est de souffrir et de laisser faire.

Un de nos amis, qui voulut se gendarmer, reconnut vite l'impossibilité de la résistance. Un jour, il avait été prévenu que trois officiers, un colonel, un capitaine, un lieutenant, devaient loger chez lui. Ils arrivent : ce sont trois beaux hommes, le colonel surtout ; le capitaine est moins grand que le colonel, le lieutenant est plus petit que le capitaine ; c'était à croire que dans ce régiment les grades se mesuraient à la taille. L'hôte va au-devant d'eux, moins par déférence que pour plaider la cause de ses chevaux, qui, les jours de passage, étaient chassés de l'écurie et passaient la nuit à la belle étoile. Il ne gagne rien ; ses chevaux sont mis dehors ; mais le colonel s'en excuse. Il daigne même s'approcher d'une des bêtes expulsées, dont il loue les formes gracieuses. « Joli cheval de selle, dit-il. Il n'a jamais été attelé ? — Non, monsieur, » répond avec empressement le maître de la maison, sensible à cette politesse, qui va toujours au cœur d'un amateur de chevaux. La conversation en reste là. Le dîner était servi : on se met à table.

Vers le milieu du repas, un dialogue en allemand s'engage entre le colonel et le capitaine. Celui-ci se lève, sort, et au bout d'un instant revient prendre sa place. La conversation était fort animée ; le colonel était d'une humeur charmante. Au dessert, il demande du champagne, mais les dernières bouteilles avaient été bues avec des officiers français. Le domestique, envoyé dans le village, rapporte une bouteille trouvée à grand'-peine, mais il annonce que le général, logé dans une maison voisine, en fait partout chercher une. « Dois-je envoyer celle-ci à monsieur le général ? » demande le maître de la maison, qui, la main au bouchon, s'arrête et veut savoir jusqu'où ira chez son hôte le respect hiérarchique. « Il vaut mieux, répond gracieusement le colonel, que nous la buvions ensemble. » Le dîner fini, le colonel monte à sa chambre et ne reparaît plus. Les deux officiers allument des cigares. Debout, le dos à la cheminée, le capitaine dit tout à coup d'un air indifférent : « Monsieur, nous avons été, à notre grand regret, obligés de requérir votre cheval. — Mon cheval! C'est une plaisanterie, n'est-ce pas? — Nous ne faisons jamais de plaisanterie. — Vous avez requis mon cheval; eh bien! vous ne l'aurez pas vivant! — Nous l'avons déjà : il n'est plus dans votre cour! » Le propriétaire volé sort en claquant les portes. Il apprend de son domestique que, pendant le dîner, le capitaine est venu dire : « Votre maître m'a vendu son cheval; allez le seller et le brider », et qu'un cavalier en effet a emmené la bête. Il rentre au salon. « Je croyais, dit-il, avoir affaire à des gentilshommes; je vois que je me suis trompé. » A ce mot, les cigares volent en l'air. « Parce que nous vous avons admis à notre table, crie le capitaine, vous faites l'insolent! Un mot de plus, et mes hommes vous enchaînent dans votre cave! » Il fallut se taire : la menace allait s'exécuter si notre ami avait plus longtemps oublié que, pour ne point altérer l'exquise courtoisie de nos vainqueurs, il faut leur servir le meilleur de sa cuisine et de sa cave, leur donner ce qu'on a et ce qu'on n'a pas, obéir à tous les caprices, et se tenir encore pour honoré d'être « admis à la table » de ces messieurs.

Mille petits faits montreraient encore, si nous le voulions, que toute cette politesse, qui semblait apprise dans un livre, n'effaçait point chez nos hôtes l'empreinte de la grossièreté native; mais il faut savoir rendre justice à ses ennemis : les nôtres ont donné un exemple unique dans l'histoire des guerres en respectant et en faisant respecter partout les honnêtes femmes.

Un sous-officier, à qui nous témoignions l'admiration que nous inspirait cette conduite, nous conta le plus sérieusement du monde que l'armée allemande avait reçu de ses chefs, entre autres conseils bons à suivre en campagne, celui de respecter religieusement les dames, pour ne pas exciter à la résistance le Français, être amolli, dégénéré, et qui laisserait consommer la ruine de son pays, pourvu qu'on ne touchât point à sa femme. Il n'y a que dans une tête allemande qu'ait pu pousser l'idée de faire entrer la chasteté dans la stratégie. Nous doutons que le conseil ait été donné avec ces considérants grotesques, mais il est certain qu'il a été suivi. On a bien vu de galants chevaliers en quête de bonnes fortunes. « Nous sommes trois à table, disait un jour un grand et bel officier blond du Mecklembourg; en voici deux qui ont leurs alliances dans leur poche; moi, je garde la mienne, qui me protège contre la défiance des maris. » Et le trio de rire. Quelques heures après leur départ, on s'apercevait qu'il avait disparu d'un album trois photographies de femmes. C'est une façon presque honnête de se procurer des bonnes fortunes à bon marché.

La réputation de vertu qu'ont gagnée à cette conduite fort méritoire les officiers allemands est un peu exagérée. Dans les villes où ils font séjour, on s'aperçoit que, s'ils gardent toute la journée une tenue sévère, ils se dédommagent le soir, quand le soldat et le bourgeois dorment dans les maisons closes. J'ai vu à Laon, la nuit, passer dans des chars à bancs à quatre chevaux des officiers retournant à leurs quartiers des villages : ils chantaient à tue-tête, demi-couchés les uns sur les autres. J'en ai vu d'autres se heurtant de droite et de gauche aux maisons dans les rues trop étroites, traçant des lignes brisées entremêlées de pirouettes où le sabre, le grand sabre qui traîne, servait fort à propos de point d'appui. Derrière les persiennes fermées des salons d'hôtel, d'autres achevaient la soirée, buvant, criant, jouant l'or à poignée. L'officier du Nord, plus que tout autre, est grand viveur, le landwehrien surtout : il n'y a pas de soldat au monde plus vicieux que ce père de famille. Il a enrichi certaines maisons dont les lanternes à verres de couleur éclairent l'obscurité des rues détournées.

Mais Allemands du Nord ou du Midi, landwehriens ou autres, se retrouveront debout, à l'heure dite, après l'orgie de la veille. Pas un ne manquera aux devoirs du métier. Si l'on est parfois tenté de sourire de leurs ridicules, l'extrême application qu'ils mettent à remplir leur office ramène à d'autres pensées. Ils ne sont pas tous des travailleurs, et nous ne nous laissions point prendre aux vanteries de tel ou tel qui, après avoir pendant l'après-midi battu la campagne ou caracolé dans les rues de la ville, ne souffrait point qu'on dît : « Vous voici de retour de votre promenade », et répliquait vivement : « Nous ne nous promenons jamais, nous travaillons toujours. » L'admiration qu'ils professent pour la science et les savants, l'intolérable mépris avec lequel ils parlent de l'ignorance de nos officiers, feraient croire qu'ils portent tous dans la tête une encyclopédie des connaissances humaines; mais nous en avons rencontré qui, après avoir mis sur le tapis certaines questions philosophiques ou autres, qu'ils croyaient aussi inconnues de leurs auditeurs que le haut allemand, changeaient de propos quand on leur tenait tête, comme eût fait le médecin malgré lui si quelque maître ès arts avait répondu affirmativement à la célèbre question : Savez-vous le latin? Il est pourtant vrai que beaucoup de ces hommes semblent des étudiants dans la première ardeur de l'étude. La curiosité intellectuelle de certains d'entre eux s'étend à tous les sujets qui occupent l'esprit humain.

Par la confiance que donnent au soldat la supériorité de son éducation et son exactitude à remplir ses devoirs, par le respect qu'inspire sa naissance, l'officier maintient dans l'armée allemande cette discipline si justement louée. Entre ces deux hommes, l'affection est médiocre : l'officier voit le soldat si au-dessous de lui! Comment aimer ce pauvre hère qu'il rudoie, bouscule, soufflette à la moindre faute? Certes il a soin de lui; il veille à ce qu'il dorme bien, mange bien; il le visite dans ses logements, accueille toutes ses plaintes, et entre en furieuse colère contre le bourgeois chiche de nourriture; mais il a le même soin de ses chevaux : il les veut voir aussi bien logés, aussi bien nourris. Il ne comprenait pas l'habitude que nous avions de parler au soldat plus volontiers qu'à lui : ce goût lui paraissait très vulgaire. Peut-être craignait-il nos questions indiscrètes, nos railleries sur cette discipline, si rigoureuse qu'elle ressemble à une servitude. Peut-être en effet le long séjour en France des soldats allemands modifiera-t-il leurs idées sur plus d'un point. Plusieurs m'ont avoué qu'ils s'étaient fait une très fausse idée de notre pays. Un sous-officier me dit un jour : « Vos journaux sont des menteurs et des ignorants qui vous ont trompés sur le compte de l'Allemagne; mais les nôtres nous ont trompés tout autant sur votre compte, » et il parlait avec admiration de notre richesse, produit de notre travail aussi bien que de notre sol.

L'esprit démocratique, qui a si bien pénétré nos mœurs que toute morgue en a disparu, et que la fierté passe pour un ridicule, étonnait les soldats. Nous voyant égaux les uns aux autres, affranchis de toute superstition féodale, nullement éblouis des airs de leurs officiers, les plus intelligents rougissaient de nous donner en spectacle leur humilité. Nous en avons vu qui, tout en faisant avec componction le salut réglementaire à quelque officier qui passait, souriaient d'un air d'intelligence en nous regardant, comme pour montrer qu'ils savaient la valeur de ces grimaces. Les corrections qu'ils reçoivent en public pour les fautes commises à l'exercice leur étaient devenues si insupportables, à cause des railleries dont ils étaient l'objet à leur retour au logis, qu'en plusieurs endroits il fallut choisir quelque lieu écarté pour champ de manœuvres. Ce travail occulte qui se faisait dans l'esprit des soldats n'a point échappé aux officiers : ils ne craignent pourtant pas que cette corruption momentanée survive au départ de France. Ils ont raison. Des sous-officiers et des soldats annoncent, à la vérité, que l'Allemagne va entrer dans une nouvelle ère politique et qu'avant dix ans elle sera républicaine, mais ils nous laissent fort incrédules. Maint officier, très noble, mais sceptique sur tous chapitres, déclarant que religion et noblesse sont des antiquités bonnes pour en imposer au peuple, pouvait faire penser à notre noblesse du XVIIIe siècle, qui, tout près de sa ruine, riait de ses privilèges. Mais l'état social de l'Allemagne actuelle ne peut se comparer à l'état social de la France de l'ancien régime; l'humeur des deux peuples ne se ressemble pas, et il s'écoulera sans doute de longues années avant que les espérances de quelques-uns deviennent des réalités. Du moins, ces jeunes officiers qui, à peine arrivés à l'âge d'homme, marquent déjà sur leurs états de service les campagnes d'Autriche et de France, comptent sur la docilité du grand troupeau germanique.

Quant à eux, ils sont dévoués corps et âme à la politique prussienne. Ceux qui regrettent l'ancienne Allemagne sont rares : ceux qui rêvent une Allemagne nouvelle, les libéraux, les républicains, sont plus rares encore. Il s'agit bien de faire de la politique ! Au glorieux festin que leur servent M. de Bismarck et M. de Moltke, les derniers venus, les vaincus de 1866, sont les plus avides : ils viennent de s'asseoir à table et d'entrer en appétit. Ils parlent bien de l'ancienne alliance avec la France ; ils font des réserves, pour le cas où l'indépendance de leur pays serait menacée ; mais ils se contentent de si peu de chose en fait d'indépendance ! La distinction entre les deux titres d'empereur d'Allemagne et de roi de Prusse leur paraît une garantie suffisante de l'autonomie des petits États. C'est un protectorat que la Prusse exerce sur nous, disent-ils, et elle est digne qu'on le lui confie. Sous l'hégémonie prussienne, ils se sentent grandis, et l'orgueil satisfait parle si haut, que les autres sentiments se taisent. Ils rient de leurs petits princes, qui errent sans commandement à la suite des armées ; ils les appellent « ces flâneurs de batailles ». Mais quel respect quand ils viennent à parler du grand ministre Bismarck, du grand général Moltke, de la grande Académie de guerre de Berlin ! Évidemment, ils se sont fait une patrie dans leur patrie allemande, l'armée. Avant d'être Saxon ou Bavarois, ils appartiennent à la caste militaire, que l'Allemagne va fêter au retour.

La belle vie qu'on va mener, dans les régiments de cavalerie surtout, où l'officier, s'il est moins instruit que dans l'artillerie, est de meilleur lieu, où les noms sonnent la plus pure noblese, où l'on ne peut se marier sans l'autorisation du colonel et l'agrément des camarades, qui, tous ensemble, veillent au maintien du décorum aristocratique! L'officier de la garde va reprendre pour les grandes parades et les fêtes de la cour le bel habit de gala, chargé d'or et de broderies, qui coûte 10 000 francs et que ternit le moindre brouillard! Puis il embellira sa maison, qui paraîtra un peu triste en sortant de ce riche pays de France; il aura des salons comme les nôtres, avec des bronzes sur les cheminées. Mais il ne faut pas s'endormir sur ses lauriers. Au prochain signal de la guerre, voici de nouveau toute l'Allemagne en selle! La guerre, disent-ils, est nécessaire à la santé de l'humanité; il en faut une tous les cinq ans. « Mais encore, répliquions-nous, tout stupéfaits de cette théorie, encore faut-il trouver des gens avec qui se battre. Ce n'est pas demain que nous nous rencontrerons de nouveau sur les champs de bataille. — Oh non! Mais d'ici là nous aurons vaincu la Russie! » Sur ce point les officiers ne tarissent pas et ils sont unanimes. Tous parlent comme d'un événement assuré de cette grande lutte contre la Russie. Ils allèguent l'hostilité connue du tzaréwitch contre l'Allemagne, la nécessité de se donner à l'est une frontière sérieuse, et de délivrer les frères allemands qui gémissent sous le joug étranger. Ils ressentent comme une injure l'interdiction de la langue allemande dans les provinces baltiques. Ils sont déjà, assurent-ils, tout prêts; ils apprennent le russe par ordre, et l'Académie de guerre étudie la campagne de

Russie, comme elle a étudié la campagne de France!

Dans ces projets d'avenir, l'Europe n'est comptée pour rien. Que pourrait l'Autriche? Sa dislocation est très prochaine; la partie allemande fera retour à l'Allemagne, sans qu'il soit besoin de tirer l'épée : M. de Bismarck suffira seul à cette tâche. Quant à l'Angleterre, il n'est pas un hobereau de Saxe ou de Bavière qui ne parle avec le plus profond mépris de ce pays de marchands. « L'Angleterre n'a plus de raison d'être, disent-ils; nous la considérons comme morte! » Ces choses-là sont débitées d'un ton aussi tranquille, aussi assuré que s'il s'agissait des choses les plus simples du monde et les moins discutables. Ces gens ont le vent en poupe; ils ont toute confiance en la main qui tient le gouvernail : Bismarck est jeune encore; Moltke est un vert vieillard, et le chef des *éclaireurs secrets*, Blumenthal, vaut Moltke, dont il attend la succession... N'ont-ils pas le droit de se livrer au long espoir et aux vastes pensées?

V

Cette confiance absolue dans la force de l'Allemagne, ce mépris de l'Europe, ces rêves ambitieux ne se trouvent point seulement dans la cervelle de quelques Fracasses enivrés des fumées de la victoire. L'Allemagne entière, au moins les politiques et les militaires, c'est-à-dire la classe dirigeante, ne pense point d'autre façon. Nous en avons pour garant un écrivain dont les indiscrétions sont plus graves que celles de nos hôtes, puisqu'il les publie dans le *Moniteur de Reims*, dont il est directeur. Je veux parler du chevalier D.-A.-E. Wolheim de Fonséca, qui s'intitule docteur ès lettres, ancien agrégé à l'université royale de Berlin, etc., etc.

C'est un heureux journaliste que le chevalier Wolheim. Il n'a pas eu besoin de se mettre en quête d'un imprimeur : le prince Charles de Hohenlohe a décidé M. Lagarde, imprimeur à Reims, à lui prêter ses presses, en le menaçant de faire occuper militairement les ateliers. Il ne s'est point préoccupé de trouver des abonnés : Frédéric-François de Mecklembourg a condamné « toutes les autorités, notamment les administrations des communes », à l'abonnement forcé au *Moniteur officiel*. Il n'est pas embarrassé pour les recouvrements : les préfets et sous-préfets se chargent de ce soin, témoin M. de Zedlitz, qui menaça un jour la municipalité de Saint-Quentin d'une exécution militaire si elle ne payait point le lendemain à M. de Fonséca une cinquantaine de francs qu'elle lui devait. Enfin il n'a pas cherché de rédacteur : un agrégé allemand suffit à remplir de sa prose toutes les colonnes d'un journal.

Pour être lu, M. de Fonséca compte sur son mérite personnel, et, de bonne foi, il finit par s'imaginer qu'il est fort goûté de ses lecteurs. Il constate que le nombre des abonnés augmente tous les jours; il annonce, deux semaines après ses débuts, que les numéros 1 et 2 du journal sont complètement épuisés, et qu'il va en être fait un nouveau tirage « à la demande générale ». Il croit avoir trouvé le moyen de prendre son public. Il sait la façon dont il convient de parler à cet être frivole qu'on appelle le Français. Il connaît tous les mystères de la langue parisienne : il parlera cette langue. Il sait combien il importe chez nous d'avoir de l'esprit : il en aura. — Dès le second numéro du *Moniteur* il nous donne un exemple de son savoir-faire, quand il regrette, à propos des fausses nouvelles qui trouvaient créance parmi nous, qu'en France « les blagues n'aient pas été reléguées dans le coin ». Nul doute qu'on n'ait lu ces jolies choses, et qu'on n'ait beaucoup ri des drôleries du chevalier chez Charles de Hohenlohe et chez Charles de Taufkirchen. « C'est comme cela qu'il faut leur parler, lui aura-t-on dit; allez, continuez! » Et, taillant sa meilleure plume, M. de Fonséca lançait à l'adresse de Victor Hugo, qui venait de publier son appel aux Allemands, le propos suivant, longuement et savamment déduit :

« Nous avons observé que Victor Hugo, dans presque

tous ses écrits en prose, a quelque animal qu'il soigne particulièrement : par exemple, dans *les Travailleurs de la mer*, il a une pieuvre au fond de l'Océan ; dans *Bug-Jargal*, il a un chien sous la tente ; dans *L'homme qui rit*, il a un loup dans la charrette ; dans *Han d'Islande*, il a un ours dans la caverne ; dans *Notre-Dame*, il a une chèvre dans la chambre, et, dans son *Appel aux Allemands*, il a une araignée dans le plafond. »

Les abonnés du *Moniteur officiel de Reims* savent ce qu'il a coûté d'efforts au rédacteur pour se donner une telle légèreté d'allures, car la nature l'a fait grave. Il n'a pas été entièrement corrompu par les mauvaises fréquentations et les mauvaises lectures. S'il n'avait point gardé au fond du cœur l'ingénuité allemande, aurait-il osé servir à ses lecteurs un feuilleton siamois : l'*Histoire de la Fiancée de trois jeunes gens, tuée par une vipère et ressuscitée par un charme* ? C'est pourtant le premier feuilleton dont il nous ait régalés. Il assure que les amis des lettres ont été charmés de ce morceau et qu'ils en redemandent de tout semblables.

Mais les lourdes plaisanteries et les feuilletons exotiques ne sont qu'une parade devant la porte. M. de Fonséca profite du moment où il nous tient sous le charme pour nous faire entendre de sérieuses vérités. Il est le défenseur infatigable de tous les actes de l'invasion, et met son esprit au service des préfets pillards et des généraux incendiaires. Aucune accusation ne le prend au dépourvu. L'horreur qu'inspire le bombardement de Paris le laisse indifférent. Il trouve fort mauvais qu'on reproche à M. de Moltke de n'avoir fait précéder le bombardement d'aucune sommation, attendu que « ce sont les forts qui ont commencé à bombarder les retranchements prussiens ». Il ne peut souffrir qu'on parle, comme on fait à Reims, d'enfants, de vieillards tués. « Les boulets allemands, dit-il, sont donc des êtres intelligents et d'assez mauvais caractère pour chercher à frapper des enfants, des femmes, des vieillards? » Il se console avec ses auteurs des déclamations françaises. Se plaint-on, comme d'une épouvantable barbarie, que les Allemands aient forcé les Alsaciens à construire les batteries ennemies sous le feu de Strasbourg, il prouve, livres en main, que « cette mesure n'est ni antilégale, ni neuve ». La circulaire de M. de Chaudordy, qui s'étonne des faits les plus simples, les plus naturels, les plus autorisés, met le chevalier à bout de patience. Il lance contre le malheureux diplomate le *Droit des gens* de Wattel, la *Littérature du droit des gens* d'Omptéda, le *Droit des gens* de Klueber, le *Droit des gens européen* de Schmaltz, les *Principes de droit politique* de Burmalaqui, le *De jure belli ac pacis* de Hugo Grotius, les *Essais* de Moser, le *Dissertatio de firmamentis conventuum publicorum* de Waldner, le *De bellis internecivis* de Heyne, les *Quæstiones juris publici* de Bynkershoek! Cette inépuisable érudition lui fournit des arguments pour justifier la pire violence de cette guerre, l'annexion de l'Alsace et de la Lorraine. Sans doute la France a réussi à « franciser ces provinces »; mais qu'a fait l'empereur d'Allemagne en les conquérant? Il a usé de son droit de rescousse, *jus recuperationis*. Que fait-il en gardant ce qu'il occupe de fait? Il se conforme simplement à l'axiome : *beatus possidens*, bienheureux celui qui tient. Voilà des arguments sans réplique; mais le docte agrégé se souvient qu'il parle à des ignorants, à des gens de race latine qui peut-être ne comprennent pas le latin.

A toutes ces raisons tirées du droit écrit, il en ajoute une autre, très inattendue : « La France républicaine du XIX⁰ siècle devrait être trop honnête, trop fière, pour se faire la recéleuse du bien volé par la France monarchique du XVII⁰ siècle. »

Du reste, à quoi bon tant discuter? L'Allemagne ne lâchera pas sa proie. Elle ne craint la France ni dans le présent ni dans l'avenir; elle se rit des efforts des neutres. M. de Fonséca n'admet même pas que l'Angleterre, « dont l'armée est trop peu nombreuse », ait osé donner des conseils amicaux à l'Allemagne. Il reproche « aux Juifs incirconcis de l'Angleterre » d'avoir vendu des fusils à M. Gambetta. Quand un membre des Communes a fait une motion en faveur de la France, il n'a pas assez de sarcasmes pour « le pitre parlementaire ». « C'est, dit-il, un de ces Anglais du *Merry old England*, qui croient que le monde tremble quand le *Parlement* parle, comme ces roitelets nègres qui, après avoir mangé du maïs et des sauterelles, font publier à son de conque que les rois du monde en peuvent faire autant! » Ces « hâbleurs insulaires » proposent de neutraliser l'Alsace et la Lorraine; mais il n'y a pas de pays véritablement neutres : la preuve, c'est que les petits États sont, on ne sait pourquoi, manifestement favorables à la France. La Belgique est travaillée par les *Fransquillons;* la Suisse elle-même, voire la Suisse allemande, ne cesse d'exalter « au détriment de ses frères » les mérites des Français. L'Allemagne aura l'œil sur les procédés de ces neutres qui d'habitude connaissent mieux leurs droits que leurs devoirs, et elle ne commettra pas la faute de neutraliser sa conquête; la garantie de l'Europe entière ne l'y déciderait pas. On sait trop bien à Berlin ce que vaut cette formalité : « Plus un pacte est garanti, moins il est sûr.... L'histoire nous enseigne qu'un petit État, dans les convulsions générales, a le droit de s'inquiéter, malgré toutes les garanties possibles, et que les grands États seuls peuvent se garantir eux-mêmes. »

Ainsi professait, dans sa chaire de Reims, le docteur de Fonséca, devant ses disciples recrutés par les caporaux prussiens. C'était l'âme même de la Prusse victorieuse que ce Prussien découvrait à nos yeux. Sous son érudition, à travers son hypocrisie, perçait la foi raisonnée en la maxime de M. de Bismarck. Si ce journaliste condamne la France démembrée à la résignation, s'il menace les faibles, s'il insulte l'Angleterre, c'est au nom du droit de la force. S'il brave les haines soulevées contre son pays et raille les sympathies qui reviennent au nôtre, c'est que la haine et la sympathie sont de simples forces morales, que peut mépriser celui qui a dans la mains la force matérielle. M. de Fonséca, d'accord avec les officiers, nos hôtes, et avec le chancelier de l'empire allemand, montre hardiment à l'humanité l'avenir que lui réserve la victoire de l'Allemagne.

Ce n'est point ainsi que s'annonçait au monde, il y a quatre-vingts ans, la domination de notre malheureuse France. Dans l'enthousiasme des premiers jours, la Révolution aspirait à délivrer la terre de toutes les tyrannies et à la régénérer par la liberté. Les peuples saluaient nos drapeaux, qui portaient dans leurs plis les idées nouvelles, et l'Allemagne fut agitée la première de sentiments inconnus.

« Qui pourrait nier, s'écrie, dans *Hermann et Dorothée*, Gœthe, le grand poète allemand, qui pourrait nier qu'au premier rayon du nouveau soleil s'élevant à l'horizon, lorsqu'on entendit parler des droits communs à tous les hommes, de la liberté vivifiante et de l'égalité chérie, chacun n'ait senti son cœur s'élever et battre plus fortement dans son sein plus libre? On espéra jouir de l'existence; les chaînes qui assujettissaient tant de pays, et que tenait la main de l'oisiveté et de l'intérêt, semblaient se délier. Tous les peuples opprimés ne tournaient-ils pas leurs regards vers la capitale du monde, titre glorieux que Paris portait depuis longtemps avec justice, et qu'il n'avait jamais plus mérité qu'à cette époque? Les noms des hommes qui proclamèrent les premiers la liberté ne furent-ils pas égalés aux noms les plus célèbres, élevés jusqu'aux astres? Chacun sentit renaître en soi le courage, l'âme et la parole. Et nous, qui étions voisins, nous fûmes les premiers animés de cette flamme vive. La guerre commença, et les Français en bataillons armés s'approchèrent; mais ils parurent apporter le don de l'amitié. L'effet répondit d'abord à cette apparence; tous avaient l'âme élevée; ils plantèrent gaiement les arbres riants de la liberté, nous promettant de ne pas envahir nos possessions ni le droit de nous régir nous-mêmes. Notre jeunesse fit éclater les transports de sa joie, la joie anima l'âge avancé, et les danses de l'allégresse commencèrent à se former autour des nouveaux étendards. Les Français triomphants gagnèrent d'abord l'esprit des hommes par leur vivacité et leur enjouement, et ensuite le cœur des femmes par leur grâce irrésistible. Le fardeau même des besoins nombreux de la guerre nous parut léger; l'espérance en son vol nous dérobait l'avenir et appelait nos regards dans les carrières nouvellement ouvertes. Oh! combien est heureux le temps où, dans une danse, l'amant voltige avec sa fiancée, attendant le jour de l'hymen, objet de leurs vœux! Tel et plus heureux encore fut le temps où ce que l'homme juge être le bien suprême se montrait près de nous et pouvait être facilement atteint. Il n'y avait pas de langues muettes; les vieillards, les hommes d'un âge mûr et les adolescents parlaient à haute voix, pleins de pensées et de sentiments sublimes! »

Hélas! comme au temps que célèbre le poète allemand, il n'y a pas de langues muettes aujourd'hui! On parle beaucoup dans les cabinets des princes, dans les assemblées, mais de quoi? de réorganiser les armées, d'élever des fortifications nouvelles, de doubler le nombre des soldats. De liberté vivifiante et d'égalité chérie, nous ne sachons pas qu'il soit question en quelque endroit du monde. Se plante-t-il quelque part des arbres de liberté? A-t-on formé des danses d'allégresse autour des étendards germaniques? Où sont les cœurs qui battent plus fortement dans un sein plus libre? Quelles chaînes viennent de tomber? quels hommes remercient Dieu à la pensée que désormais chacun va tranquillement jouir de l'existence? D'un bout à l'autre de l'Europe, les peuples font en hâte leurs préparatifs pour l'avenir que leur promet la politique « de fer et de sang » qui vient de triompher.

L'Europe saura bientôt, elle sait déjà ce que lui réserve la défaite de la France.

Considérons en effet cette puissance que viennent de révéler les guerres d'Autriche et de France. Jamais nation n'a été organisée pour la guerre comme l'Allemagne sous l'hégémonie prussienne. Quelques heures suffisent pour que tous les hommes valides aient rejoint le poste assigné; quelques jours, pour que toute la nation armée s'écoule au delà des frontières ! A l'avance, le plan de campagne a été étudié, discuté, arrêté : toutes les éventualités ont été prévues, toutes les routes explorées, jalonnées. L'occupation de la terre conquise a été préparée comme la victoire. Derrière les combattants, marche une légion d'administrateurs, gouverneurs avec leurs conseillers, préfets, sous-préfets, receveurs, commandants des postes et des télégraphes, etc. Civils et militaires portent le casque et le sabre. Ils s'entendent, collaborent et professent les uns pour les autres une estime parfaite. Le sabre de commandant ne dédaigne pas le sabre de préfet. Pourquoi d'ailleurs le dédaignerait-il? Tous les deux sortiront immaculés de cette guerre toute nouvelle de tacticiens, d'ingénieurs, d'artilleurs et de percepteurs. L'individu disparaît dans la machine dont une seule volonté dirige la manœuvre gigantesque. Et pendant que cette machine travaille et qu'elle frappe et qu'elle tue, le journaliste officiel, le jurisconsulte du droit de la force, qui a emporté avec lui sa bibliothèque, démontre la légitimité des horreurs et interdit aux hommes l'espoir d'un temps meilleur. Enfin le prédicateur du régiment explique aux soldats la cause providentielle des victoires et les assure de la complicité du Dieu des armées.

Tel est cet immense personnel d'invasion, le plus complet, le mieux organisé qu'un peuple ait jamais possédé. Sans bruit, sans résistance, sans heurt, il glisse sur le rail des voies ferrées vers les pays qu'il écrasera par le nombre de ses soldats, qu'il exploitera jusqu'à l'épuisement par la fiscalité de ses agents, qu'il insultera par la science de ses docteurs et par les déclamations de ses prêtres. Aussi aucun État n'est-il plus assuré de vivre, s'il n'emploie toutes ses forces en préparatifs de défense. Partout un impôt énorme va être prélevé sur le travail des hommes, mais ce gaspillage d'argent est le moindre des maux dont nous sommes menacés. A l'entrée de l'ère nouvelle inaugurée par les victoires de la Prusse, il faut laisser toute espérance d'un progrès pacifique de l'humanité. La haine aujourd'hui, demain la guerre : voilà pour l'Europe le présent et l'avenir.

UNE VISITE

AU

PARLEMENT D'ALLEMAGNE[1]

Le parlement de l'empire d'Allemagne attend encore son palais, dont l'emplacement n'est pas même choisi. M. de Bismarck aurait voulu qu'on bâtit l'édifice dans le *Thiergarten*, ce bois de Boulogne des Berlinois; mais le parlement et la ville ont protesté contre ce projet. Les députés redoutent peut-être les torrents de poussière et de sable que chaque souffle d'air soulève dans ce lieu de plaisance, et l'odeur que dégagent les eaux croupissantes au-dessus desquelles on voit la nuit flotter des feux follets. D'ailleurs l'endroit marqué pour le palais est occupé par le café concert de M. Kroll, qu'il aurait fallu démolir, et les Berlinois aiment à s'entasser le soir dans le jardin de la maison, jardin rare en effet : des nénufars en zinc y portent des verres de couleur, et des canards découpés dans le même métal nagent dans une mare d'imitation.

1. Publié dans la *Revue des Deux Mondes*, le 15 juin 1877.

On a donc crié, pétitionné, et l'empereur d'Allemagne, se souvenant du roi de Prusse, a fait grâce au jardin menacé. Les Berlinois conserveront Kroll, et le parlement de l'empire attendra. Une ancienne manufacture de porcelaine a été accommodée à son usage tout près du ministère de la guerre. Le bâtiment est de médiocre apparence et fait pauvre mine à côté de son voisin, mais c'est justice : il convient qu'un fils se tienne modestement en présence de son père. N'était le travail herculéen poursuivi depuis tant d'années dans ce ministère, on ne verrait pas aujourd'hui, 16 juin 1873, se presser à la petite porte du *Reichstag* des députés venus des rives du Rhin et de celles de la Vistule, des bords de l'Eider et du pied des Alpes.

Suivons ces mandataires du peuple allemand; les profanes sont admis sans difficulté dans la maison. Il suffit de parler au suisse, qui vous délivre, moyennant une carte et quelques *groschen*, un plan de la salle : le nom de chaque député y est écrit à la place qu'il occupe, et des couleurs variées marquent les divers partis politiques.

C'est le guide de l'étranger dans le parlement de l'empire.

I

Un architecte qui construit la salle des séances d'un parlement fait de la politique. Ce n'est pas assez qu'il dessine les plans, marque les dimensions, assure les dégagements et applique les règles de l'acoustique; le plus difficile est de bien disposer les sièges : pour cela, il faut étudier la constitution. Dans la salle de notre Corps législatif, au début du Second Empire, un large banc était placé au-dessous du fauteuil présidentiel : là s'asseyaient les commissaires du gouvernement. Le pouvoir exécutif regardait en face et de haut le pouvoir législatif : c'était le style de 1852. Aujourd'hui, dans cette même salle, les ministres descendus dans l'arène occupent les premiers bancs d'une travée. Des députés siègent à côté d'eux et au-dessus d'eux; la tribune les domine : quand un orateur dressé sur ce piédestal s'adresse aux représentants du pouvoir exécutif, son geste de haut en bas est d'un supérieur. Le pouvoir législatif a pris sa revanche : c'est ainsi qu'en France les deux rivaux tour à tour donnent leurs ordres à l'architecte.

Dans la salle des séances du *Reichstag*, l'architecte avait à loger deux chambres, une chambre haute, qui est le *Bundesrath* ou conseil fédéral, et une chambre basse, qui est le *Reichstag* lui-même. La première est d'une espèce toute particulière. Elle ne se recrute point dans un patriciat héréditaire; ses membres ne sont pas nommés par l'empereur : elle se compose des délégués des princes et états de l'Allemagne. Tandis que le *Reichstag*, élu par le suffrage universel, représente le peuple allemand, le conseil fédéral représente les monarques grands et petits et les villes libres : il est un débris du passé mis en présence de la nation moderne. Deux chambres d'origines si diverses ont des intérêts différents et des humeurs peu compatibles. Leurs relations sont difficiles. Il n'y a point entre elles de va-et-vient familier. En Angleterre les lords et les communes, en France les sénateurs et les députés se partagent le gouvernement et se rencontrent dans le ministère : mais l'empire d'Allemagne n'a pas de ministres, ou plutôt le chancelier est à lui seul tout le ministère. *Bundesrath* et *Reichstag* se disputent le maigre domaine législatif que la constitution leur a laissé. Leur principal pouvoir est de se gêner, de se contrecarrer l'un l'autre. Supposez qu'un artiste ait à les représenter par une allégorie : il se tromperait en dessinant deux coursiers emportant d'un bel élan le « char de l'État »; pour moi, je les placerais de chaque côté d'un portique sous les traits de deux lions de faïence tournant l'un vers l'autre une face maussade.

L'architecte qui a transformé la manufacture de porcelaine en palais de parlement a bien compris les données que la politique lui fournissait. Presque au niveau du fauteuil présidentiel, il a construit, pour y placer les délégués du *Bundesrath*, un balcon qui domine la salle. Mandataires des princes et mandataires du peuple se regardent, et les premiers ont de meilleurs et plus hauts sièges, comme il convient à leur dignité. Au-dessous de ce balcon seigneurial, la tribune fait triste mine. Aussi les députés y montent-ils rarement. L'orateur qui s'y aventure a derrière lui le conseil fédéral et le chancelier. Il faut de l'héroïsme pour critiquer la politique de M. de Bismarck en lui tendant l'échine.

L'architecture de la salle de *Reichstag* est une première leçon de droit constitutionnel. Voyons si la séance nous en donnera d'autres.

Déjà M. le président Simson est au fauteuil. Il se tient debout, les mains derrière le dos, attendant les députés, comme c'est l'usage des présidents. Les honorables arrivent un à un, et le public, le plan sous les yeux, les suit jusqu'à leurs places.

Que de couleurs sur ce plan ! J'en compte jusqu'à huit : huit partis différents dans le premier *Reichstag* de l'empire ! En vérité ce serait beaucoup, si c'étaient là de vrais partis, à programmes arrêtés, opposés les uns aux autres !

Une de ces couleurs, le jaune indien, se retrouve dans toute la salle, où elle marque une vingtaine de sièges : ce sont ceux des députés non classés, qu'on appelle familièrement les *Wilden*, c'est-à-dire les *sauvages*. N'appartenir à aucun parti, c'est un rêve généreux, mais qui témoigne d'une certaine jeunesse dans la vie parlementaire. Ce groupe se fondra quelque jour dans les autres : à la fin de la première session, il comptait 26 membres, à la fin de la seconde, 22. Encore n'est-il point juste d'y ranger MM. Bebel et Schraps, qui sont membres d'un bel et bon parti, celui des démocrates-socialistes ; seulement M. Bebel est sous les verrous, et la *sauvagerie* de M. Schraps s'explique d'elle-même. Viennent les prochaines élections, le suffrage universel lui enverra de la compagnie. Il faudra bien ajouter une couleur à la gamme, et ce sera, si l'on consulte le goût des intéressés, le sang de bœuf : ils en barbouillent déjà leurs affiches et les tentures de leurs clubs.

Le vermillon est réservé aux *progressistes*, qui occupent la première travée de gauche, et empiètent un peu sur la seconde. Ils sont une quarantaine, de professions diverses ; mais le juriste et le professeur abondent dans ce groupe. Plusieurs sont des vétérans de la politique allemande. Compromis dans les assemblées, voire même dans les insurrections de 1848 et de 1849, ils ont été emprisonnés ou bien se sont réfugiés à l'étranger jusqu'à l'amnistie accordée en 1861. L'âge et les événements les ont calmés. L'unification de l'Allemagne flatte leur patriotisme et la chute des petits princes leurs instincts démocratiques. Ils sont d'ailleurs bien obligés d'avouer qu'ils se sont complètement trompés sur le compte de M. de Bismarck, qu'ils ont combattu au temps du conflit, comme s'il n'eût été qu'un misérable aventurier. L'homme d'État leur a montré qu'avec une intrigue diplomatique bien menée, un bon piège où faire tomber l'Autriche, une bonne armée pour l'y accabler, on obtient d'autres succès qu'avec des fêtes de gymnastique ou de tir, l'exhibition des couleurs allemandes et les refrains patriotiques. Ces jeux de la politique ébranlent la foi aux principes comme les jeux de bourse dégoûtent du travail honnête. Les progressistes ont donc fait des concessions ; ils acceptent l'empire et la dynastie. Un seul député dans cette assemblée est républicain, M. Sonneman, de Francfort, qui a protesté en termes si énergiques contre l'annexion de l'Alsace-Lorraine : il figure parmi les *sauvages*.

Du moins, les progressistes n'ont point répudié toutes les idées qui leur furent chères. Ils disent volontiers qu'ils remplissent dans le parlement d'Allemagne le rôle que joue en Angleterre l'opposition de Sa Majesté la reine. Ils sont les défenseurs des libertés parlementaires. Ils s'accommodent du militarisme, mais ils essayent de le contenir. Jadis ils étaient partisans d'une *armée citoyenne* (*Bürgerwehr*). M. Duncker, dont la tête grise et les longs cheveux rappellent M. Garnier-Pagès, était en 1848 capitaine dans la garde nationale de Berlin : quand un bourgeois a porté l'épaulette civique, il s'en souvient jusqu'au dernier soupir. Enfin la gauche se préoccupe plus que toute autre partie de l'assemblée des questions sociales; M. Schulze-Delitzsch en est membre, et le *socialisme de la chaire*[1] y est représenté. Dans les élections, le progressiste compte sur les voix des ouvriers non révolutionnaires; il ne dédaigne pas les autres quand elles se reportent sur lui au second tour de scrutin, faute d'avoir pu faire triompher un démocrate-socialiste. Cette alliance entraîne mainte obligation que l'on devine : elle force le député progressiste à raffermir son attitude en face du pouvoir; elle l'empêche de trop incliner vers le parti national-libéral. Plus on approche des élections, plus s'élargit l'intervalle qui

---

1. On appelle ainsi les doctrines de plusieurs professeurs d'économie politique, qui, dans leur enseignement universitaire, se sont montrés partisans de réformes sociales.

sépare ces deux voisins; leurs journaux se querellent et la nuance qui les distinguait est en train de devenir une couleur.

Le parti *national-libéral* compte à peu près 120 membres : il est le plus considérable du *Reichstag*, où il règne depuis la seconde travée de gauche jusqu'au couloir du centre. Presque toutes les professions y sont représentées : en première ligne, les fonctionnaires, puis les juristes, avocats, avoués, notaires; peu de propriétaires fonciers, mais des industriels ou de riches commerçants; des banquiers; quelques israélites de marque, comme M. Bamberger, dont le lucide esprit est en train de débrouiller la question monétaire, ou comme M. Lasker. Jeune encore, celui-ci est déjà un vieux parlementaire. Il prépare une collection de ses discours, et il en a prononcé de quoi remplir plusieurs volumes. Petit, noir, les cheveux abondants et frisés, la figure noire et rouge, il n'a point l'air d'un chef de parti. Un Allemand, derrière moi, le compare à un marchand d'habits; c'est une impertinence que vaut probablement à M. Lasker sa qualité d'israélite, car ses coreligionnaires sont en Allemagne l'objet d'une haine qui sent le moyen âge. Pour ne point dire qu'on leur envie leur richesse, leur luxe, le quartier des Tilleuls, dont ils sont à peu près seuls propriétaires, on leur reproche de n'avoir point la profondeur allemande, d'écrire des livres superficiels et de la musique matérialiste. Un Berlinois me faisait ce défi : « Je ne suis point musicien; mais jouez-moi le morceau que vous voudrez : aux premières notes, je vous dirai s'il est d'un juif. » Il n'y a point de doute que si quelqu'un osait proposer qu'on ramenât les israélites au *ghetto*, les adhésions ne se feraient pas attendre. Les antisémites ont quelques griefs politiques mieux fondés que ces vilains sentiments. « Le juif, me disait un conservateur, n'entend rien au caractère germanique. Son crâne ne ressemble pas au nôtre, et d'ailleurs, par la faute de notre intolérance, il n'a jamais vécu de notre vie privée ou publique. Nos vieilles traditions lui sont inconnues : il ne comprend rien à la complication de notre âme, à nos désirs des nouveautés, contrariés par notre respect des vieilleries. Remarquez que Lassalle, le chef de ceux qui veulent détruire l'Allemagne historique, était juif, que beaucoup de juifs sont républicains, d'autres nationaux-libéraux très influents. Pour faire place à leur « état moderne », ils démolissent à outrance sans éprouver rien de cette mélancolie que l'on ressent à voir tomber pièce à pièce une maison qu'on a longtemps habitée. Savez-vous où se trouvent leurs plus ardents collaborateurs? C'est parmi les descendants de vos huguenots réfugiés. Je crains bien que ces étrangers à l'esprit absolu ne fassent dans notre vieille Allemagne, pour amour de la ligne droite, des ruines irréparables. »

Voilà qui est bien, mais il faut ajouter que ces étrangers trouvent des complices dans la place. A côté d'eux siègent des hommes d'affaires qui, laissant aux pédants la vénération du passé, applaudissent à la suppression des frontières intérieures et de tous ces obstacles qui entravaient l'activité commerciale ou industrielle ; des fonctionnaires qui espèrent de l'avancement, mais aussi des patriotes qui veulent une patrie grande et forte contre l'étranger.

Tout a été dit sur le singulier caractère de ces nationaux-libéraux, qui n'aiment la liberté que d'un amour très platonique. Tels les a dépeints M. Cherbuliez dans ses études sur la Confédération de l'Allemagne du Nord, tels ils sont demeurés. Leurs *deux âmes* les tourmentent toujours, car dans un empire rivé à la couronne de Prusse on peut être *national*, si l'on entend par là qu'on approuvera toutes les annexions passées et futures ; mais le moyen d'être libéral autrement qu'en théorie? L'embarras du parti est l'objet de quolibets et de sarcasmes en Allemagne aussi bien qu'à l'étranger. Il mériterait pourtant plus d'égards et de charité. Certes il compte dans son sein d'effrontés transfuges de la démocratie, lesquels appartenaient sans doute à cette sorte de républicains qui inspirait un jour à Bœrne cette boutade : « Je serais un Néron en Allemagne, et je jetterais mon diadème dans un fleuve, qu'au commandement *apporte!* le plus enragé de ceux qu'on accuse de démagogie plongerait comme un barbet fidèle et me rapporterait ma couronne! » Mais il est aussi parmi les nationaux-libéraux des politiques qui font en gémissant le sacrifice de leurs opinions libérales à l'inéluctable nécessité. Ils savent bien qu'on perd son temps en parlant à M. de Bismarck de réformes constitutionnelles : l'empire a été fait par lui et pour lui ; il se plaît dans cette maison, dont il a donné le plan, et le moindre embellissement l'en ferait sortir : qui donc serait assez osé, assez peu patriote, pour provoquer une telle crise? Il faut donc se résigner, et l'on se résigne, non sans songer avec tristesse que le temps s'écoule, que le nouvel empire est toujours affublé de cette forme imparfaite improvisée par le chancelier au cours de la campagne de France. Tout le parti ne cède pas aussi aisément à la force des choses. La fraction qui a pour chef M. de Bennigsen subit avec une abnégation parfaite jusqu'aux caprices du chancelier, mais la fraction Lasker se cabre de temps en temps. Les féodaux prussiens prétendent que cette indépendance est sans mérite. Le juif n'est si indocile, disent-ils, que parce qu'il ne peut espérer devenir ministre dans un empire dont le chef est le dévot serviteur de Jésus-Christ.

Au national-libéral, M. de Bismarck offre en dédommagement de ses chagrins et pour le réconforter dans sa patience, la guerre contre l'Église; mais l'Église a des champions de taille à la défendre dans la *fraction du centre*, qui compte à peu près 70 membres. L'aspect de la travée centrale est tout autre que celui de la gauche : on y voit des robes de prêtres et des tenues de gentilshommes. Une vingtaine de seigneurs hautement titrés, des propriétaires de biens nobles, des magistrats, quelques grands fonctionnaires, même des dignitaires de cour, composent la majorité du parti. Pour suppléer à l'infériorité du nombre, il a des orateurs qui sont toujours sur la brèche. On me montre le docteur Reichensperger : c'est la figure et l'attitude d'un parlementaire catholique libéral; de point en point, il me rappelle le président actuel de notre assemblée nationale [1]. M. Windthorst circule entre les bancs du centre, allant de l'un à l'autre, comme un chef de parti : il a passé la soixantaine; sa tête chauve est enfouie dans de fortes épaules, il porte des lunettes à branches noires, derrière lesquelles brillent des yeux très vifs. C'est l'orateur laid et spirituel qui se retrouve dans tous les parlements du monde.

1. M. Buffet.

Sur cette fraction du centre s'accumulent les colères de M. de Bismarck, des nationaux-libéraux et des progressistes. Elle les porte allégrement; mais de quel crime est-elle donc accusée? et que représentent dans le nouvel empire ces hommes à la face desquels est jeté tous les jours le reproche de trahison? Ils veulent, disent leurs adversaires, mettre l'empereur aux pieds du pape, imposer à l'Allemagne les doctrines du *Syllabus*, ramener les jésuites et l'inquisition, proscrire la liberté scientifique, convertir de gré ou de force luthériens et calvinistes. Pour arriver à leurs fins, tous les moyens leur semblent bons : ils demandent la réintégration de l'Autriche dans l'empire, afin de s'appuyer sur elle contre la Prusse; ils regardent d'un œil sympathique la France, qui se relève et met son avenir sous la protection du Sacré Cœur de Jésus.[1]

Voilà bien l'exagération d'un langage de parti. Non, les catholiques ne sont point traîtres à la patrie allemande, car le sang des Bavarois, des Westphaliens, des Rhénans et des Silésiens a coulé abondamment sur les champs de bataille de France; leur bourse s'est plus largement ouverte que celle des évangéliques à toutes les souscriptions nationales; ils ont eu pour nous, même après la défaite, de dures paroles, et il ne semble point, à lire les écrits de Mgr de Mayence, que le prélat ressente moins de haine contre nous que les *gallophages* des universités. Il est vrai pourtant que les hommes du centre sont les plus redoutables ennemis de l'empire sous la forme que lui a donnée M. de Bismarck.

---

1. La souscription pour la construction de l'Église du Sacré-Cœur à Montmartre faisait alors beaucoup de bruit en Allemagne.

Les questions religieuses sont graves en Allemagne plus que partout ailleurs, parce que la rivalité des confessions y entretient la ferveur religieuse. Les victoires de la Prusse protestante, les déclamations des prédicateurs officiels du roi Guillaume sur le triomphe de l'évangélisme, ont encore échauffé l'ardeur de ce sentiment. Que la politique exploite aujourd'hui le mécontentement des catholiques, comme le prétendent les nationaux-libéraux, un homme de bonne foi ne saurait le nier; mais au delà du Rhin, politique et religion ont toujours été mêlées. Aux XVIe et XVIIe siècles, les princes allemands ont conquis leur indépendance en combattant pour la Réforme. Aujourd'hui les rôles sont renversés. Le catholicisme, mis en état de minorité par les événements de 1866, confond sa cause avec celle des princes dépouillés ou menacés, et veut réduire au strict nécessaire les attributions du pouvoir impérial. Le protestantisme n'a vaincu au XVIIe siècle qu'avec l'aide de la France : le catholicisme invoquera-t-il au XIXe l'appui de notre pays? Non, parce que le patriotisme allemand n'admet plus ces compromissions avec l'étranger. Pourtant d'obscurs et imprudents fanatiques, qui rédigent les gazettes populaires de la Bavière, ont célébré notre journée parlementaire du 24 mai comme une victoire. Ils disent que Dieu a réservé sur le champ de bataille le glorieux vaincu de Sedan, que le maréchal de Mac-Mahon va monter à cheval, qu'il est en route, qu'il arrive et, chose étrange, les vainqueurs s'émeuvent!

Le parti du centre est le seul qui fasse une opposition sérieuse, car avec tous les autres il est des accommodements, depuis les progressistes de gauche jusqu'aux différentes fractions de la droite. Il est difficile de saisir les nuances qui distinguent celles-ci les unes des autres : il faut, comme on dit, être du pays pour les bien comprendre. Voici d'abord le *parti libéral de l'empire*, qui se compose d'une trentaine de membres, et le *parti de l'empire*, qui en a quelques-uns de plus. Tous les deux, leur nom l'indique, acceptent l'unité sous la forme actuelle, mais avec des sentiments un peu différents. Le premier est en majeure partie composé de Bavarois, parmi lesquels des personnages de haut rang, comme M. le prince de Hohenlohe, ancien ministre en Bavière; on y trouve aussi un ancien ministre badois et un chambellan du grand-duc de Darmstadt. Si bons patriotes qu'ils soient, ces personnages ne pouvaient prendre rang dans le parti national-libéral : ils ont donc formé une fraction séparée, mais leurs votes se rencontrent souvent dans l'urne avec ceux de MM. Bennigsen et Lasker. Presque tous ils ont vécu de la vie parlementaire, qui est très active dans les États du Sud; habitués à l'exercice des libertés nécessaires, ils les défendraient peut-être : de là l'épithète de libéraux qu'ils ont prise.

Le *parti de l'empire* l'a au contraire rejetée. Sur les 37 membres dont il se compose, sept portent le titre de prince, onze celui de comte, quatre celui de baron; ajoutez huit nobles : il reste sept roturiers. Il est naturel qu'une si noble compagnie se défie du libéralisme moderne. Presque tous sont Prussiens, attachés par conséquent à l'empire fondé par les armes des Hohenzollern; mais ils voient d'un œil inquiet l'aventureux chancelier se compromettre avec des révolutionnaires comme les progressistes et les nationaux-libéraux, auxquels il a déjà donné en pâture quelques-unes des bonnes et loyales coutumes de la monarchie prussienne.

Cette inquiétude est plus vive encore dans la troisième fraction de la droite, qui s'appelle tout simplement le *parti conservateur*. Elle compte un peu plus de 50 membres, parmi lesquels quatre roturiers seulement; mais le plus remarquable, c'est que 49 de ces conservateurs sont Prussiens et députés des plus vieilles provinces de la monarchie. C'est le parti féodal, celui auquel appartenait jadis le chancelier : il tenait pour les vieilles corporations contre la liberté industrielle, pour les privilèges contre l'égalité, pour le roi contre « cette feuille de papier » qu'on appelle une constitution. Il respectait et tenait pour légitime l'autorité de l'Autriche dans la Confédération. Il envoyait en 1860 un bouclier en vermeil au roi de Naples bombardé dans Gaëte. Ces féodaux ont vu le gouvernement supprimer les corporations, entamer les privilèges, chasser l'Autriche de l'Allemagne avec l'aide de Victor-Emmanuel, roi d'Italie. Ils voient leur ancien chef, M. de Bismarck, s'entourer des hommes qu'il a combattus en 1848 et en 1864, s'appuyer sur ces révoltés d'autrefois, gouverner avec des majorités où se trouvent des voix de condamnés à mort. On leur dit que le roi approuve cette métamorphose singulière : ils se soumettent, comme toujours, à la volonté du roi; mais ils défendent du mieux qu'ils peuvent les vieilles institutions de cette Prusse, dont ils sont les plus vaillants soldats. Ils ont donné la présidence d'honneur au plus illustre de leurs membres, M. le feld-maréchal comte de Moltke, qui a pris ainsi l'ancienne place de M. de Bismarck.

Au-dessus des sièges du parti libéral de l'empire, je

remarque des bancs encore vides, bien que la séance soit sur le point de commencer : là siègent les Polonais. Ils sont 13, qui ne viennent guère au *Reichstag*, et n'y parlent que pour protester. Jusqu'en 1866, ils étaient sujets prussiens de par le droit de conquête, mais ils ne faisaient pas partie de la Confédération germanique : Sadowa les a faits Allemands. Effet bizarre de la victoire du parti national ! au moment où les Allemands d'Autriche sont exclus de la grande patrie, on y introduit des étrangers, les Polonais et les Danois ! M. Krüger, député du Schleswig, n'entend pas plus être Allemand que les députés de Posen, mais le *Reichstag* n'en a cure : la déclaration que font de temps à autre ces annexés qu'ils n'ont rien à voir dans les affaires de l'empire provoque toujours les rires de l'assemblée.

A côté de M. Krüger, au-dessus du parti national-libéral, il y a des places inoccupées : attendent-elles les députés d'Alsace-Lorraine ? Quand ils seront là, quel saisissant tableau, où l'on verra ce qu'a coûté de mensonges, de larmes et de sang la fondation du nouvel empire !

II

« La séance est ouverte, » dit M. le président Simson, puis il se met à lire une liste de congés accordés par lui pour un jour ou deux, en vertu des pouvoirs qu'il tient du règlement; il consulte ensuite le *Reichstag* sur des demandes de plus longs congés. L'assemblée manifeste aussitôt sa mauvaise humeur. Elle accorde, non de bonne grâce, quinze jours à M. le bourgmestre Paravicini, qui se dit appelé « par des affaires de service ». Quant à MM. Seiz et Lugscheider, qui allèguent seulement des affaires personnelles, elle décide qu'elle ne peut se passer de ces deux honorables. Pareille scène se renouvelle souvent au début des séances. En aucune assemblée ne se produisent autant de demandes de congé. Nous touchons à une des misères du *Reichstag* : la désertion de ses membres. L'assemblée compte 382 députés, et la présence de la moitié plus un est nécessaire pour la validité d'un vote; au cours de la session actuelle, la chambre s'est souvent aperçue, au moment de voter, qu'elle n'était pas en nombre. Ce mal est difficile à guérir, car les causes en sont profondes. Si prolifique qu'elle soit, l'Allemagne n'enfante pas une quantité suffisante d'hommes politiques pour fournir de députés les assemblées des vingt-sept États de l'empire. Ajoutez aux 1700 membres des chambres basses, à ceux des neuf chambres hautes, les 382 députés du *Reichstag* et les 57 membres du *Bundesrath* : le chiffre de 2000 est dépassé. Il a donc fallu admettre le cumul des mandats, et beaucoup de membres du *Reichstag* siègent aussi dans les chambres de Prusse ou des petits États. Que faire quand les assemblées se réunissent en même temps?

Le *Reichstag* émettait encore il y a quelques jours le vœu que le gouvernement prît des mesures pour éviter cette concomitance. Tout le monde était d'accord sur l'opportunité du souhait, mais aussi sur la difficulté d'y satisfaire. Les parlements, grands ou petits, ont à voter depuis la fondation de l'empire quantité de lois nouvelles, qu'ils n'acceptent souvent qu'après mûre réflexion : comment les sommer de clore leurs sessions à jour fixe? Sans doute, les convenances des États particuliers doivent céder devant celles du parlement central : ainsi l'on s'est entendu pour demander au gouvernement de réserver un trimestre déterminé aux délibérations du *Reichstag*; mais ici se présente une autre difficulté. M. Windthorst prétend que le séjour de Berlin, l'hiver, sera mortel aux députés du Sud; M. de Bismarck, qui soupire après les ombrages de Varzin, estime que Berlin est très malsain l'été. L'opinion du chancelier a prévalu : l'assemblée a décidé qu'elle désirait être convoquée, autant que possible, au mois d'octobre de chaque année. C'est un vœu qui n'oblige personne, et n'empêchera pas le ministère prussien de réunir encore l'an prochain ses chambres en même temps que le parlement de l'empire. Il est vrai qu'un moyen a été trouvé d'atténuer les inconvénients signalés. Le *Reichstag* est voisin de la chambre des seigneurs et point éloigné de la chambre des députés; on a établi entre ces trois assemblées une communication télégraphique, de sorte qu'au moment des votes les députés ou les seigneurs sonnent pour appeler leurs collègues du parlement. Il appartenait à la docte Allemagne de trouver cette application de l'électricité à la vie parlementaire.

Le mandat de député au *Reichstag* n'est pas rétribué, et c'est encore une cause de cet *absentéisme* qui sévit sur la malheureuse chambre. M. de Bismarck prétend que des députés qui ne sont pas payés vont plus vite en besogne; mais l'expérience a prouvé que les sessions du parlement sont très longues. Le chancelier est pourtant intraitable sur ce point. Au commencement de cette législature, M. Schulze lui rappelait une sorte d'engagement pris par lui en 1866 dans la chambre de Prusse : « Si le parlement, avait-il dit, décide que ses membres doivent être indemnisés, je crois qu'il sera difficile de ne point céder. » « Je ne sais, répliqua M. de Bismarck, si j'ai tenu ce langage; mais, puisque l'orateur l'affirme, je le crois volontiers. J'ai donc dit : Ce sera difficile; mais me croyez-vous homme à reculer devant mon devoir, même quand il est difficile? » L'assemblée, charmée de la répartie, se mit à rire. Peut-être n'a-t-elle pas trouvé d'aussi bon goût une réponse indirecte que fit le chancelier à ces demandes périodiques d'indemnité. Dans la salle des Pas-Perdus, au-dessous du médaillon d'Uhland, il a fait écrire ce quatrain, tiré des œuvres du poète :

Uneingedenk gemeinen Lohnes,
Seid ihr beharrlich, emsig, treu,
Des Volkes Würde, wie des Thrones,
Beachtet ihr mit heil'ger Scheu.

« Dédaigneux d'un vil salaire,
Travailleurs plein de zèle et sujets pleins de foi,
Vous respectez ensemble et le droit populaire
Et la majesté du roi. »

Comme la vie est fort chère à Berlin, les députés qui ne sont ni propriétaires ni financiers y restent le moins possible ou n'y viennent pas du tout. Le socialiste Bebel, tourneur de son état, gagnait sa vie, avant d'être emprisonné, en travaillant dans l'atelier d'un confrère berlinois; mais tout le monde ne peut faire comme lui, et 18 députés, parmi lesquels 13 Bavarois, catholiques et particularistes, n'ont jamais siégé.

Ajoutons que les Polonais ne votent pas, que des fonctionnaires de tous ordres invoquent de temps en temps les nécessités du service pour obtenir un congé, que les négociants et les industriels s'échappent aussi souvent qu'ils peuvent, que des malades et des habiles se font envoyer aux eaux par un certificat de médecin. On comprend que le *Reichstag* soit toujours sous la menace de l'incapacité de vote. Il expédierait volontiers les lois nonobstant cet obstacle; mais comme tout projet a des adversaires, il se trouve toujours quelque indiscret qui réclame au moment décisif l'appel nominal. Le président lève la séance, et c'est encore une journée perdue. Voilà pourquoi l'assemblée, qui approche de la clôture de ses travaux, et que la fatigue et la chaleur accablent en même temps, vient de se montrer si dure pour deux de ses membres. MM. Seiz et Lugscheider se résignent et prennent leurs places ; ils auraient pu cependant ne point accepter cette décision, car un moment après qu'elle fut rendue, je comptai par curiosité les députés présents : ils étaient 189, et le *Reichstag*, au moment où il prenait ses précautions contre l'incapacité de vote, n'était pas en nombre.

L'ordre du jour amène d'abord « la troisième discussion des conventions concernant le règlement des frontières franco-allemandes dans certaines communes ». La loi passe au milieu de l'inattention générale ; puis vient « la première et, s'il y a lieu, la seconde discussion du projet relatif à l'introduction dans le royaume de Bavière de la loi de la Confédération du Nord sur les sociétés agricoles et industrielles ». La délibération est longue et sérieuse, mais ne semble guère intéresser l'assemblée. Plusieurs orateurs se succèdent ; ils parlent de leur place ; d'ailleurs les députés ne montent à la tribune que lorsqu'ils désespèrent de se faire entendre autrement. En général ils parlent brièvement et simplement ; peu de discours durent une demi-heure, et l'éloquence à fracas n'est point de mise ici. Aussi les applaudissements sont-ils réservés pour les grandes circonstances, et souvent l'orateur se rassied sans que sa péroraison soit accompagnée par ces *très bien* qu'en France des voisins charitables tiennent toujours au service de quiconque a parlé.

Les Allemands se louent de cette simplicité de leurs débats parlementaires, et ils ont raison ; mais ils devraient aussi s'offenser du sans-gêne des députés. Sur tous les bancs, des conversations sont engagées à demi-voix, et la demi-voix, à cause de la dureté de la langue, est très bruyante. Beaucoup se promènent ou tiennent des conciliabules, assis dans les coins, autour d'une table qui porte une carafe et des verres renversés comme au cabaret. La mauvaise disposition des sièges rend ce va-et-vient obligatoire : on y est à l'étroit, au point qu'il est impossible d'y écrire le moindre billet. Il y a des partisans de ces incommodités. Comme un député exprimait à un de ses collègues, membre de la commission dite du nouveau *Reichstag*, l'espoir que dans la future salle chacun aurait son tiroir, son pupitre et son écritoire : « Pourquoi pas aussi, s'écria celui-ci, un hamac et un appareil à faire du café ? » C'était un de ces rigoristes du Nord qui parlent à tout propos de l'austérité des ancêtres et du relâchement des mœurs. Ces moralistes donnent parfois la comédie. Un jour qu'on discutait la proposition d'établir dans des boutiques des dépôts de timbres-poste, un d'eux s'indigna, disant qu'à la fin cette recherche de la commodité était intolérable. Hélas ! ces Catons du Brandebourg luttent en vain contre un courant qu'ils n'arrêteront pas. On vend des timbres-poste dans les boutiques ; on donnera aux députés pupitres et tiroirs... En attendant, une dizaine à peine de ceux-ci suivent la discussion, parmi lesquels M. de Moltke. Il est entré tout à l'heure, en petite tenue de général, l'épée au côté, et il a pris sa place à l'extrême droite. Éclairé d'en haut, son grand front semble luire : il écoute attentivement, ne se déplaçant que pour mieux entendre. Plusieurs de ses collègues viennent le saluer, et l'on voit à leur attitude le respect qu'il inspire ; mais il ne prolonge pas la conversation : il pratique son devoir de député en toute conscience ; l'application qu'il met à faire tout ce qu'il fait est le trait caractéristique de son génie.

Une petite porte donnant sur la galerie où siège le conseil fédéral vient de s'ouvrir : M. de Bismarck fait son entrée. Il est en tenue militaire, comme M. de Moltke. Les huissiers se rangent sur son passage : collés contre la muraille, ils semblent vouloir s'y incruster. Le chancelier n'inspire pas le même genre de respect que M. de Moltke : il aborde familièrement les gens, avec l'allure d'un cavalier. M. de Moltke a le geste doux d'un pasteur; M. de Bismarck donne des poignées de main de colonel. Il salue d'un signe M. Simson, et celui-ci se lève. Je m'en étonne, mais mon voisin m'affirme qu'il en est ainsi tous les jours, et que le chancelier et le président professent l'un pour l'autre une estime singulière. Et pourtant, c'est bien ce président qui jadis, dans la chambre de Prusse, fit une si verte réplique au chancelier, alors chef du cabinet prussien? C'était au temps du conflit : M. de Bismarck venait de réunir contre lui l'unanimité des suffrages; il témoigna tout son mépris pour cette sotte manifestation. « Tant que je serai commandé à cette place par Sa Majesté le roi, dit-il, j'y resterai! » — « Bah! s'écria M. Simson, les sauteurs de corde aussi se vantent de ne jamais tomber! »

M. de Bismarck a pris sa place; les huissiers lui apportent des portefeuilles qu'il ouvre avec une petite clé tirée de sa poche; il lit et donne des signatures. Placé au-dessus de lui, je vois sa tête penchée : le crâne est puissant, mais sans régularité; le front abrupt est encadré par le buisson hérissé des sourcils; le nez paraît écrasé; cette bosse du crâne, ce sourcil et la dure moustache, trois saillies, voilà toute sa figure.

Le chancelier laisse passer presque sans intervenir

la délibération sur le projet de loi qui règle l'introduction de la constitution allemande dans l'Alsace-Lorraine : c'est le troisième article de l'ordre du jour. Comment rendrais-je l'impression que ces débats font sur un Français? Les orateurs n'y mettent aucune passion : ils font l'exact tableau des sentiments qui règnent dans les provinces annexées; ils ne se laissent égarer par aucune illusion; ils ne mentent point. L'un d'eux, M. Lœve, dit simplement la vérité sur l'annexion : « Quand vous vous êtes décidés à l'annexion de l'Alsace-Lorraine, vous saviez bien que vous auriez affaire à une population dont la majorité protestait contre toute séparation d'avec la France; aussi ne l'avez-vous pas prise pour ses beaux yeux... (Rires bruyants.) Vous l'avez prise, parce qu'il vous fallait porter votre frontière aux Vosges. » Du même ton, ils énumèrent toutes les raisons d'espérer un changement dans le cœur de leurs victimes : ils comptent sur le temps, sur leur patience, sur l'infirmité de la nature humaine, qui ne se plaît pas aux regrets éternels. Ce calme même, ce calme surtout m'exaspère.

Heureusement une voix s'élève pour protester; mais qu'elle est mélancolique ! C'est celle du député danois. « Il est tout naturel que je prenne la parole sur cette question, dit-il, car personne mieux que moi ne saurait rendre les sentiments des Alsaciens-Lorrains. Je sais ce que nous avons souffert, mes compatriotes et moi, quels furent nos soucis et notre deuil quand nous apprîmes que le traité de Vienne nous cédait aux puissances alliées comme prix de la victoire ! » — « A la question ! » crie-t-on de toutes parts ! — « Je crois, dit alors M. Simson, que l'orateur n'est pas tout à fait dans la question; mais la chambre ferait bien de permettre à M. le député de dire à cette occasion ce qu'il a sur le cœur ! » C'est le ton de la condoléance prussienne. Ainsi parle le roi Guillaume à tous les annexés : il les félicite de la fidélité qu'ils gardent aux choses du passé, et il les en remercie, car il y voit le gage de leur fidélité future à sa royale maison. M. Simson permettra sans doute l'an prochain aux députés d'Alsace de dire aussi « ce qu'ils ont sur le cœur »; au besoin même, il ajoutera que leur attachement à la patrie française et leur profonde douleur prouvent que ce cœur est demeuré allemand.

La quiétude avec laquelle le *Reichstag* vient de délibérer sur le sort de l'Alsace est tout à coup troublée par un incident, comme il ne s'en est pas encore produit dans cette législature. La chambre allait discuter un projet de loi sur la presse, présenté par M. Windthorst. Celui-ci avait interrogé le chancelier sur un autre projet beaucoup moins libéral, préparé par le *Bundesrath*. Il avait dit en passant que ce texte, émané de l'initiative prussienne, lui paraissait mal venu, et que le parlement ne l'accepterait jamais. M. de Bismarck avait cessé d'écrire, et multipliait les signes d'impatience. Il se lève, et quand le président prononce la formule : « le chancelier de l'empire a la parole », le chancelier a déjà commencé à parler. Il reproche à l'orateur d'avoir condamné la proposition du gouvernement prussien et affirmé qu'elle ne serait jamais admise par le *Reichstag*. Il donne à son tour à M. Windthorst l'assurance que la sienne sera repoussée par le conseil fédéral. « Avec ce système de *veto* contre *veto*, dit-il, nous n'arriverons à rien. » Et le voilà qui reproche au parlement d'avoir mis à l'ordre du jour ce projet sur la presse, après avoir déclaré que le temps lui manquait pour discuter d'autres lois auxquelles le gouvernement attache la plus grande importance. « Pour Sa Majesté l'Empereur, dit-il, ou, s'il ne m'est point permis de prononcer ce nom ici, pour le chancelier qui représente Sa Majesté, il est pénible de voir qu'on ne montre point le même empressement pour les lois présentées par nous que pour celles qui se trouvent précisément en opposition avec les vues des gouvernements alliés. »

M. Lasker, prenant alors la parole, disculpe l'assemblée. Il est vrai qu'elle a effacé de son ordre du jour la loi militaire — c'est cette loi qui tient si fort à cœur au chancelier — ; mais comment exiger du parlement qu'à la veille de sa clôture il expédie la discussion d'un projet que des hommes spéciaux ont mis toute une année à préparer ? La loi a donc été renvoyée à la session prochaine. Tous les jours, le *Reichstag* attend que d'autres lois non moins importantes, également présentées par le gouvernement, viennent en séance; mais il attend en vain : les unes ont été déposées trop tard et sont encore retenues dans les commissions; le gouvernement ne s'est pas même dessaisi des autres. Aussi bien dispense-t-il toujours d'une main lente et « goutte à goutte » aux députés la matière de leur travail. Maintes fois cette assemblée, qui pour tant de raisons est pressée d'en finir, s'est vue contrainte (quelle ironie !) à se donner des jours de congé. Aujourd'hui elle n'a rien à son ordre du jour par la faute du gouvernement ! Faut-il qu'elle chôme encore ? Non ! Après avoir voté tant de lois financières et militaires, elle se met à discuter une proposition émanée de l'initiative d'un de ses membres et qui intéresse les droits du peuple; elle a pris cette résolution parce qu'elle est inquiète du projet préparé par le gouvernement, parce qu'elle n'a d'ailleurs rien d'autre à faire, et le chancelier lui reproche d'allonger sans raison la session! C'est en réalité trop singulier!

Voilà un petit discours qui étale à la clarté du ciel les misères du parlement d'Allemagne. Aucune assemblée au monde n'a jamais travaillé plus que celle-ci. Elle renferme un grand nombre d'hommes non seulement laborieux, mais compétents dans toutes les questions, car avec les ouvrages publiés par ses membres sur les matières d'État elle pourrait se composer une riche bibliothèque. Elle est stimulée encore par le patriotisme et par le désir de ne point tromper l'attente qu'a provoquée en Allemagne l'entrée en scène du premier *Reichstag*. Et avec toutes ces bonnes qualités, ces louables intentions, ce grand labeur a produit peu de chose. D'où vient le mal? Pourquoi les lois se font-elles si longtemps attendre? Pourquoi encore sont-elles si mal préparées et si souvent publiées sous une forme irrégulière et défectueuse? Parce que l'empire allemand n'a pas de Conseil d'État, parce qu'il n'a point de ministère, parce qu'il est une grande machine incohérente construite par un mécanicien qui l'a voulu rendre incapable d'un mouvement régulier.

Pendant que parlait M. Lasker, le chancelier, les mains repliées sur les cuisses et le corps penché en avant, regardait l'orateur. A mesure que la voix de celui-ci s'animait et que la gauche s'enhardissait à l'appuyer par ses bravos, je suivais sur le visage de M. de Bismarck les progrès de l'irritation. Quand M. Lasker se rassied au milieu de vifs applaudissements, le chancelier se lève.

Décidément il n'est point orateur : il n'a ni l'élocution, ni le geste, ni l'attitude. Il se balance de droite à gauche ; il se tire la moustache, et, pour attendre les mots qui ne viennent pas, regarde ses ongles, ou bien considère alternativement les deux extrémités d'un crayon qu'il ramasse sur ses papiers ; mais il ne se presse pas, il hésite et il ânonne jusqu'à ce que le mot cherché soit enfin trouvé. Le plus étrange est que sa voix est douce, presque caressante. Du ton le plus charmant, il répond qu'il voudrait savoir d'où le précédent orateur a pris texte pour sommer le gouvernement de se dire, oui ou non, prêt à discuter les droits du peuple. « Ce sont, dit-il, des paroles d'un temps passé, et que j'ai le droit d'appeler déclamatoires. J'ai vécu dans un temps où quiconque avait à faire une proposition qui lui était commandée par l'intérêt de sa position personnelle ou par ses vues politiques particulières revendiquait pour lui seul le droit de représenter le peuple. Tous ceux qui siègent ici sont représentants du peuple ; Sa Majesté l'Empereur lui-même appartient au peuple ; c'est nous tous qui sommes le peuple, et non les messieurs qui ont la vieille prétention, pas toujours justifiée, d'être des libéraux... »

Ces paroles venant de M. de Bismarck et dites à M. Lasker étaient les plus cruelles qu'il pût imaginer. M. Lasker est rouge jusqu'aux oreilles ; les progressistes très émus adressent au chancelier de vives apostrophes : M. Duncker agite une tête menaçante. Cette scène nous reporte aux jours célèbres du conflit, et M. Simson, qui ne les a point oubliés, invite les interrupteurs au silence ; mais tout est bien qui finit bien, et l'issue de cet incident est quelque peu surprenante.

Après une courte explication entre le chancelier et MM. Windthorst et Duncker, M. von Bennigsen demande la parole. Il regrette qu'à propos d'une simple question d'ordre du jour les orateurs aient parlé sur un ton que le *Reichstag* n'avait point encore entendu ; que sera-ce donc quand on discutera sur le fond ? Le plus sage serait de renvoyer la délibération à la session prochaine, comme il a été fait pour la loi militaire. Si la chambre n'a rien à mettre à l'ordre du jour de demain, elle se donnera congé ; la commission du budget, qui est surmenée de travail, pourra prendre quelque repos : « Cela vaudra mieux que de voir des membres de cette commission arriver en séance fatigués, et parfois avec une mauvaise humeur qui n'est point sans excuse. » C'est la sagesse même qui parlait par la bouche du conciliateur M. Bennigsen, et la sagesse prévalut dans cette grave assemblée ; mais il fallait, avant de se séparer, ménager une réconciliation générale. « J'ai une explication personnelle à demander à M. le chancelier de l'empire », dit M. Lasker, qui assure n'avoir rien compris à la colère de M. de Bismarck. En parlant des droits du peuple, il n'a voulu ni évoquer le souvenir des temps passés, ni mettre en opposition le peuple et le gouvernement de l'empire. Il sait qu'un conflit entre le *Reichstag* et M. de Bismarck serait funeste au pays ; il espère bien qu'on n'a eu aujourd'hui qu'une « apparence de conflit », et qu'on saura se garder à l'avenir même de semblables apparences. M. de Bismarck n'est point apaisé par ces paroles. Il maintient que M. Lasker a pris l'offensive. « Ce n'est pas le genre de l'orateur qui m'a précédé, dit-il, de crier et de gesticuler quand il est aux prises avec un adversaire ; seulement il a le grand talent d'aiguiser ses traits, je ne dirai pas de les empoisonner, mais de leur donner une saveur mordante. » Quant à son projet de loi sur la presse, quelque accueil qui lui soit réservé, le chancelier le maintiendra. « Je sais mon devoir envers les gouvernements alliés, et je ne suis pas assez timide pour reculer, malgré la faiblesse de ma santé. » Ces derniers mots, assez inattendus, sont-ils une excuse dissimulée? Ce sont en tous cas les seuls où l'on puisse voir quelque envie d'atténuer l'effet de l'incartade de tout à l'heure.

Que faire? Il ne restait plus qu'à renvoyer à des temps meilleurs le projet de loi de M. Windthorst : le *Reichstag* s'y résout avec beaucoup de calme et de dignité. La discussion est simplement ajournée, mais personne ne doute que ce ne soit pour longtemps. M. Simson lit l'ordre du jour du lendemain : il n'y est point question de la presse, et la séance est levée.

En sortant du *Reichstag*, je repassai dans mon esprit les incidents de la séance. Le hasard qui m'y avait conduit m'avait bien servi. Pour la première fois depuis 1870, la querelle avait paru se rallumer entre M. de Bismarck et les parlementaires. J'avais entendu deux chefs de parti invoquer les droits du peuple et les devoirs de ses mandataires. La question qui s'était tout à coup posée était celle-ci : le *Reichstag* ne sera-t-il qu'une machine propre à voter des impôts, des lois militaires, des constructions de fortunes ou de chemin de fer, et à détruire ce qui demeure de la souveraineté des États? Ou bien deviendra-t-il un vrai parlement, contenant, contrôlant, dirigeant, partageant le pouvoir? Pendant le débat, j'observais l'assemblée. Seule la gauche progressiste était houleuse : sur la tête de ces démocrates apprivoisés passait comme un souffle des tempêtes d'autrefois. Les nationaux-libéraux éprouvaient un vague plaisir et une inquiétude; ils écoutaient M. Lasker en regardant M. de Bennigsen; l'action à peine engagée, ils attendaient que la main du conciliateur levât le rameau d'olivier. Le centre s'épanouissait! les lunettes de M. Windthorst lançaient de petites flammes. Au milieu de la droite surprise, M. de Moltke gardait l'impassibilité d'un homme qui a vu d'autres mêlées.

Je ne sentais pas de courant dans cette masse : elle est divisée, lourde, presque inerte. Mais quelle vie, quelle intensité de vie dans l'âme du chancelier! Il a tout de suite reconnu l'odeur de la poudre des batailles parlementaires, et il a frémi, car cette nature puissante est irritable : ce colosse a des émotions de sensitive. Si petite que fût l'escarmouche, il a fait donner toute sa force. Quelle profondeur de sérieux sur ce visage, et comme ce regard signifie clairement : « Me voici! Il n'est plus temps de rire! » Certainement, il n'est pas orateur, mais il est éloquent. Son éloquence est d'un homme d'action; elle est de l'action parlée. Elle dédaigne toutes les précautions vulgaires, et elle dissipe toutes les apparences. Il a rappelé le *Reichstag* à la modestie du rôle où il l'a confiné. Il lui a refusé le droit de se poser en représentant du peuple; il a nié la distinction entre le peuple et l'empereur, confondu l'un et l'autre pour les élever tous les deux au-dessus de la compétence des politiciens. Il a placé en face des élus de ce suffrage universel qu'il a créé, mais dont il se défie déjà, les « gouvernements alliés », réduits par lui à la condition d'instruments dociles. Bref, il a montré qu'il est et qu'il veut rester le maître. A ces partis incohérents, qu'il sait incapables de s'unir pour ou contre lui, il a jeté son *Quos ego*. Les petits flots qui commençaient à moutonner se sont écoulés en murmurant des excuses. Mais les flots reviendront, et un jour ils ne trouveront plus devant eux l'homme qui sait et qui peut les arrêter.

Déjà l'extraordinaire importance du chancelier dans l'empire est un grave sujet d'inquiétude. « Il n'écoute plus, nous disait un de ses amis (c'est-à-dire un de ses serviteurs) ! Il n'entend même plus ! Ce qui est plus grave, c'est qu'il ne souffre ni que l'Allemagne fasse l'expérience de la liberté, ni que personne fasse l'apprentissage du pouvoir ! » Un de ses adversaires écrivait naguère ce juste jugement : « Il a traité l'Allemagne comme sa chose propre. Il a fabriqué un *Kanzlerreich*, un empire de chancelier..... » Le chancelier disparu, que deviendra l'empire ? Tous les esprits sérieux en Allemagne répètent cette question. Ils y répondent selon leur tempérament. Après lui, disent les optimistes, la liberté ! Mais j'ai entendu dans des conversations et j'ai lu dans des écrits politiques la réplique des pessimistes : « Après lui le déluge ! »

LES
PARTIS SOCIALISTES
EN ALLEMAGNE [1]

Le parti socialiste allemand dispose de puissants moyens de propagande : il a seize journaux, qui comptent plus de 30 000 abonnés, chiffre qui représente une grande quantité de lecteurs, car un seul exemplaire suffit ordinairement à tout un atelier. Ses orateurs se font entendre dans des réunions publiques fréquentes et très suivies. Ainsi le socialisme parle haut en Allemagne, et, comme il y est l'objet de vives inquiétudes, on écoute et on commente son langage.

M. le professeur Held, un des plus sages parmi les socialistes de la chaire, s'est donné la peine d'étudier, un trimestre durant, les feuilles socialistes, de les analyser et d'en reproduire les passages les plus marquants [2]. Ce travail n'est point fait pour expliquer les illusions de l'école à laquelle appartient cet écrivain, car il a beau distinguer deux sortes de journaux socia-

---

1. Publié dans la *Revue des Deux Mondes*, le 15 septembre 1873.
2. *Die deutsche Arbeiterpresse der Gegenwart*, von Dr A. Held, Leipzig, 1873.

listes, les uns qui sont des organes d'associations ouvrières et s'occupent avant tout de défendre les intérêts du travailleur de telle ou telle industrie, les autres qui s'adressent à tous les prolétaires et prêchent la guerre sans merci contre les institutions de l'État moderne : il faut être aveuglé par l'optimisme pour croire que les seconds seuls soient des révolutionnaires. En réalité, l'Allemagne n'a point ce privilège que les tentatives de conciliation faites en ce moment par la partie la plus éclairée de sa bourgeoisie soient accueillies par les ouvriers même avec un semblant de reconnaissance : à de rares exceptions près, cette bonne volonté ne rencontre que la défiance et la haine. Il suffit, pour s'en convaincre, de lire avec des yeux non prévenus les journaux de deux catégories.

I

Commençons par une exception. Si toutes les feuilles socialistes ressemblaient au *Parloir*, organe des ouvriers en porcelaine, il n'y aurait pas même de question sociale en Allemagne. Ce journal professe la doctrine que l'ouvrier doit s'aider lui-même, et que l'éducation du caractère, « l'exercice des forces intellectuelles et l'acquisition de connaissances utiles sont les plus sûrs moyens qu'il possède d'amender son sort. » Il réclame la fondation d'une école d'apprentissage pour mettre l'ouvrier en état d'améliorer ses produits et de lutter contre la concurrence étrangère. Il invoque l'appui des patrons, et fait appel au sentiment du devoir que leur imposent « leur fortune et leur instruction plus étendue ». Sans doute *le Parloir* n'estime point que tout soit pour le mieux dans le meilleur des mondes : l'association qu'il représente a sa caisse des grèves, c'est-à-dire ses armes; au moins ne les montre-t-elle pas à tout propos et n'est-elle point provocante. *Le Parloir* recommande au travailleur la modération dans ses désirs et l'amour de son art.

Un jour, par exemple, il met en scène un tourneur qui, derrière sa vitre tachée de pâte, regarde dans la cour enfumée de la fabrique. « Tourne! tourne! » crie-t-on autour de lui; mais ses yeux rencontrent le rosier qui fleurit contre le mur noir, et par-dessus le vieux bâtiment il voit le ciel bleu où glisse l'hirondelle. Il pense alors aux riches, à tous ceux qui se reposent dans les jardins-concerts ou voyagent vers les Alpes et les villes de bains. Lui aussi voudrait bien voyager, au moins faire une partie de deux jours sur terre ou sur eau; mais il examine son budget, et le résultat se devine : point de partie! Pourtant il ne récrimine pas : au sort des agioteurs de Berlin il préfère encore le sien; c'est bien quelque chose que d'être un ouvrier habile et honnête. Que les banquiers aillent donc aux jours chauds de l'été éblouir de leur luxe le public des bains à la mode! Il y a dans le voisinage, à une lieue de la fabrique, au bout de la plaine sablonneuse, des arbres verts et de l'eau fraîche; dans le bois de pins, la fraise croît, les oiseaux chantent, l'écureuil bondit : c'est plus qu'il ne faut pour amuser les enfants! Il ira au bois avec les siens. De quoi se plaindrait-il, puisqu'il a le repos, la paix et l'amour? Et le porcelainier satisfait quitte sa vitre pour se remettre à tourner.

C'est une véritable idylle, où l'on reconnaît les couleurs dont on peignait jadis la vie de l'atelier. Elle au moins le mérite d'avoir été écrite par un ouvrier. Beaucoup d'autres passages du journal prouvent que de vieilles traditions et une bonne volonté réciproque maintiennent l'harmonie dans les manufactures de porcelaine. Aucune grève n'a encore troublé cette industrie; les patrons n'hésitent point à tendre au travailleur une main qu'ils sont sûrs de ne pas voir repoussée. *Le Parloir* leur rend cette justice, que « librement, sans pression extérieure, ils ont remédié en élevant les salaires à la gêne produite par le renchérissement de toutes choses ». C'est une situation exceptionnelle, et nous ne trouvons pas dans toute l'Allemagne deux journaux comme celui des porcelainiers.

Le *Correspondant*, journal des ouvriers chapeliers, est en lutte perpétuelle avec le *Journal des Chapeliers*, organe des patrons. Il pousse à la coalition et à la grève. L'échec de certaines grèves lui donne bien à réfléchir, mais pour le mener à cette conclusion qu'il faut engager la lutte à bon escient, après s'y être longtemps préparé, à moins qu'un acte de brutalité n'oblige l'ouvrier à déclarer la guerre, coûte que coûte, « pour prouver qu'il a conscience de sa dignité ». Quand les patrons, fatigués de cette attitude provocante, s'entendent pour déclarer qu'ils excluront à l'avenir de leurs ateliers les membres de l'association, le *Correspondant* se récrie sur « cet acte d'une absurdité révoltante », sur cet orgueil et cette tyrannie. A chaque page déborde la passion. Ce journal déclare, il est vrai, qu'il n'a « rien de commun avec les démocrates socialistes, ni avec l'Internationale », et qu'il veut seulement par « un combat sans pitié » affranchir le travail du Moloch qui l'exploite, c'est-à-dire du capital. Mais, au lieu d'écrire un programme raisonné, il ne montre que de vagues aspirations et des exigences dont la partie adverse n'entrevoit pas le terme. Celle-ci n'a d'autre ressource que la résistance : alors *le Correspondant* s'irrite et menace. Après avoir témoigné du dédain pour la politique, il vient à déclarer que « la politique pourrait bien venir en aide au travailleur ». Après avoir choisi pour devise : *aide-toi*, il s'en prend à l'État des souffrances de la classe ouvrière. Après s'être dit prêt à examiner les divers moyens de conciliation, il rejette avec dédain ceux qui sont offerts, comme le projet d'instituer des tribunaux d'arbitrage dont les arrêts auraient force exécutoire. « Ce serait une baïonnette dirigée contre la poitrine de chaque ouvrier! » Voilà donc une association engagée contre les patrons dans un conflit sans issue.

Le *Correspondant pour les imprimeurs et les fondeurs en caractères* est rédigé avec talent. En Allemagne comme en France, le typographe se considère comme un ouvrier d'élite, comme un « pionnier de la classe laborieuse ». Orateur en même temps qu'écrivain, il rédige des manifestes en descendant de la tribune. M. Hertel, rédacteur en chef de cet autre *Correspondant*, est fort remarqué dans les congrès, et il écrit pour son journal de longues leçons d'économie politique. Il combat la doctrine admise sur la loi du salaire. En attendant l'établissement universel de sociétés coopératives qui donneront à l'ouvrier le revenu entier de son travail, il veut, sans s'expliquer clairement, se servir des associations « pour changer au profit du travailleur la loi de l'offre et de la demande ». A la vérité, il se dit partisan du progrès lent, désabusé des chimères de Lassalle et du communisme français; mais il ne faut pas trop se fier à ces dispositions conciliantes. Dès qu'une grève ou la moindre discussion éclate, le langage du *Correspondant* devient singulièrement amer. Lui aussi d'ailleurs, il a des espérances indéfinies. « Marchons toujours, dit-il, réunissons tous les travailleurs sous la bannière des associations; le reste viendra de soi! » Et le journal avoue que la grande majorité des imprimeurs associés « appartient d'idée et de fait à la démocratie socialiste ».

Un tel aveu serait inutile de la part du *Compagnon*, organe des ouvriers bijoutiers, et du *Messager*, organe des ouvriers fabricants de cigares. La première des deux associations, fondée il y a quatre ans, n'était pas au début pénétrée de l'esprit révolutionnaire qui l'a envahie peu à peu. On trouve aujourd'hui dans son journal tous les genres de déclamations. Elle ne fait point d'appel à l'insurrection immédiate contre la société, mais elle avertit les ouvriers de ne compter que sur eux-mêmes et de ne point attendre de l'État la réforme sociale. Si elle accepte comme par grâce les améliorations partielles que proposent les « socialistes en frac », c'est à titre d'acompte sur la liquidation générale.

Quant au *Messager*, sa devise, empruntée à Lassalle : « les travailleurs sont la pierre sur laquelle il faut bâtir l'Église du présent », dit assez sa politique. C'est encore un journal de combat, qui aime la guerre et en connaît toutes les ruses. Le corps de métier qu'il représente est faible contre les patrons. Les fabricants de cigares, dont la marchandise ne se détériore pas en magasin, ont des dépôts considérables qui leur permettent de satisfaire leurs clients sans céder aux exigences des meneurs de grèves. Forts de cet avantage, ils se sont engagés en commun à fermer leurs ateliers à tout ouvrier gréviste. *Le Messager* reconnaît qu'il n'y a pas moyen de lutter contre plus fort que soi; il conseille donc de renoncer à la grève, mais de faire le vide autour du patron récalcitrant. Les ouvriers de celui-ci recevront, par les moyens dont dispose l'association, des renseignements sur toutes les places vacantes dans les diverses fabriques; puis la désertion commencera avec l'aide de la *Caisse de secours pour les voyages*. Les célibataires partiront les premiers, ensuite les hommes mariés, et la maison sera évacuée sans grève. Comme les ouvriers en Allemagne sont plus nomades que partout ailleurs, ce singulier procédé est plus praticable et plus pratiqué qu'on ne le croirait. Bien entendu, *le Messager* rougit de recourir à de pareils expédients. Il déclare net que l'association des travailleurs est le meilleur moyen non de réformer, mais de détruire la société actuelle : « elle est la condition *sine qua non* de la fondation et du maintien de l'État social et démocratique de l'avenir. »

Une place à part revient à *l'Association, organe de la Ligue des associations ouvrières*, de MM. Hirsch et Dunker. Tous deux sont des socialistes de la chaire qui n'ont point voulu se contenter de la théorie. Disciples de M. Schulze-Delitzsch, ils ont transformé les sociétés fondées par lui et qui ne profitent guère qu'à la petite bourgeoisie, en associations (*Gewerkvereine*) analogues aux *trades-unions* d'Angleterre. Treize ont été fondées dans l'espace de deux ans (1868-1869), et se sont unies pour former la *Ligue des associations allemandes*. Le pouvoir législatif réside dans l'assemblée générale, le pouvoir exécutif dans le conseil central ; mais pour donner à la direction la force qui vient de l'unité, un des membres du conseil reçoit un titre et des attributions spéciales : c'est l'avocat de la ligue (*Verbands-Anwalt*). Celui-ci est rédacteur en chef du journal. Chargé de la propagande, il doit se transporter partout où sa présence est jugée nécessaire. Il ne s'agit donc plus ici d'un journal rédigé par des ouvriers, car M. Hirsch, aujourd'hui avocat de la ligue, est docteur et légiste : *l'Association* est une sorte de moniteur de la réforme sociale, qui se fait auprès des classes élevées l'interprète des vœux de la classe laborieuse.

C'est un très beau rôle, mais on apprécie sévèrement en Allemagne la manière dont il est rempli. Les patrons reprochent à la ligue d'encourager ou de faire naître étourdiment des grèves, comme celle qui a éclaté parmi les mineurs à Waldenburg, en Silésie, au moment même où M. le docteur Hirsch venait d'y fonder une association. La grève finit mal pour les ouvriers. Le conseil central eut beau s'interposer comme médiateur, et l'avocat multiplier ses voyages à Waldenburg, puis faire appel aux souscriptions publiques, à l'emprunt, à toutes les caisses de la ligue : les patrons tinrent bon. Quand les 6000 grévistes eurent épuisé leurs économies, ils reçurent de Berlin cette dépêche : « émigrez en masse ! » Un millier d'entre eux obéirent et furent dirigés un peu au hasard vers des endroits où ils ne trouvèrent point d'ouvrage. Ceux qui restèrent durent céder. On les consola par une proclamation où il était dit que « les plus vaillantes armées succombent parfois sous le nombre », et que « l'Allemagne entière les avait admirés ».

L'Association a le tort, plus grave encore, de mêler sans cesse la politique aux questions économiques et d'être le journal d'un parti, celui des *progressistes*, auquel appartiennent M. Hirsch et ses amis. Ces réformateurs s'exposent au risque de passer pour des ambitieux qui cachent sous les plus savantes théories une réclame électorale. M. Ludwig Bamberger, un des députés les plus distingués du parti national-libéral, ne leur ménage pas ce reproche dans le livre qu'il vient de publier sur la *Question ouvrière*. Certains faits, qu'il cite, semblent lui donner raison. Au plus fort de la grève de Waldenburg, les ouvriers réclamèrent comme chose due l'assistance des progressistes, et ceux-ci fournirent plus de 26 000 thalers sur les 30 000 qui furent recueillis par souscription. Dans les derniers jours de la grève, les députés du parti intervinrent en faveur des mineurs par voie d'interpellation dans la seconde chambre de Prusse. En échange de tant de peines, les progressistes attendent une récompense, qui est la sympathie des électeurs ouvriers : aussi *l'Association* ne perd-elle pas une occasion de désigner aux colères de ceux-ci les adversaires politiques de son rédacteur en chef. S'il arrive qu'un grand industriel qui refuse de céder à des injonctions déraisonnables appartienne au parti national-libéral, elle en fait malicieusement la remarque. Il s'en faut d'ailleurs qu'elle tienne la balance égale entre l'ouvrier et le patron : sévère jusqu'à la dureté pour celui-ci, elle a pour l'autre des ménagements suspects. Bref ces docteurs en une science nouvelle, qu'ils appellent « l'économie éthique » (*ethische Volkswirthschaft*), ne sont pas aussi originaux qu'ils imaginent, car nous connaissons depuis longtemps en France cette sorte de philanthropes qui s'engagent à résoudre la question sociale en dix minutes, quand ils seront députés et ministres.

II

Bien plus fort que toutes ces associations est le parti socialiste franchement révolutionnaire. Un nom et une idée le dominent, le nom de Lassalle et l'idée que la société actuelle est absolument incapable d'améliorer le sort de ceux qui souffrent. Si court qu'ait été l'apostolat de Lassalle, brusquement terminé par sa fin tragique, son esprit vit encore au milieu de ses disciples. Ceux que sa parole avait réunis sont divisés aujourd'hui par des querelles de personnes ou de programmes. De la « Ligue générale des travailleurs allemands », fondée par lui en 1863, est sorti, par une sorte de schisme, le « parti démocratique socialiste des travailleurs allemands ». La « ligue » se vante d'avoir conservé seule les traditions du maître et le culte de sa personne, tandis que le « parti » a répudié cette idolâtrie comme contraire à l'esprit démocratique. De part et d'autre on s'observe, on se suspecte, on s'insulte même, mais on fait en commun une guerre acharnée à la société que Lassalle a condamnée.

Dans toutes les mémoires est gravé le souvenir de cette joute célèbre où le vénérable M. Schulze-Delitzsch reçut de si terribles coups du champion « des déshérités ». La thèse de Lassalle était faite pour séduire, car il démontrait l'inutilité absolue de l'épargne, si péniblement amassée qu'elle fût. Il raillait amèrement ces mesquines fondations de caisses de secours, d'assurances mutuelles, expédients inventés par la bourgeoisie, miettes de pain jetées au monde des affamés. Sa dialectique, empruntée à l'école de Hegel, déchirait la loi des salaires et ruinait tout le système actuel de production. Une immense érudition lui fournissait en abondance de spécieux arguments contre le capital et la propriété, ces « catégories historiques » qui n'ont qu'une raison d'être relative et qui disparaîtront avec les circonstances passagères d'où elles sont nées. Il prêchait comme une vertu la haine des citoyens les uns contre les autres, humiliait la bourgeoisie allemande par la comparaison avec cette grande bourgeoisie française de 1789, qui, « réunissant en elle tout le génie de la France, était l'esprit vivant de son temps et de son pays ». Par une éloquente exposition de l'histoire entendue à sa façon, il prouvait que le temps du *quatrième ordre* était enfin venu. Alors, avec toute la rigueur d'une déduction scientifique, il construisait le monde nouveau, où il n'y aurait place que pour le travailleur. Les ouvriers de chaque métier s'organiseraient en sociétés locales, dont la réunion formerait une corporation s'étendant sur toute l'Allemagne. Ces corporations trouveraient aisément une organisation unique, qui serait l'État social et démocratique. L'État distribuerait la matière première et l'outil, réglerait la production et répartirait le revenu entre tous dans la mesure des services rendus. Ainsi commencerait en ce monde le règne de la justice absolue. Telle était la terre promise que Lassalle montrait aux ouvriers allemands. Il se flattait de les y conduire. S'adressant à la grande majorité des Prussiens, à ceux qui n'ont qu'un revenu insuffisant pour vivre, et qui, d'après une statistique de 1850 souvent citée par lui, forment les 96 pour 100 de la population totale, il les pressait de s'enrôler sous ses ordres et de s'emparer tout simplement de l'État par le suffrage universel.

Il serait superflu de relever dans ce programme de Lassalle l'imitation d'idées françaises ; mais c'était l'originalité de cet homme de présenter ces chimères avec un appareil de preuves inattendu et une éloquence entraînante. Il était très supérieur à ses adversaires, soit par la plume, soit par la parole, soit qu'il affrontât dans les réunions les colères des économistes, ou que du banc des accusés il humiliât les procureurs du roi de Prusse. Il avait enfin en une telle perfection toutes les qualités de l'agitateur, que ses illusions semblèrent à beaucoup une réalité prochaine. Mais il est impossible d'habiter longtemps cette région des rêves. Après un an de dictature sur la Ligue des ouvriers, Lassalle commençait à sentir le désenchantement. S'il eût vécu plus longtemps, il aurait reconnu qu'il ne pouvait d'un coup créer la société nouvelle, et compris la nécessité des atermoiements et des transactions. Ses successeurs sont plus sages que lui. Le but final semble avoir reculé à leurs yeux; ils le montrent encore dans leurs programmes, et les deux partis sont d'accord pour proclamer l'avènement futur de l'État social et démocratique, mais leur tactique n'est plus celle du maître. Lassalle était un idéaliste; or l'ouvrier allemand n'entend point du tout vivre d'idéal, et ses meneurs n'obtiendraient de lui aucun sacrifice sans l'appât de quelque profit immédiat. M. le professeur Held, dont les sympathies pour la classe laborieuse sont irrécusables, déplore « l'épais et grossier matérialisme » où elles sont tombées. Les chefs du parti ne peuvent donc, comme faisait Lassalle, négliger l'intérêt du moment et remettre la réforme entière au temps où l'État, emporté d'assaut, serait au service des réformateurs. Aussi ont-ils fondé des associations ouvrières à l'aide desquelles ils organisent des grèves et arrachent aux patrons, pour les jeter aux appétits surexcités, quelques satisfactions, comme l'augmentation du salaire ou la réduction des heures de travail. Ce sont là des escarmouches en attendant la grande bataille. Les sociétés ne se préoccupent point des vulgaires intérêts professionnels de tel ou tel corps d'état. Elles sont comme des régiments où le soldat de la révolution sociale apprend l'exercice et se fait à la discipline.

Les journaux de ces révoltés sont nombreux, mais il ne servirait de rien de les passer en revue l'un après l'autre : ils sont d'accord sur tous les points essentiels. Notons seulement que la ligue générale a pour organe *le Nouveau Démocrate socialiste*, et que les autres feuilles se groupent autour de *l'État populaire* (*Volksstaat*), organe du parti démocratique socialiste. Les théories d'économie politique qu'on y rencontre n'ont qu'un intérêt médiocre. Elles ne font que retourner sous toutes ses faces le problème de l'organisation du travail par l'État, mais les écrivains mettent un soin particulier à déclarer qu'ils n'attendent et ne veulent rien des maîtres actuels de l'État. Au congrès de Mayence (septembre 1872), la proposition de réclamer des corps législatifs une étude sur la situation des classes ouvrières a été repoussée, attendu qu'il est « incompatible avec la dignité des travailleurs de pétitionner auprès des gouvernements et des assemblées actuels. » Point d'entente, aucune connivence, aucune relation entre ces vrais socialistes et les socialistes de la chaire. *L'Ami du peuple de Brunswick*, résumant les travaux de ces docteurs au congrès d'Eisenach, les traite en ennemis, et se réjouit que des têtes aussi confuses soient incapables d'arrêter le grand mouvement. « Défiez-vous d'eux ! s'écrie pourtant le *Journal de Chemnitz*. Ils vous apportent une aumône, une soupe de mendiants ! » — « Ce sont, dit la même feuille, les socialistes brevetés de Sa Majesté le roi de Prusse ! » Voici enfin, dans un document officiel, une déclaration de principes très nette : « Chaque membre du parti, dit l'article 2 du programme des démocrates socialistes, s'engage à défendre énergiquement le principe suivant : l'état actuel, politique et social, est injuste au plus haut degré, et doit être combattu avec la plus grande énergie. » M. Bebel explique en toute liberté de quel combat il s'agit : « Le socialisme n'est plus une question de théorie, c'est une question de force, qui sera dénouée, non dans un parlement, mais dans la rue et sur le champ de bataille. Si nous avons derrière nous la masse des travailleurs de Berlin, nous pouvons dire : Berlin est à nous ! Et si Berlin est à nous, nous pouvons dire que l'Allemagne nous appartient, car à Berlin est le grand ennemi et doit être frappé le grand coup ! »

C'est contre le grand ennemi que sont dirigées les plus constantes attaques. La personne de l'empereur Guillaume est à peine protégée par la loi, et celle de

M. de Bismarck est en toutes circonstances très malmenée. Les mesures favorables aux travailleurs que promettent les feuilles officieuses sont un produit « de la tartuferie bismarckienne ». Les lois, dites libérales, sur les rapports de l'Église et de l'État ne trouvent point grâce devant les plus farouches ennemis de l'Église, et personne ne les a mieux jugées que ne fait en deux mots *le Journal démocratique* : « elles n'affranchissent pas, elles enchaînent. » — « Le culte moderne du dieu Bismarck, disent encore *les Feuilles démocratiques*, n'admet point qu'un autre dieu ait des prétentions absolues à l'adoration. Soumettre sa conscience à l'infaillibilité bismarckienne, c'est le premier devoir du national-libéral. »

Il ne faut pas croire que ces socialistes soient des patriotes allemands dont l'ambition serait de détruire l'hégémonie prussienne : ils combattent avec acharnement l'idée de patrie. Ils s'efforcent de diminuer les dernières victoires de l'Allemagne. Ainsi *l'État populaire* a fait un tirage spécial d'une série d'articles sur l'histoire de la Prusse avant et après Iéna; les foudroyants succès de l'armée de Napoléon y sont racontés avec complaisance, et la brochure se termine par ces mots : « Que l'on compare la guerre de 1807 à celle de 1870, on verra si tout ce bavardage sur les succès inouïs, sans pareils, de l'armée allemande, a la moindre apparence de raison. »

Le chauvinisme est impitoyablement poursuivi par toute la presse socialiste. Elle trouve une inépuisable matière à raillerie dans ce travers dont les têtes allemandes les plus solides n'ont pas su se défendre. Ce n'est point que les moralistes manquent à l'Allemagne pour signaler le danger de l'admiration de soi-même et du mépris de son ennemi. M. de Sybel, un des premiers, a bien voulu reconnaître que nous ne sommes point le peuple absolument corrompu qu'on se représente au delà du Rhin. A l'envi, les journaux répètent qu'il faut se mettre en garde contre un défaut qui nous a perdus, et, pour joindre l'exemple au précepte, ils condescendent à faire des qualités françaises une peinture très flatteuse; mais l'orgueil transparaît derrière ces exhortations à la modestie. Ils nous concèdent tout le menu fretin des vertus : le reste est allemand de nature. La bonne foi est allemande, la moralité est allemande, la profondeur d'esprit est allemande, la modestie est allemande. Ces mots « la science allemande » désignent une sorte particulière et supérieure de science. La nature elle-même n'échappe pas à cette prise de possession : le sol allemand a toute sorte de vertus spéciales, et l'on dit « le chêne allemand », comme si le roi des forêts portait outre Rhin des feuilles et des glands exceptionnels. Ainsi, entre l'Allemagne et le reste du monde, l'orgueil national élève une haute barrière. Cette disposition d'esprit sert à merveille la politique de la Prusse, car elle induit les Allemands à mettre au-dessus des lois humaines l'intérêt de l'Allemagne, et comme les questions d'intérêt sont des questions de force, à tout sacrifier pour l'organisation d'une force redoutable. De là cette colère du socialisme contre un sentiment si bien exploité par le grand ennemi, et les efforts qu'il fait pour détruire le patriotisme au profit de la fraternité universelle, c'est-à-dire de l'Internationale.

Lassalle n'a point connu l'Internationale, mais Karl Marx en a répandu les maximes dans l'Allemagne entière. Sous sa dictée, les démocrates socialistes ont écrit dans leur programme : « Attendu que la question de l'affranchissement du travail n'est ni locale ni nationale, mais sociale, et qu'elle se retrouve dans tous les pays où existe la société moderne, le parti démocrate socialiste se regarde, autant que cela est permis par les lois sur les associations, comme une branche de l'Internationale et s'unit à ses efforts. » La Ligue générale des ouvriers vient de déclarer à son tour qu'elle se considère comme « représentant la classe ouvrière allemande dans l'ensemble du mouvement socialiste international ». Ainsi des deux parts on abjure tout patriotisme. Pour le prolétaire allemand, la patrie n'est plus qu'un champ de bataille. « Tout internationaux que nous soyons, dit Liebknecht, nous commettrions une grande faute, si nous ne nous intéressions point aux affaires nationales. Nous sommes en Allemagne : l'Allemagne est notre poste de combat ! »

L'Internationale a tout un corps de doctrines qui se retrouvent dans les journaux allemands, et qu'il serait inutile de reproduire, car elles sont vraiment internationales et trop connues en France. Des professions tapageuses d'athéisme, l'éloge enthousiaste du matérialisme, des prophéties sur l'âge d'or qu'inaugurera « la mort du dernier prêtre et du dernier roi », tout ce qu'on entend dans nos clubs rouges se lit quotidiennement dans la presse rouge d'Allemagne. Un peu de pédantisme donne à ces banalités le goût du cru : le socialiste allemand cite Linné, Cuvier, Humboldt, Lamarck, Lyell, Darwin. Il ne cache point la pensée qui dirige cette croisade contre les croyances de l'humanité. Détruire dans l'esprit du peuple l'espérance en la vie future, c'est rendre plus enviables les jouissances de la vie présente et plus odieux les privilégiés qui volent aux pauvres gens leur part de bonheur. La haine du bourgeois est inséparable de la haine du Dieu qu'on l'accuse d'avoir inventé. Les journaux du parti exploitent les scandales financiers qui déshonorent la Prusse, le « royaume de la crainte du Seigneur », comme ils disent en parodiant le langage des piétistes. Tout crime commis par un bourgeois a les honneurs du fait divers. Des romans et des nouvelles peignent sous les plus laides couleurs les mœurs de la haute société, et mettent en présence les exploités et les exploiteurs dans des morceaux déclamatoires comme celui-ci :

« Quels sont ces hommes aux muscles de fer et au maigre visage qui travaillent, aux feux des fourneaux, à fondre le fer ; qui dans la poussière et le bruit des sombres fabriques dirigent mille machines et dont la main produit les merveilles de l'industrie? Quels sont ces hommes qui, par le froid et le chaud, sous le soleil et la pluie, bâtissent les palais, ou qui poussent péniblement la charrue dans les champs pour arracher à la terre ses présents ?

« Demandez au frivole gandin, à l'orgueilleux hobereau, à tous ceux qui vivent et font bombance dans les palais en mangeant le travail des autres! Ils vous le diront!

« Ils diront : « C'est la canaille ! »

« Quelle est cette femme qui, dans une misérable hutte, se consume de douleur près du cadavre de son mari, tué au service du capital? Quels sont ces enfants qui, affamés et grelottants, courent dès l'aube vers la noire prison dont la cheminée fume? Quelles sont ces filles qui errent sans foyer, désespérées, un enfant au sein, rejetées de la société humaine, ou qui ont déjà bu toute honte, et couvertes de soie ou de velours, le cœur vide et le corps malade, vont çà et là par les rues des villes sous l'œil de la police?

« Demandez aux exploiteurs de femmes et d'enfants, demandez aux séducteurs; ils ne vous feront pas attendre longtemps!

« Ils diront : « C'est la canaille ! »

Le rédacteur du *Nouveau Démocrate socialiste* continue longtemps sur ce ton passionné. Il demande au joyeux vivant et au bas-bleu sentimental comment ils appellent ces misérables auxquels ils jettent une maigre aumône par charité ou « pour résoudre la question sociale »? Ils lui répondent : C'est la canaille. « Si la presse libérale, dit-il, recevait l'ordre d'imprimer tous les jours, au-dessous du titre, en lettres longues comme les doigts, cette phrase : « le peuple, c'est la canaille ! » elle serait assez lâche pour obéir. Eh bien ! que le peuple accepte ce terme d'ignominie et le change en un titre de gloire, comme ont fait les gueux des Pays-Bas, insurgés contre la tyrannie espagnole, ou les combattants de la Commune de Paris succombant sous la rage des Versaillais! »

Ces combattants de la Commune de Paris sont les héros des prolétaires allemands. Tous les ans ils fêtent le 18 mars, et leurs journaux se recueillent à la fin du mois de mai pour réprouver les horreurs de « la sanglante semaine ». Le 31 mai dernier, *l'État populaire* remplissait ce devoir dans une page étrange où la légende de la Commune est déjà toute faite. Déjà, dit-il, l'affranchissement du travail était commencée : la Babylone moderne était purifiée ; plus de crimes, ni de débauche; les filles perdues avaient été ramenées au bien, ou renvoyées à leurs souteneurs de Versailles. Raoult Rigault, ce martyr calomnié, exerçait avec le plus scrupuleux respect de l'innocent son rôle de justicier. Cependant la Commune, légiférant d'une main, combattait de l'autre, et sa défense improvisée s'imposait à l'admiration du monde. Il a fallu pour la réduire la coalition infâme des ennemis de la veille. Bismarck et Thiers ont signé à Francfort le pacte des bourgeois de France et d'Allemagne. Thiers a promis que 500 millions seraient versés après la soumission de Paris. Vite, Bismarck dirige en foule les prisonniers français vers la ville assiégée. Le 20 mai, le pacte est ratifié, et le 21 les Versaillais entrent dans la ville. « L'assassinat en masse commence : 10 000 hommes tombent sur les barricades, 30 000 au moins, prisonniers ou blessés, sont égorgés par les vainqueurs; beaucoup de femmes et d'enfants, en tout 50 000 hommes, ont péri. Trente jours après, Thiers payait fidèlement à Bismarck les 500 millions pour 50 000 hommes, c'est-à-dire 10 000 francs par tête. Le prix du sang était gagné! »

III

Ainsi les victoires de nos voisins ne les préservent pas du mal que la France vaincue porte dans son sein : de fausses théories, répandues à profusion, menacent de diviser la société allemande en deux classes irréconciliables. Nous avons même rencontré en Allemagne cette opinion que la question sociale y est plus redoutable qu'en France. Des citations de journaux ne suffiraient point à expliquer cette crainte, car la violence du langage n'est point une preuve de force : il faut donc essayer de retracer l'organisation du parti et de dénombrer l'armée qui marche derrière les meneurs dont nous connaissons les doctrines.

Au premier abord, il ne semble pas qu'il y ait lieu de tant s'alarmer. Les associations ouvrières ne sont parvenues jusqu'ici qu'à une médiocre prospérité. Celles de MM. Hirsch et Dunker comptaient 30 000 membres en 1863, elles n'en ont plus que 20 000 aujourd'hui. Les révolutionnaires n'ont point encore trouvé le nerf de la guerre, c'est-à-dire l'argent. La plus puissante des associations allemandes est celle des « travailleurs de métaux », qui ne compte que 4000 ou 5000 membres, c'est-à-dire la petite minorité des ouvriers de cette profession. Encore ne paraissent-ils pas très zélés à remplir leurs devoirs : les cotisations sont levées avec difficulté, et le conseil général reprochait naguère à ceux qui l'avaient élu de manquer « de sérieux et de zèle pour la cause ». Les prêts d'une association à une autre sont une opération très hasardée. Pendant la grève de Waldenburg, les « travailleurs d'or et d'argent » avaient avancé aux mineurs une somme assez considérable : depuis ils l'ont vainement réclamée. Ces questions pécuniaires ont plus d'une fois troublé les réunions socialistes. Quelle différence avec les *trades-unions* d'Angleterre, qui doivent précisément leur puissance à leur solidarité financière !

La division des socialistes en deux fractions est d'ailleurs un très sérieux obstacle au développement des associations. Dans la guerre commune qu'elles font à l'État, elles se défient l'une de l'autre, s'accusent de trahison, et se soupçonnent mutuellement d'être à la solde de quelqu'un.

Les démocrates socialistes sont les plus ombrageux. Ils se nomment eux-mêmes « les honnêtes gens », par opposition à leurs adversaires. Quand ils se sont séparés de la « Ligue générale », celle-ci était dirigée par l'avocat Schweitzer, le second successeur de Lassalle. Soit qu'il fût séduit comme patriote et comme révolutionnaire par la politique de M. de Bismarck, soit qu'il eût des raisons moins honorables de ménager le ministre prussien, Schweitzer publia en 1865 une série d'articles où il adjurait M. de Bismarck de reprendre « par le fer et par le sang » la politique de Frédéric. « La diète et l'Autriche, disait-il en terminant, les moyens et les petits États sont absolument impuissants dans la question allemande ; deux facteurs seuls sont encore capables d'agir, la Prusse et la nation, la baïonnette prussienne ou le poing du prolétaire. » L'accusation de corruption ne se fit point attendre. On savait M. de Bismarck disposé à chercher un appui dans la classe ouvrière contre la bourgeoisie raisonneuse et libérale. Il avait, l'année précédente, introduit auprès du roi une députation des tisserands de Silésie, et les journaux officieux s'étaient à ce propos fort emportés contre la tyrannie des patrons. M. de Bismarck lui-même avait, du haut de la tribune, laissé tomber cette parole : « Souvenez-vous que les rois de Prusse ont toujours été les rois des pauvres! » Aussitôt que Schweitzer fut soupçonné de complicité avec M. de Bismarck, il fut perdu. La Ligue générale eut beau le rayer de ses cadres : elle demeura suspecte au parti nouveau des démocrates socialistes. Ceux-ci accusent la ligue d'avoir choisi Berlin comme capitale de l'association, afin d'y être placés sous la main du maître, et d'y servir d'épouvantail aux bourgeois des chambres prussiennes et du *Reichstag*. Ils lui imputent les tapages de rue, et, par allusion aux émeutiers qui ont troublé les boulevards de Paris à la fin de l'Empire, appellent ses adhérents les « blouses blanches de Berlin ».

La ligue n'est point à court de riposte. Elle reproche aux démocrates socialistes d'avoir jeté la division parmi les ouvriers au profit de la bourgeoisie, et d'être en même temps les agents du roi de Hanovre et de l'électeur détrôné de Hesse. Quelques tentatives ont été faites pour réconcilier ces frères ennemis. Nous avons vu au mois dernier à Francfort, dans une réunion de démocrates socialistes où des membres de la ligue étaient venus mettre le désordre, un ouvrier se jeter entre les deux camps et s'écrier : « Pendant que vous vous disputez, les bourgeois se font servir d'excellents dîners au Jardin des Palmiers! » Le conciliateur fut très applaudi, et l'évocation de l'ennemi commun ramena le calme dans les esprits; mais la polémique engagée entre les meneurs dans *l'État populaire* et *le Nouveau Démocrate socialiste* est si violente et si injurieuse, qu'elle a empêché jusqu'ici tout accommodement définitif.

Il serait intéressant, mais il n'est pas facile de déterminer par des chiffres exacts la force relative des deux fractions socialistes. La guerre et le mécontentement causé par la conduite de Schweitzer semblèrent avoir porté un coup mortel à la Ligue générale, et ses deux journaux moururent d'inanition dans le cours de l'année 1871; mais elle ne tarda point à se relever. Dans l'assemblée générale tenue à Berlin au mois de mai 1872, le rapport sur la situation constate que la ligue a payé toutes ses dettes, et qu'elle est en mesure de consacrer un excédent de recettes aux « frais d'agitation ». Huit agitateurs furent en effet envoyés dans toutes les directions. A la même date, une feuille bien informée annonçait que la ligue comptait 21 154 membres payant la cotisation réglementaire, mais elle estimait que le nombre des ouvriers qui de cœur et d'âme marchaient d'accord avec elle était vingt fois plus considérable, de telle sorte qu'aux élections elle disposerait d'au moins 200 000 voix. Le nombre des abonnés du journal de la ligue croît régulièrement. Il en avait 5000 en octobre 1871, 8056 en décembre 18 72, et il est assez riche pour distribuer gratuitement, comme moyen de propagande, bon nombre d'exemplaires.

Les démocrates socialistes ont à peu près subi les mêmes vicissitudes. La guerre les a fort éprouvés, car leur comité de direction a été emprisonné à la suite d'un manifeste où il protestait à l'avance, au nom des travailleurs allemands, contre l'annexion de l'Alsace-Lorraine. Leur journal a été poursuivi, et ses deux principaux rédacteurs, Bebel et Liebknecht, sont encore dans une forteresse. Plus agressifs que la ligue et plus exposés aux procès, ils ont plus de difficulté à se réunir et à se compter. Aussi le chiffre des adhérents représentés à chaque assemblée générale varie, sans jamais être très élevé. Au congrès de Dresde, en août 1871, on en comptait seulement 6252; à celui de Mayence, en septembre 1872, le secrétaire constatait que depuis le mois de janvier le parti était en voie de progrès rapide : il avait recruté 4000 nouveaux membres, et « fait pénétrer l'agitation socialiste dans des milieux où elle était encore inconnue ». La presse des « honnêtes gens » est d'ailleurs en pleine prospérité. *L'État populaire* avait, au milieu de l'année 1871, 3212 abonnés, et le 31 mai 1873 il annonçait avec joie qu'il en comptait désormais 7350 : le nombre en a donc plus que doublé en deux ans. Les doctrines du parti sont encore défendues par d'autres journaux, auxquels on peut attribuer au moins 10 000 abonnés. La presse des démocrates socialistes a donc plus de lecteurs que l'unique organe de la Ligue générale, et ce parti n'exagère pas sa puissance quand il déclare disposer des voix de plus de 150 000 électeurs.

Alors même qu'on admettrait sans conteste l'évaluation faite par les révolutionnaires de leurs propres forces, il faudrait conclure qu'ils ne sont point très redoutables : 400 000 électeurs forment une très modeste minorité dans le corps électoral de l'empire. Parmi eux, un très petit nombre sans doute répondrait à un appel insurrectionnel, car on professe en Allemagne le respect de la force, et, si l'on commence à y détester la police, on la craint encore. Les dissensions du parti seraient l'excuse toute naturelle de l'abstention des timides. A supposer que le signal vînt de Berlin, les *honnêtes gens* pourraient refuser de tremper dans une émeute ordonnée par M. de Bismarck, et la Ligue générale, si les démocrates socialistes prenaient l'initiative, ne se soucierait point de travailler pour le roi de Hanovre. Voilà en vérité de faibles ennemis pour un des gouvernements les plus forts de l'Europe. Cependant les progrès incontestables et rapides faits depuis deux ans par la propagande socialiste donnent à réfléchir et demandent une explication.

Ces progrès s'expliquent d'abord par l'activité de la propagande. C'est un sujet d'étonnement pour l'étranger que la fréquence des réunions publiques révolutionnaires. Les murs des villes industrielles sont couverts d'affiches rouges qui convoquent les ouvriers à des discussions dont elles donnent l'ordre du jour. La plus nombreuse réunion à laquelle nous ayons assisté est celle qui fut tenue à Francfort le 24 mai dernier par la Ligue générale. Plus de 1000 personnes étaient réunies dans une salle immense. Des écussons portant des devises révolutionnaires ornaient la muraille. Au centre pendait un énorme drapeau de soie rouge à franges d'or, offrande des dames et des jeunes filles de la ligue. La tribune, toute rouge, était décorée du triangle, du bonnet phrygien et de l'inscription : *liberté, égalité, fraternité.* Au-dessus était placé un portrait de Lassalle. L'auditoire, plus calme que celui de nos clubs, buvait tranquillement la bière autour de tables gigantesques. Quant aux orateurs, ils ont été à l'école des nôtres. Ils ont les mêmes métaphores : la sueur et le sang du peuple font les principaux frais de leur éloquence, et ils parlent à tous moments de l'*idée* et du culte qu'ils lui ont voué. D'ailleurs les longs cheveux partagés au milieu de la tête et retombant sur les épaules, les figures amaigries, osseuses, dont le sourire sans gaieté n'est qu'une contraction, nous rappelaient les types de ces ouvriers, déserteurs de l'atelier, parmi lesquels se recrute le personnel des orateurs de club. Autour d'eux, quand ils descendent de la tribune, s'empressent les vrais travailleurs, qui ne parlent point, mais qui admirent les parleurs et se sentent tout fiers d'appuyer leurs mains calleuses sur l'épaule de ces Démosthènes. Pendant les discours, des hommes circulaient, tendant un plateau et une liste pour recevoir les offrandes et les inscriptions. C'est au moment où les passions sont échauffées que la ligue procède à la levée de ses recrues.

Les sujets discutés dans ces assemblées sont très variés, mais les socialistes se réunissent aussi pour le plaisir de se voir, de danser ensemble, d'applaudir une comédie ou quelque morceau de poésie révolutionnaire déclamé par un travailleur. On sait combien est répandu en Allemagne l'usage que les gens de même condition se rencontrent dans des réunions périodiques. Les ouvriers ont maintenant les leurs, et le quatrième ordre y prend conscience de lui-même. Ce sentiment se montre de mille manières dans les journaux socialistes, dont les annonces sont curieuses à lire. L'ouvrier y insère toutes les nouvelles qui peuvent intéresser ses camarades : succès d'une grève, fondation d'une société coopérative, etc. L'émigrant, à la veille de partir pour l'Amérique, envoie à tous ses amis des adieux fraternels. On trouve quelquefois des avis comme celui-ci, qui est tiré de *l'État populaire* : « Monsieur et madame... informent les frères et amis qu'il leur est né un petit démocrate socialiste. » Déjà le quatrième ordre a sa littérature particulière. Il ne convient point qu'un membre de l'Internationale lise ou chante les *Lieder* allemands, tout pleins de sentimentalités ou de superstitions patriotiques ; les journaux annoncent des recueils de *Lieder* du prolétariat. Ainsi les ouvriers mettent en commun leurs joies et leurs peines ; ils acquièrent tous les jours une idée plus nette de leur force et le sentiment de leur solidarité. Leur esprit s'habitue aux théories les plus étranges et n'a plus de révolte contre l'absurde ; enfin l'orgueil pervertit leurs cœurs. Les patrons de toutes les industries, les grands propriétaires et les fermiers déclarent que l'ouvrier est devenu arrogant et intraitable.

Nul doute que le parti révolutionnaire ne puise de nouvelles forces dans l'unification de l'Allemagne. La suppression des frontières intérieures a rapproché les intérêts communs et les passions semblables. Dix partis socialistes qui auraient affaire à dix gouvernements seraient moins redoutables qu'un seul qui n'a plus qu'un adversaire. Le vœu de Néron est accompli pour les révolutionnaires : ils n'ont plus qu'une tête à couper. Un homme a désiré l'unification de l'Allemagne aussi ardemment que M. de Bismarck : c'est Lassalle. En 1859, au moment même où M. de Bismarck, ambassadeur de Prusse à Pétersbourg, adjurait son gouvernement, dans une note restée célèbre, de laisser l'Autriche seule aux prises avec la France, Lassalle exprimait le même vœu dans une brochure. Tous les deux savaient que l'unité allemande sortirait de la défaite de l'Autriche. Au milieu du découragement qu'il éprouvait en 1864 à voir que le succès ne répondait point à ses illusions, une espérance soutenait Lassalle : il annonçait que de grands événements allaient s'accomplir, et, comme cet agitateur de génie voyait clair dans la politique de M. de Bismarck, il prédisait qu'avant deux ans celui-ci imposerait à l'Allemagne le suffrage universel.

Singulière destinée que celle de M. de Bismarck! le légitimiste intolérant, le *junker* provocateur, qui scandalisait la Prusse de 1850 par la fureur de ses passions réactionnaires, s'est trouvé en communauté d'idées avec les révolutionnaires les plus ardents. Au fond du cœur, ceux-ci lui rendent l'hommage que reçut un jour la mémoire de Richelieu dans la Convention nationale. Les destructeurs en effet applaudissent toujours à la destruction, et la révolution ne méconnaît jamais les siens, fussent-ils assis sur les marches d'un trône. L'unification a grandement servi les projets des socialistes. Faite par la force et la ruse, elle a brusquement coupé les traditions historiques de l'Allemagne, encouragé la hardiesse des rêveurs et prouvé l'efficacité des coups de main bien préparés. Elle a donné aux meneurs l'occasion de se faire entendre pendant les élections au parlement, et de parler à l'Allemagne du haut d'une tribune nationale. Aux élections de 1866, six socialistes ont été élus. Il est vrai que deux seulement ont eu cette fortune en 1871 ; mais personne ne doute qu'ils ne reconquièrent l'an prochain le terrain perdu, car les élections ne se feront plus, comme les premières, dans l'enivrement de la victoire. Depuis longtemps, les socialistes se préparent à la lutte ; leurs candidats sont choisis, leurs émissaires colportent partout leurs programmes : suppression des armées permanentes, armement universel de la nation, etc. Ils savent bien qu'ils ne deviendront point les maîtres du premier coup, car « le suffrage universel, dit Liebknecht, ne peut être qu'un instrument de despotisme dans un État monarchique »; mais il ajoute que « les députés iront au *Reichstag* pour s'adresser, par-dessus la tête de ce pseudo-parlement, au peuple qui les entend! »

Quelque dédain qu'affectent les journaux socialistes pour les réformes politiques entreprises par M. de Bismarck, ils ne peuvent dissimuler qu'ils s'en réjouissent. L'État prussien fait en ce moment une évolution très hardie. En 1866, il ne ressemblait à aucun autre pays d'Europe. Le développement de son industrie et de son agriculture, la prospérité de ses écoles étaient d'un État moderne; mais son régime économique et administratif rappelait l'État féodal. Cette originale constitution disparaît pièce à pièce, et les libéraux annoncent que la Prusse sera bientôt débarrassée des derniers débris du moyen âge. Hélas! il y a longtemps que ces débris n'encombrent plus notre route, et nous n'y marchons point d'un pas plus sûr. Les nationaux-libéraux sont-ils certains que la Prusse ne doit pas sa fortune à quelques-uns de ces vieux abus et à cette organisation hiérarchique de la société, qui a conservé chez elle l'esprit de discipline et l'habitude du respect? En tout cas, les révolutionnaires applaudissent à ces réformes : faites au nom de la raison pure, elles plaisent aux sectateurs de l'*idée*. Le *Journal démocratique* se réjouit de voir tomber « les dernières forteresses » qui restassent à la monarchie. Qu'elles tombent, s'écrie-t-il, et leurs ruines enseveliront tout le système ! » — « Le vieux monde s'en va, dit *le Nouveau Démocrate socialiste*. Allons ! faisons flotter plus haut notre bannière rouge ! » Des mains adroites placent ces articles sous les yeux du vieil empereur. Les conservateurs qui l'entourent s'efforcent de réveiller ses terreurs d'autrefois. On dit même que les applaudissements recueillis par la politique de M. de Bismarck parmi les représentants de la révolution cosmopolite le font parfois réfléchir.

Mieux encore que par la politique bismarckienne, les socialistes sont servis par le développement de la richesse publique. L'Allemagne, restée pauvre si longtemps, n'était point préparée comme la France ou l'Angleterre à ce phénomène redoutable ; il y a produit des effets que M. Bamberger signale dans son curieux livre. La petite noblesse, les employés, les universitaires, tout ce monde laborieux et pauvre, habitué à la considération publique et fier de son importance, a vu d'un mauvais œil naître la puissance nouvelle des enrichis. Ils ne comprennent rien à la transformation qui s'opère : ils sont trop étrangers à la vie pratique. Ils croient encore qu'un individu ou bien une société ne peut prospérer qu'aux dépens de quelqu'un, qu'il y a dans le monde une quantité déterminée de richesse, et qu'on n'emplit sa poche qu'en vidant celle d'autrui. Le grand industriel, le spéculateur, le banquier, sont à leurs yeux des accapareurs d'argent. Ils prennent contre eux la défense de l'ouvrier et mêlent à la question sociale une sentimentalité qui l'obscurcit.

M. Bamberger nous explique encore pourquoi les Allemands sont de tous les peuples celui où les doctrines socialistes ont le plus de chance de succès. « Nous prenons tout au sérieux, dit-il, les niaiseries au moins autant que le reste. De toute idée fausse naît chez nous une théorie, de chaque théorie un livre, et tout gros livre est assuré d'être traité avec respect. La manie des systèmes socialistes qui, de 1820 à 1848, se répandit en France dans un cercle restreint, n'y obtint qu'un succès de curiosité, et ne recruta d'adhérents que parmi de jeunes rêveurs ou des têtes folles; elle est devenue chez nous une sorte de discipline académique. » Si l'on en croit le même écrivain, l'antipathie pour les riches aurait chez les nobles, les commis et les professeurs un autre mobile. « Nous nous sommes longtemps laissé raconter, dit-il, que la France est le pays de l'envie. Nous n'avons point connu cette basse passion tant que nos regards ne rencontraient, à de très rares exceptions près, que des existences modestes : aujourd'hui telles publications allemandes pourraient être mises à côté de celles qui parurent dans les plus mauvais jours de l'histoire de France. »

C'est beaucoup dire assurément que d'attribuer à la jalousie ou bien à l'ambition les sentiments exprimés dans la discussion de la question sociale par certains membres des classes élevées. Mais il faut bien reconnaître que ces défenseurs des pauvres ne sont ni adroits ni justes. Les violences de leur langage contre la richesse et les riches irrite ceux qu'il faudrait disposer aux concessions. Elles jettent un trouble profond dans l'opinion publique. Les livres et les brochures empreints de sympathies socialistes, les congrès de docteurs où retentissent d'étranges maximes sur les devoirs de l'État envers l'ouvrier opprimé, énervent dans la majorité de la nation cet esprit de résistance aux utopies dangereuses qui devrait s'allier à la volonté de faire toutes les réformes justes.

Enfin l'Allemagne n'a point d'aussi fortes digues à opposer au socialisme que l'Angleterre et la France. En Angleterre, l'opinion publique est éclairée depuis longtemps sur la lutte qui se poursuit en toute liberté entre les parties adverses. En France, nous avons du moins perdu toute illusion sentimentale, depuis que nous avons vu les prolétaires à l'œuvre derrière les remparts de Paris. La force des intérêts coalisés contre les passions révolutionnaires est d'ailleurs plus grande chez nous que chez nos ennemis. La population agricole représente en France 53 pour 100, en Prusse 46, en Saxe 25 pour 100 de la population totale. Dans ce dernier pays, l'industrie est en progrès continuels : en 1849, elle occupait 51 pour 100; en 1865, date de la dernière statistique, 56 pour 100 des habitants. Encore la population agricole allemande n'a-t-elle pas les mêmes raisons que la nôtre d'être conservatrice. Tantôt la mauvaise qualité du terrain, tantôt le mauvais régime de la propriété, quelquefois ces deux causes agissant ensemble y empêchent le développement de la richesse. Le paysan court aux villes ou bien émigre, et l'émigration n'est point un remède au danger social : la dernière assemblée des patrons agricoles, tenue à Berlin sous la présidence de M. de Goltz, constatait que ce sont les petits propriétaires, non les indigents, qui par milliers s'embarquent chaque année pour l'Amérique. Les pauvres vont dans les centres industriels grossir le nombre des prolétaires.

La question sociale a donc sa gravité en Allemagne. Elle ne menace point assurément la tranquillité matérielle : que peuvent des révolutionnaires disséminés et divisés contre une armée fortement organisée, et contre la force que donnent à l'empereur et à son chancelier leurs services et leur grandeur? Elle ajoute cependant aux difficultés intérieures que met en pleine lumière en ce moment même la polémique engagée dans la presse allemande au sujet des élections prochaines. A lire les journaux officieux, on croirait que l'empire et l'empereur ne sont entourés que de traîtres. Le parti catholique, qui s'est retrempé dans la persécution, le parti progressiste, qui, fatigué de voir la liberté ajournée ou compromise, élève de nouveau sa voix naguère étouffée par la victoire, sont accusés de trahison formelle, comme le socialiste qui renie Dieu, le roi et la patrie. On veut même qu'ils aient conclu entre eux une coalition monstrueuse; peut-être en effet, sur quelques points, l'urne électorale recélera-t-elle bientôt d'étranges secrets. Pour apprécier la véritable force du socialisme, il faut le placer ainsi dans l'ensemble des partis. Chacun d'eux est impuissant par lui-même; leur attaque, même combinée, n'ébranlerait pas du premier coup le nouvel empire : pourtant cette lutte engagée contre lui au lendemain de son établissement par ceux dont sa politique blesse la conscience ou dont sa force contient les appétits, est l'infaillible présage des embarras qui l'attendent dans l'avenir.

LES ÉLECTIONS

AU

PARLEMENT D'ALLEMAGNE [1]

I

Pour la seconde fois depuis la fondation de l'empire d'Allemagne, le suffrage universel vient d'élire les députés au *Reichstag*. Tous les partis reconnaissaient à l'avance la gravité du jugement que le peuple allemand allait rendre sur le nouvel ordre de choses, déjà éprouvé par une expérience de trois années.

Beaucoup de questions politiques, sociales, religieuses étaient portées devant les électeurs. Il n'était point facile de dire comment ils y répondraient; car, dans un pays mal centralisé, le suffrage universel n'est pas un instrument qu'on manie à sa guise, et les 397 circonscriptions électorales n'ont pas encore été si bien étudiées qu'on puisse, avant le dépouillement du scrutin, faire le compte des voix dont chaque opinion y dispose. Aussi l'on était en général sobre de prévisions, et personne ne se sentait sans inquiétude. Les

---

1. Publié dans la *Revue des Deux Mondes* du 1er mars 1874.

journaux d'Allemagne ont coutume de jeter un regard au 1ᵉʳ janvier sur l'année qui finit et de hasarder des prévisions pour celle qui commence : au 1ᵉʳ janvier 1874 ils avaient le ton mélancolique. L'événement a justifié cette sorte de tristesse : le résultat des élections a surpris tout le monde, sans donner à personne le droit de se dire satisfait.

La lutte a été vive presque partout, acharnée sur quelques points. On pourrait dire qu'elle ressemble à beaucoup de celles que nous avons vues en France, si la haine qui anime les partis les uns contre les autres, jointe à la rudesse du tempérament germanique, n'avait trop souvent inspiré des violences de langage et d'action dont la grossièreté répugne à notre goût [1].

Pendant un mois, la presse a été remplie d'articles sur les élections, d'appels aux réunions électorales, de manifestes des partis, de professions de foi des candidats. Les journaux officieux se distinguaient par leur ardeur. Ces sortes de feuilles sont nombreuses en Allemagne. Tout récemment, dans la chambre des députés de Prusse, à propos de la discussion sur les fonds secrets, qu'on appelle communément à Berlin le *fonds des reptiles*, un progressiste, M. Richter, a décrit l'ensemble très complexe des moyens employés par le gouvernement pour corrompre l'esprit public : il n'a pas évalué à moins d'une centaine le nombre des journaux qui s'inspirent aux diverses officines fondées par M. de Bismarck. Cette phalange de mercenaires a vigoureusement donné sur l'ennemi, ou plutôt sur les

---

[1]. Aujourd'hui, nous avons perdu le droit de parler ainsi.

ennemis, car M. de Bismarck en a de plusieurs sortes. Les conservateurs, qu'effraye la politique révolutionnaire du chancelier, et les progressistes, qui ont gardé la prétention de discuter les lois militaires et de défendre énergiquement contre l'impôt « l'argent du peuple », sont malmenés par les officieux, mais avec un certain mépris qu'inspire leur petit nombre. Le principal ennemi, c'est le parti catholique; contre lui, toute arme semble bonne, et la lutte contre les ultramontains est décorée du nom de « combat pour la civilisation ». Les catholiques sont représentés comme des hommes dégénérés : oublieux de la dignité de leur sexe, ils reçoivent de leurs femmes un bulletin de vote que celles-ci sont allées quérir au confessionnal, comme Adam reçut jadis la pomme des mains d'Ève inspirée par le démon. Ce sont des traîtres qui conspirent en faveur de l'ennemi héréditaire. « Vous attendez les Français; vous êtes l'avant-garde française! » leur crie-t-on de toutes parts. Les officieux excitent les vétérans des dernières guerres à parler contre ces cléricaux, et ils publient à grand fracas des lettres d'invalides qui font devant le public le compte de leurs blessures pour la plus grande confusion des « ennemis de l'empire ».

Ennemis de l'empire! les reptiles ont vraiment abusé de cette qualification, sans penser qu'on pouvait les prendre au mot et leur demander, après le dépouillement du scrutin : « Que pensez-vous d'un empire qui, au bout de trois ans d'existence, a déjà tant et tant d'ennemis? »

Les journaux ne suffisaient pas à la polémique électorale. Maintes circonscriptions ont vu naître des feuilles de circonstance, qui recevaient contre payement les communications des divers partis. Mayence, où la lutte a été très vive, avait son *Parloir* : catholiques, démocrates et nationaux-libéraux s'y sont insultés, plusieurs semaines durant, tout à leur aise. On a fait usage aussi des affiches à la main. La ligue des catholiques allemands, dont le siège est à Mayence, a répandu avec profusion son appel aux électeurs. Elle y énumère les insultes dont le parti catholique a été poursuivi depuis trois ans. Elle déplore l'exil des plus nobles d'entre ses membres, sacrifiés à la haine des francs-maçons, qu'elle dénonce comme des conspirateurs qui ont juré de renverser le trône sur l'autel; car le catholique en Allemagne a pour le franc-maçon l'horreur que le libéral y professe pour le jésuite, et vous croiriez, à les entendre, que la loge maçonnique et la Société de Jésus sont deux puissances occultes et terribles entre lesquelles est disputé l'univers. Libéraux de contrebande, poursuit le manifeste, vous n'avez en vérité nul souci du bien du peuple! Le peuple vous demandait du pain : vous lui avez jeté des pierres. Qu'avez-vous essayé pour diminuer la charge accablante des impôts? Qu'avez-vous fait des cinq milliards? Non point des œuvres de paix, mais des œuvres de guerre; aussi où trouver en Allemagne le sentiment du repos et de la sécurité? La crainte de complications nouvelles, l'attente de nouveaux combats, tels sont les fruits amers de victoires qui ont coûté tant de larmes... Et l'écrivain termine par une péroraison passionnée qui ressemble à un appel de guerre civile :

« Aux urnes! Que le cri de la liberté qui a éclaté un jour dans l'Irlande asservie retentisse dans les cantons d'Allemagne! Que le mugissement de nos torrents, l'écho de nos montagnes et la voix de nos cœurs le portent au loin! Nous voulons que l'Allemagne soit libre et chrétienne, et, confiants en Dieu, nous combattrons comme des frères, épaule contre épaule, pour Dieu et la patrie ! »

Cette question : « que sont devenus les cinq milliards ? » a été répétée par tous les opposants : un démocrate y a répondu par une affiche qui a circulé dans Francfort. L'auteur met en regard d'un côté les versements faits par la France, capital et intérêts, d'autre part les dépenses militaires votées par le dernier parlement : pensions d'invalides, dotations de généraux, construction de forteresses et de chemins de fer stratégiques, acquittement des frais de guerre, rétablissement du matériel de guerre, dotation de la marine de guerre, du trésor de guerre, etc. La conclusion est que la somme demeurée disponible est à peu près nulle, et que toutes les espérances fondées sur le trésor des *Niebelungen* conquis par les modernes chevaliers d'Allemagne se sont évanouies. L'école attendait sa part de la riche dépouille; elle ne l'a pas eue. L'homme du peuple réclamait une diminution de l'impôt, mais les hauts gouvernements se soucient bien de l'homme du peuple! Ils donnent des millions aux généraux, dont c'est le métier pourtant de faire la guerre, mais ils laissent mourir de faim les landwehriens que la guerre a ruinés : dans les provinces de l'Est, l'huissier chargé de l'exécution judiciaire se fatigue à courir les champs sans suffire à sa besogne. L'officier invalide est richement pensionné, mais le soldat ne peut vivre avec l'aumône qu'on lui donne, et pour la honte éternelle de l'empire allemand on voit mendier des hommes qui ont donné leur sang à la patrie !

Si triste que soit le présent, l'avenir est plus

sombre. Les grands succès, la conquête de la forte position des Vosges, les énormes dépenses extraordinaires semblaient promettre la réduction des dépenses régulières, et voici que l'on parle d'accroître l'effectif de l'armée en temps de paix, par conséquent d'augmenter le budget de la guerre! Bref, des cinq milliards il ne reste plus que le souvenir, et l'abaissement de la valeur de l'argent, qui amène l'enchérissement de toutes choses! « Mon pauvre Michel, s'écrie l'écrivain démocrate (Michel, c'est notre Jacques Bonhomme), tu avais rêvé que tu étais devenu riche tout à coup. Quelle illusion! Si tu ne veux pas être ruiné à fond, je ne sais qu'un remède : ne vote pas pour les adorateurs serviles de Bismarck, pour ces pagodes dont la tête mobile dit toujours oui! »

Dans les dernières journées, les murs disparaissaient sous les affiches. Il y en avait à Francfort jusque sur la statue de Charlemagne, où l'on prêtait au fondateur de la vieille ville impériale un petit discours en faveur du candidat de la démocratie radicale. Quelquefois la belle humeur des Allemands se manifestait d'une façon malpropre. Nos maisons ont porté pendant l'invasion les traces du goût de l'envahisseur pour les plaisanteries dont l'ordure fournissait la matière : il paraît qu'elles trouvent aussi leur emploi dans les luttes civiles; du moins en Bavière, les libéraux se plaignent que les catholiques aient sali des affiches de candidats qui leur déplaisaient.

Tous ces imprimés étaient élaborés par des comités électoraux, qui étaient nombreux. Les catholiques et les socialistes ont montré qu'ils s'entendent à travailler le suffrage universel. En Bavière, on a vu quarante curés se réunir en comité, discuter les candidatures proposées, arrêter un plan de campagne et retourner dans leurs villages pour veiller à l'exécution.

Quant aux réunions électorales, il y en avait comme en France de privées, réservées aux amis du candidat, et de publiques, où celui-ci s'offrait aux interpellations du premier venu. Les socialistes ne se sont pas contentés de paraître dans toutes les réunions publiques, où la violence de leurs propos a souvent appelé l'intervention du *Comité de l'ordre*, composé d'hommes de bonne volonté qui se chargeaient de la police de l'assemblée. Plusieurs fois des ouvriers se sont introduits dans les réunions privées, et, dans le local loué par leurs adversaires, ils ont pris d'assaut la tribune pour réciter leurs professions de foi. Le gouvernement a essayé d'assurer la liberté des électeurs, mais il s'y est pris de façon à irriter profondément les ouvriers. Le procureur général de Berlin, mis en demeure par l'opinion de prendre des mesures pour assurer la tranquillité publique contre l'audace des criminels de toute sorte qui abondent dans la capitale de l'Allemagne, écrivit le 1er janvier au préfet de police une lettre officielle où, prenant en considération « les progrès de la sauvagerie qui pousse les basses classes à des excès de toute sorte, voisins de la bestialité », il ordonna l'incarcération immédiate des malfaiteurs qui maltraitent sans raison les gens tranquilles, se battent dans les auberges, offensent grossièrement la pudeur dans les rues, ou donnent « l'exemple de plus en plus fréquent du mépris de l'autorité » en insultant les agents. Ce magistrat met les socialistes en compagnie de ces coquins; il prescrit de les arrêter toutes les fois qu'ils troubleront les assemblées par la violence, attendu que le terrorisme exercé par eux « dépasse toutes limites, et finirait par empêcher les réunions des autres partis ».

Cette intervention de la justice n'a point effrayé ceux qu'elle menaçait : de nouveaux scandales se sont produits dont les libéraux se sont affligés avec raison, car, n'était ces violences, on pourrait dire que dans ces réunions tenues par tout l'empire, et qui ont discuté les questions les plus propres à passionner l'auditoire, les Allemands ont usé de leurs droits en peuple mûr pour la liberté.

On pense bien que le gouvernement ne s'est pas désintéressé dans la lutte. Quoiqu'il ait agi avec prudence, quelques fonctionnaires maladroits l'ont compromis par des excès de zèle. Ici c'est un préfet (*Landrath*) qui adresse une circulaire aux maires pour leur expliquer « qu'il est du plus haut intérêt que la circonscription élise un député fidèle à l'empire, décidé à soutenir la politique du gouvernement de Sa Majesté ». Bien entendu, le nom du candidat qui donne ces précieuses garanties se trouve au bas de la missive officielle. Ailleurs un inspecteur des écoles écrit aux instituteurs catholiques de son ressort pour leur déclarer qu'il ne veut pas s'immiscer dans les opinions politiques de MM. les maîtres d'école, mais qu'il espère voir ses subordonnés prendre parti pour Sa Majesté l'Empereur contre Sa Sainteté le Pape. Une autre fois un préfet reçoit les doléances de communes ruinées par une invasion de souris; les maires demandent une réduction d'impôts, à tout le moins un délai pour le payement. Le fonctionnaire les assure de sa commisération; seulement il ajoute que les élections sont proches, et qu'une commune, après avoir voté pour un ennemi de l'empire, ne pourrait en conscience espérer qu'on prît sa requête en considération.

Les députés catholiques ne manqueront pas de produire ces faits à la tribune, mais les libéraux ne seront pas à court de réplique; ils dénonceront comme des abus les mandements épiscopaux et l'intervention des curés dans les affaires électorales. On verra se reproduire les incidents qui ont si longuement prolongé la vérification des pouvoirs dans le premier parlement. Nous retrouverons les curés qui mènent au scrutin leur troupeau, ceux qui font croire aux paysans que les bulletins cléricaux ont été bénis par le saint-père dans sa prison de Rome, tandis que les autres ont été imprimés par le diable. Le clergé sera convaincu de spéculer sur la superstition des masses, et il faut convenir que maints journaux catholiques, en Bavière surtout, donnent de la vraisemblance à ces accusations. Un grand journal de Munich ne s'est-il pas avisé de faire du choléra une sorte d'agent électoral en déclarant que le fléau continuera ses ravages et ruinera la ville tant qu'elle sera la proie du libéralisme?

A mesure que le dénouement approchait, la lutte devenait plus vive. La veille fut employée aux manœuvres de la dernière heure, aussitôt combattues par des contre-manœuvres : la perfidie n'a manqué ni aux unes ni aux autres. Enfin arriva le 10 janvier. Les électeurs ne se portèrent point partout avec une égale ardeur au scrutin. Là où le résultat était assuré en faveur d'un parti, le chiffre des abstentions a été considérable. Berlin, par exemple, est comme inféodé au parti progressiste : les deux tiers des électeurs ne se sont pas dérangés pour voter. Le Berlinois d'ailleurs ne passe pas pour un modèle de vertus civiques. Sceptique et médisant, grand discoureur de brasserie, il a sur les questions politiques et sociales son opinion toute faite ; mais il n'est pas homme à quitter, pour aller remplir son devoir de citoyen, le cabaret où il disserte autour de ces énormes bocaux remplis de bière blanche qui passent de main en main et de lèvres à lèvres. Même le grand nom de M. de Moltke n'a point suffi à tirer l'électeur de son apathie. Le feld-maréchal n'avait accepté qu'avec répugnance le mandat que lui avaient offert les conservateurs de la capitale. « Bien qu'il ne me plaise pas, avait-il répondu, de courir au-devant d'un échec certain, prenez mon nom, si vous jugez qu'il soit utile à la bonne cause ! » Pour le récompenser de ce dévouement, les Berlinois lui ont fait au total, dans les six circonscriptions où il s'est présenté, l'aumône de 1500 voix ! Un étranger ne se serait point douté que le 10 janvier fût un jour d'élection. Aucune affiche n'indiquait les lieux de vote, que plus d'un électeur a inutilement cherchés ; il a été difficile de former les bureaux des sections, personne ne se souciant de sacrifier sa journée au public. C'est un fait singulier que cette indifférence de la capitale de l'empire, de « la ville de l'intelligence », en un jour où dans le dernier des villages de Bavière affluaient en masse vers l'urne du scrutin les électeurs ennemis de l'empire.

II

Les élections du 10 janvier, complétées par les scrutins de ballottage et par les élections d'Alsace-Lorraine, ont constitué à peu près comme il suit les divers partis : 20 conservateurs, 30 membres du parti de l'empire, 14 du parti libéral de l'empire, 148 nationaux-libéraux, 47 progressistes, 93 ultramontains, 4 particularistes hanovriens, 2 démocrates, 9 socialistes, 1 Danois, 12 Polonais, 15 Alsaciens-Lorrains, et 2 députés qui ne sont pas encore classés. Au premier moment, l'opinion n'a été frappée que de la révélation qui lui était faite du progrès des idées socialistes et ultramontaines : les socialistes ont en effet gagné sept sièges, et les ultramontains une quarantaine. Les récriminations éclatèrent dans la presse officieuse et dans la presse libérale, qui s'en prirent au suffrage universel comme à l'auteur de tout le mal. Les uns déclarèrent que le résultat était faussé par le grand nombre des abstentions; ceux qui s'étaient abstenus ne pouvant être que des partisans du gouvernement, il fallait, dans la prochaine législature, décréter le vote obligatoire. Les autres demandèrent qu'on rejetât au plus vite ce dangereux instrument et qu'on revînt au système électoral des classes. Peu à peu cependant les alarmes de la première heure se sont calmées. Les amis du gouvernement ont refait leurs calculs; en mettant ensemble les conservateurs, le parti de l'empire, le parti libéral de l'empire, les progressistes, les nationaux-libéraux, ils sont arrivés au total de 259 voix dévouées à l'empire : c'est 60 voix de plus que la majorité absolue. Nous aurons, ont-ils dit, des luttes à soutenir, beaucoup de tapage et de clameurs, mais il en faudra toujours venir au scrutin; là nous sommes assurés de la victoire.

Il est hors de doute que si l'empire était mis en question, les partis qui viennent d'être nommés réuniraient leurs votes pour le défendre. Quatre ou cinq peut-être parmi les conservateurs, ceux qui représentent le plus fidèlement le vieil esprit prussien, feront à M. de Bismarck une opposition systématique, et dans les questions religieuses voteront avec les ultramontains : le reste, qui a pris le nom de « nouveaux conservateurs », lui donnera ses suffrages, sans enthousiasme assurément; mais qu'importe? Les voix résignées comptent autant que les autres. Quant aux membres du « parti de l'empire », à ceux du « parti libéral de l'empire », des nuances [1] seulement les séparent du parti national-libéral, qui est par excellence le parti de gouvernement. Enfin les dispositions des progressistes ne semblent pas trop mauvaises. Ils ont été fort éprouvés dans la bataille : ici les ultramontains, là les socialistes, leur ont fait une rude guerre. Nationaux-libéraux et progressistes éprouvent à l'heure qu'il est ce sentiment de bonne camaraderie que professent les uns pour les autres des gens qui

---

1. Voyez p. 111 et 112.

ont le même jour essuyé le feu du même ennemi. Ainsi, dans toutes les circonstances graves, le gouvernement est assuré de la majorité; mais est-ce que le parlement d'Allemagne délibérera tous les jours sur l'existence même de l'empire? Non certes, et la voix qui oserait s'élever pour condamner l'œuvre de 1866 et de 1870 serait vite réduite au silence; mais il est des questions très sérieuses, déjà inscrites à l'ordre du jour, et qui pourraient bien diviser « la majorité nationale ».

Le discours lu par M. de Bismarck à l'ouverture de la session annonce deux projets de loi importants, l'un sur l'armée, l'autre sur la presse.

Le premier est déjà connu : l'empereur l'avait fait présenter à la dernière assemblée presque à la veille de sa séparation, et il s'était plaint vivement qu'on n'eût pas trouvé le temps de le voter; il l'a fait porter au nouveau parlement le lendemain de sa réunion. Le 16 février a eu lieu la première lecture. Les députés d'Alsace-Lorraine venaient de faire leur entrée dans la salle, quand M. de Moltke est monté à la tribune pour démontrer qu'il était nécessaire de voter sans changement la loi militaire : à ce prix seulement, l'Allemagne pourra garder sa conquête malgré la France, qui arme, et, au besoin, malgré l'Europe, « où l'Allemagne a gagné l'estime, mais non la sympathie des peuples ». Le *Reichstag* a beaucoup applaudi le vieux maréchal. Il se ferait scrupule de chagriner l'empereur, qui veut, avant de mourir, couronner l'œuvre formidable de l'organisation militaire allemande. Pourtant le projet sera très vivement discuté, surtout l'article premier, qui fixe à 401 659 hommes, sans compter les officiers et les volontaires d'un an, l'effectif de l'armée sur le pied de paix, « jusqu'à ce qu'une décision législative en ait autrement disposé ». Les progressistes ne veulent pas croire que la France soit aussi redoutable que M. de Moltke l'a dépeinte; ils ne concèdent point le chiffre élevé du contingent qui leur est demandé; surtout ils n'acceptent pas les derniers mots de l'article, qui enlèverait au parlement le droit de fixer chaque année le chiffre du contingent. Il faut donc détacher 47 voix de la majorité sur cette question; un déplacement de 15 autres voix suffirait à faire repousser l'article. Or M. Lasker, chef de la gauche des nationaux-libéraux, a fait, après le discours de M. de Moltke, des réserves sur l'article premier. S'il le veut, il n'aura pas de peine à trouver les 15 voix nécessaires pour faire échec au gouvernement sur un point capital de la loi militaire.

La loi sur la presse a été mal accueillie par les progressistes à la première lecture. Quant au parti national-libéral, il ne peut pas ne point réclamer la liberté de la presse : son passé l'y oblige, et, malgré son désir de ne point créer d'embarras au chancelier, il faudra bien qu'il ait quelques exigences, si petites qu'elles soient. Si M. de Bismarck se montre accommodant, tout ira bien; mais cet homme d'État n'est point un maître en fait de tactique parlementaire, et il s'en vante. Ce n'est pas impunément qu'il a eu si longtemps raison contre tout le monde. Il n'a point oublié que les alliés ne lui sont venus qu'au lendemain de sa victoire en 1866; ils ne lui ont imposé aucune condition : il n'en aurait d'ailleurs accepté aucune. Peu lui importe l'embarras des nationaux-libéraux, obligés de concilier leur passé avec le présent et de sauver au moins les apparences. De la hauteur où il est placé, M. de Bismarck n'aperçoit pas ces misères.

Des journaux disent que le parti national-libéral est décidé, pour éviter le conflit, à ne reculer devant aucun sacrifice. S'il en est ainsi, l'Allemagne politique va donner au monde un singulier spectacle. Il y a quelques années, sous le ministère Manteuffel, les catholiques renchérissaient sur les projets réactionnaires du gouvernement et repoussaient l'alliance que leur offraient les libéraux pour la défense de la liberté. Demain les catholiques se feront les champions de toutes les libertés et du suffrage universel : les libéraux voteront les projets de loi qu'ils ont autrefois repoussés. Que penser alors de cette « gravité allemande » tant vantée? Comment soutenir cette réputation d'honnêteté politique, de fidélité inébranlable, qu'on représentait jadis comme le privilège de l'Allemagne, tout en déplorant que ces vertus la rendissent ingouvernable? Autant d'Allemands, disait-on, autant d'opinions ; mais voici qu'il se découvre plusieurs opinions dans chaque Allemand, et que la foi politique varie avec les circonstances. Cette métamorphose rend plus facile, il est vrai, le gouvernement de l'Allemagne; mais un pays achète chèrement un pareil avantage, lorsque les partis perdent l'estime d'eux-mêmes et de leurs adversaires, et que la nation, scandalisée de ces volte-face, s'habitue à ne voir dans la politique que le jeu des intérêts et des passions.

Quoi qu'il arrive, les élections sont un fâcheux pronostic pour l'empire d'Allemagne. Le grand événement de la journée du 10 janvier est le succès des socialistes et des catholiques. C'est peu de chose assurément que la présence de 10 socialistes dans une assemblée de 397 membres. Le parlement d'Allemagne est plus placide que le nôtre; il écoutera les orateurs des « nouvelles couches sociales » toutes les fois qu'ils traiteront des questions dont il se préoccupe lui-même, travail des enfants et des femmes dans les manufactures, durée normale de la journée de travail, tribunaux d'arbitrage et de conciliation entre les patrons et les ouvriers. Il s'efforcera de démêler, au milieu des exigences dont il entendra la longue énumération, les prétentions raisonnables. Il rira quand le groupe socialiste proposera la suppression de l'armée permanente; il aura peut-être le tort de s'emporter contre certaines sottises, qui seront dites précisément pour le mettre en colère, puis il votera l'ordre du jour et reprendra ses travaux. Ce qui est grave, c'est que les 10 députés ont derrière eux dans l'empire une armée de près de 400 000 électeurs.

Nous avons décrit l'organisation des forces socialistes en Allemagne [1]. Les deux partis entre lesquels elles se divisent, le parti démocrate-socialiste et la Ligue générale des ouvriers allemands, se sont partagé les votes des ouvriers dans toute l'Allemagne, mais chacun d'eux a sa province particulière : la Ligue générale a recueilli dans le Schleswig-Holstein 45 000 voix sur 135 000 votants; les démocrates-socialistes ont obtenu dans le royaume de Saxe plus de 92 000 suffrages sur 310 000. Aux dernières élections en Saxe en 1871, ce parti n'y avait trouvé que 40 000 adhérents. Les moyens d'action de ces révolutionnaires s'accroissent tous les jours; le nombre des abonnés de leurs

---

[1]. Voyez le précédent chapitre.

journaux est en progression constante; les caisses de leurs différentes associations ont suffi aux frais de propagande électorale, qui ont dû être énormes. Des candidats socialistes se sont en effet présentés dans un grand nombre de circonscriptions, où ils ont groupé autour d'eux des minorités considérables. Le pire est qu'en lisant leurs journaux et les comptes rendus de leurs réunions, on voit que, repoussant plus que jamais l'idée d'une simple réforme, les ouvriers sont endurcis dans l'esprit de révolte.

Les socialistes de la chaire qui faisaient des efforts pour conjurer par des concessions le péril social, se croyaient assurés du succès; les associations fondées par eux enlevaient, disaient-ils, des milliers d'hommes au parti du désordre. Quelle illusion! M. Max Hirsch, président de ces associations, rédacteur en chef de leur journal, a vu les ouvriers enrégimentés par lui voter contre lui, et il a été complètement battu, à la grande joie des vrais socialistes, qui l'appellent ironiquement « notre petit Max! » M. Schulze-Delitzsch a été élu, il est vrai, dans deux collèges; mais quelle humiliation pour lui que d'avoir subi à Berlin un ballottage avec Hasenclever, le président de la Ligue générale! La sixième circonscription, où il s'était porté candidat, passait pour lui appartenir : c'est le quartier des ouvriers mécaniciens, réputés intelligents, modérés, incapables de se laisser prendre aux chimères socialistes. Cependant, comme Hasenclever a réuni plus de 5000 voix au second tour de scrutin, il faut bien croire que les mécaniciens ont voté en masse pour ce révolutionnaire. Pendant la lutte entre ces deux personnages qui représentent deux écoles si opposées, la presse ouvrière a poursuivi de ses injures M. Schulze, qu'elle appelle « le ridicule apôtre de l'épargne et de l'*aide-toi toi-même* ». L'homme qui a consacré toute une vie de dévouement à l'amélioration du sort des classes laborieuses, celui qu'on appelait jadis le « roi du royaume social », n'est plus qu'un vieux charlatan !

Les journaux socialistes avaient salué avec enthousiasme le jour du vote, « ce jour de liberté qui est venu enfin luire sur le travailleur, dont toute la vie se passe le reste de l'année dans la fabrique enfumée ou dans la fosse profonde des mines ! » Au scrutin, personne n'a manqué. Un ouvrier poète a composé une chanson pour la circonstance. On y trouve la devise : vivre en travaillant ou mourir en combattant, et ce joli couplet : « Nous ne nommerons pas un *noir* [1], mais nous ne nommerons pas non plus un *noir et blanc* [2]..., car le diable est noir et la mort est blanche : noir et blanc, quelle effroyable couleur ! Votons rouge ; rouge est la couleur de l'amour qui jaillit du cœur ! Votons rouge ; le rouge nous apporte la liberté ! » Ces paroles se chantaient sur l'air de *la Garde au Rhin*. Ce n'est donc pas seulement en France que les chants patriotiques deviennent des appels à la guerre civile. Nous avons *la Marseillaise de l'ouvrier*; l'Allemagne, *la Garde au Rhin* du travailleur.

Les électeurs socialistes n'ont pas suivi partout le conseil du chansonnier. Dans les scrutins de ballottage, où leurs suffrages devaient décider de l'élection, ils les ont résolument donnés aux candidats qui promettaient d'être le plus hostiles à l'empire, dût leur nuance s'éloigner beaucoup du rouge. A Francfort, M. Sonnemann, du parti démocratique, avait obtenu

---

1. C'est-à-dire un clérical.
2. Ce sont les couleurs de la Prusse.

au premier tour de scrutin 5016 suffrages, M. Lasker 4353, M. Schmidt, socialiste, 2366 voix. Le rouge de M. Sonnemann, qui est un riche banquier, est beaucoup moins foncé que celui des socialistes. Les ouvriers avaient d'ailleurs des griefs personnels contre lui : ils l'avaient mal accueilli et même insulté dans les réunions électorales; mais entre lui et le noir et blanc M. Lasker ils n'ont pas hésité. Hasenclever, président de la ligue, envoya de Berlin « aux confédérés de Francfort » un rescrit où, tout en déclarant que le parti a une égale haine contre Sonnemann et contre Lasker, il « requit » les socialistes de voter « pour le plus radical des deux candidats ». Les confédérés obéirent. Au second tour de scrutin, M. Sonnemann a été nommé par 7194 voix; c'est 2178 voix de plus qu'au 10 janvier, c'est-à-dire à peu de chose près le nombre des suffrages qui s'étaient portés sur le candidat socialiste.

A Mayence, un second tour de scrutin devait décider entre un national-libéral, M. Goerz, et un catholique, M. le chanoine Moufang. Les socialistes avaient d'abord parlé de s'abstenir, mais ils se ravisèrent. Dans une réunion publique qui avait attiré 3000 personnes, le socialiste Most, élu le 10 janvier dans une autre circonscription, fit d'abord le procès « au parti bismarckien des nationaux serviles »; puis, passant aux ultramontains, il repoussa pour son parti toute communauté avec les noirs; mais, dit-il, « grâce à l'habileté de l'homme de génie qui gouverne l'Allemagne, les catholiques sont aujourd'hui dans l'opposition. Les nationaux sont beaucoup plus redoutables qu'eux, puisqu'ils sont au pouvoir; ils peuvent nous mordre, tandis que les ultramontains n'ont plus de dents. Nous avions voulu nous abstenir; mais, si vous voulez choisir entre le bismarckien et l'ultramontain, ne prenez pas celui qui peut vous mordre; votez pour l'ultramontain, non par sympathie pour lui, mais par haine contre son adversaire. Il y a d'ailleurs deux sortes de jésuites : ceux qui préviennent le public par la robe noire qu'ils portent, et ceux qui se cachent sous la redingote. J'aime mieux un jésuite en robe noire qu'un jésuite en redingote! » Les socialistes usèrent de la liberté qui leur était laissée, et le chanoine fut élu grâce à leurs suffrages.

L'expression des sentiments que leurs succès ont inspirés aux révolutionnaires n'est pas rassurante. Leurs journaux raillent les alarmes des conservateurs, qui, à la vue du drapeau socialiste triomphant, « beuglent comme des bœufs qui ont vu du rouge ».

« Dans toute l'Allemagne, dit l'un d'eux, il n'y aura bientôt plus que deux partis, ceux qui possèdent et ceux qui ne possèdent pas, les exploiteurs et les exploités, les repus et les affamés!... Entre eux la lutte est déjà commencée, elle finira par la destruction de la vieille société. Allons, ouvriers socialistes, courage! Crions tous aux oreilles de ces gens d'ordre, de ces mangeurs de communards : « Vive la Commune! »

Le même jour, une autre feuille adressait une sorte de manifeste aux électeurs d'Alsace-Lorraine. Elle protestait « qu'elle ne connaissait point les frontières que les souverains tracent entre les peuples ». « La théorie de l'ennemi héréditaire, disait-elle, est odieuse et ridicule »; les travailleurs d'Allemagne et de France se doivent tendre la main et combattre ensemble : leurs obligations mutuelles n'ont pas changé depuis qu'à Strasbourg « le casque de Bismarck brille où flottait la bannière tricolore de France »!

Ainsi la plus grande partie des ouvriers d'Allemagne prend part à la vie politique ; refusant de suivre les réformateurs, elle n'espère que d'une révolution sociale l'amélioration de son sort. Elle est en guerre ouverte contre le gouvernement de l'empire, rejette tout compromis avec les partisans à un degré quelconque de la politique prussienne. Elle abjure, comme une erreur des temps passés, le patriotisme. Le royaume social où M. Schulze-Delitzsch vient d'être détrôné forme dans l'empire d'Allemagne comme un État à part.

Il y a des points de ressemblance entre l'opposition du parti ultramontain et celle du parti socialiste. Certes les catholiques d'Allemagne ont le droit de repousser l'injure d'une comparaison avec les gens sans patrie de l'Internationale; mais, en se souvenant qu'ils sont Allemands, ils n'oublient pas que leur Église est universelle. Ils lui attribuent en tous pays des droits imprescriptibles; ils rejettent comme païenne la doctrine de la souveraineté de l'État. La nationalité n'est à leurs yeux qu'une idole moderne : ils refusent de sacrifier à cette « Germania » qu'adorent les nationaux-libéraux, et aux pieds de laquelle a coulé le sang de tant de victimes humaines. Ils sont donc en état de révolte contre la philosophie hégélienne, qui déifie l'État, contre l'esprit protestant, dont l'étroite union avec la monarchie a fait la fortune de la Prusse, contre l'orgueil allemand, qui prétend que l'Allemagne suffit à tous les besoins intellectuels et moraux de ceux qui ont l'honneur d'être ses enfants.

Dans leur programme, ils réclament pour l'Église « la pleine souveraineté sur le terrain qui lui est propre », c'est-à-dire le droit d'administrer sa fortune, de régler les affaires du culte, d'élever ses prêtres, de les ordonner, de les déposer et de les reprendre, sans immixtion de l'État. En politique, ils donnent mandat aux députés « de combattre avec l'énergie la plus décidée le principe que tout droit vient de l'État ». Ils réprouvent l'abus qui est fait par « le libéralisme » du principe des nationalités au détriment des droits historiques (ceux des souverains par exemple), et demandent que l'empire d'Allemagne reçoive une forme fédérative sérieuse.

Mettez en face de ces principes ceux des nationaux-libéraux, contempteurs des droits historiques, adversaires acharnés du particularisme, partisans d'une Allemagne une et indivisible, et qui nous envient « les bienfaits de la centralisation » : le contraste est aussi complet que possible.

Or aujourd'hui, malgré les efforts du gouvernement et des libéraux, le parti catholique arrive au parlement d'Allemagne avec des forces presque doublées. Il a conservé ses chefs, MM. Reichensperger, Mallinkrodt, Windthorst, à qui les plus grandes colères de M. de Bismarck ne font point courber la tête. Il est fier des succès qu'il a remportés dans la province rhénane, c'est-à-dire dans la partie la plus éclairée, la plus industrieuse et la plus florissante de l'Allemagne. Cette force de résistance du catholicisme a surpris ses adversaires au point que beaucoup regrettent la lutte commencée; mais ceux-là mêmes estiment qu'il est impossible de reculer et qu'il faut aller jusqu'au bout de la voie périlleuse où l'on s'est engagé. Que va-t-il donc se passer? Le clergé ne s'est point soumis aux lois ecclésiastiques votées en mai 1873 : le gouvernement de Berlin en va proposer d'autres qui édictent des pénalités nouvelles. Il étudie les moyens de pourvoir à l'administration des diocèses en l'absence des évêques, qui seront emprisonnés et bannis. Il faut s'attendre à voir les évêques obliger le gouvernement à les frapper l'un après l'autre. Le cas est prévu, et les mesures nécessaires sont prises.

« Tous les évêchés, dit la *Gazette d'Augsbourg*, vont devenir vacants, et l'on ne pourra pourvoir à ces vacances… Un plus ou moins grand nombre de cures vaqueront aussi sans qu'on puisse y remédier. Peu à peu le service divin cessera; le ministère sacré sera en vain réclamé. Si cet état persiste quelques années, il n'y aura même plus de candidats à la prêtrise. Ainsi se prépare en Allemagne une interruption de la vie ecclésiastique… Il est clair que cela ne peut durer toujours. La question est de savoir qui, de l'État ou de l'Église, pourra le supporter le plus longtemps. Déjà l'État a pris ses mesures pour éviter le trouble qu'une telle situation pourrait jeter dans la vie publique; il a présenté la loi sur le mariage civil! »

Aucune puissance humaine ne peut intervenir dans cette lutte. M. de Bismarck n'a point à craindre d'ennemis du dehors; il y trouverait plutôt des alliés. C'est un combat en champ clos qui va se livrer, et personne ne peut dire quelle en sera l'issue. Aussi bien n'avons-nous pas à interroger l'avenir : il nous suffit de constater que les catholiques, comme les socialistes, forment à l'heure qu'il est dans l'empire une nation à part. Ils se sont mis au-dessus des lois, car ils ont écrit dans leur programme la maxime « qu'il vaut mieux obéir à Dieu qu'aux hommes ». Ils ont donné mission à leurs députés, qu'ils viennent de Silésie ou du Rhin, de Westphalie ou de Bavière, de représenter « le peuple catholique d'Allemagne ». Enfin la Ligue de Mayence a écrit dans son appel aux électeurs : « L'unité, chère à notre cœur, est plus que mise en question; *elle a péri*, étouffée dans la guerre qu'un parti puissant a déclarée au tiers de la population allemande. »

III

Le parti national-libéral, quelque irrité qu'il soit des progrès de ses adversaires catholiques et socialistes, se console en disant que son vieil ennemi, le particularisme, a disparu dans la lutte. En effet, le particularisme a joué un rôle secondaire même dans ces élections bavaroises qui ont donné au parlement, sur 48 députés, 32 ultramontains, au lieu de 16 qui avaient été élus en 1871. La Bavière a condamné la politique religieuse du chancelier, mais elle n'a imposé à personne le mandat de défendre contre les empiétements de la législation fédérale l'indépendance de sa couronne. En Wurtemberg, en Saxe, dans le grand-duché de Bade, dans la Hesse-Darmstadt, dans les états du Nord, aucune démonstration n'a été faite en faveur des dynasties locales. Le Hanovre, sur 15 députés, n'a élu que 4 « guelfes » ou partisans du roi George, parmi lesquels, il est vrai, M. le professeur Ewald, qui renouvellera certainement à la tribune l'anathème qu'il lançait à tout propos dans le premier parlement contre « l'œuvre immorale de 1866 ». Quant à la Hesse-Cassel, elle peut être considérée comme ralliée à la Prusse.

Seule la ville de Francfort a protesté contre l'annexion, par la faute des nationaux-libéraux qui avaient chargé publiquement leur candidat M. Lasker de « conquérir moralement » l'ancienne ville libre. Les adversaires de M. Lasker ont accepté la lutte sur ce terrain. M. Sonnemann, interpellé à propos d'un discours prononcé par lui dans le dernier parlement, où il avait flétri la conduite des agents prussiens en Alsace-Lorraine, a répondu en pleine réunion publique qu'un Francfortois ne peut point ne pas compatir à des misères que sa patrie a connues en 1866. A ce propos, il a rappelé l'entrevue de M. de Manteuffel avec les trois banquiers qui vinrent demander au général prussien le retrait de la contribution de 25 millions de florins dont la ville avait été frappée. Tout ce que put obtenir la députation, ce fut un délai de trois jours. « Mais, dit un des banquiers, que ferez-vous si l'on ne vous paye point à l'expiration du délai? Vous ne pouvez pourtant pas... — Je lis sur vos lèvres le mot *piller*, interrompit le général. Eh bien! oui, je ferai piller! — Pourquoi ne pas mettre plutôt le feu aux quatre coins de la ville, comme a fait Néron? » Alors M. de Manteuffel répondit avec un sourire : « Rome a été rebâtie plus belle après l'incendie. »

Au cours de la lutte électorale, le souvenir de 1866 a été constamment évoqué. Ne votez pas pour Sonnemann, disaient les nationaux-libéraux : « cet homme n'a d'autre souci que de réveiller dans notre ville, en dépit du changement des temps, les vieilles passions, et de prêcher la haine irréconciliable. » — « Élire un national-libéral, répondait M. Sonnemann, ce serait baiser la main qui nous a souffletés en 1866; vous ne le ferez jamais! » M. Sonnemann a été élu : Francfort n'a donc pas été moralement reconquise.

Enfin, dans le parlement d'Allemagne, le Danois M. Kryger, les 12 Polonais, les 15 Alsaciens-Lorrains représentent un particularisme d'une autre sorte que celui de M. Ewald ou de M. Sonnemann. Les Allemands, il est vrai, montrent pour les protestations de ces vaincus un dédain cynique. « Si les Alsaciens-Lorrains prennent plaisir à occuper le banc des rêveurs et à protester contre le monde brutal des faits, ce sera un spectacle regrettable, mais non dangereux. » Ainsi parle le principal organe des nationaux-libéraux. Vraiment ce parti est par trop confiant : il méprise trop d'ennemis à la fois.

M. de Bismarck n'est pas aussi satisfait que ses serviteurs feignent de l'être, et la mauvaise humeur qu'il laisse éclater aux yeux de l'Europe prouve qu'il ne se donne pas la peine de dissimuler ses sentiments. Il voit bien que le second parlement lui apprête des embarras qu'il n'a pas connus avec le premier. Il a encore une « majorité nationale », c'est-à-dire de députés qui acceptent le fait accompli, mais cette majorité, qui en 1871 comptait 307 députés sur 382, n'en a plus aujourd'hui que 259 sur 397. Les éléments dont elle se compose se sont modifiés. En 1871, les trois groupes conservateurs, c'est-à-dire les conservateurs proprement dits, les membres du parti de l'empire et ceux du parti libéral de l'empire, réunissaient 147 voix, les nationaux-libéraux et les progressistes 160 ; aujourd'hui les trois groupes conservateurs n'ont plus que 64 membres, les deux groupes libéraux en ont 195. En 1871, les conservateurs formaient donc à peu près la moitié de la majorité nationale ; ils n'en sont plus aujourd'hui que le tiers. Avec quelque amertume que M. de Bismarck leur ait souvent reproché de l'avoir combattu, il sait qu'il peut se fier plus tranquillement à un parti fidèle à son roi par principe et par tradition qu'à des libéraux qui soutiennent par occasion la politique du gouvernement. Enfin il est certainement frappé de la gravité de ce fait, que la minorité du parlement est composée d'adversaires irréconciliables de sa personne et de son œuvre. Une majorité de circonstance, une minorité intraitable, voilà le parlement d'Allemagne! La véritable vie politique est impossible dans le nouvel empire, ou, pour mieux dire, l'empire n'est encore pas fait.

Attaquer résolument le principal groupe ennemi, celui des ultramontains, et le détruire, telle est donc la nécessité qui s'impose aujourd'hui au gouvernement de l'Allemagne. La conclusion des dernières élections sera la lutte sans merci entre l'État et l'Église. Déjà le chancelier s'emporte furieusement contre ceux qui prétendent se mêler même par des paroles à ce combat. Il prend pour déclarations de guerre les marques de sympathie qui sont envoyées du dehors à ceux qu'il a désignés pour être ses victimes. Il veut que son adversaire sente son propre isolement et qu'il en soit découragé. Il faut qu'en France nous comprenions les raisons de cette colère. Il faut aussi que nous y prenions garde.

La presse allemande joue contre nous un jeu perfide. Elle épie chez nous tout acte, toute parole, toute pensée où se trahit la douleur que nos revers ont laissée dans nos âmes. Elle les dénonce comme la preuve d'une haine qui n'attend que l'occasion de se satisfaire, alors qu'elle-même, plus haineuse que jamais, prodigue à notre pays les insultes les plus grossières. Elle se fait adresser de Paris, sous forme de correspondances, des pamphlets quotidiens qui semblent sortir de la même officine. Elle présente à ses lecteurs avec une audace incroyable dans le mensonge, une France de fantaisie, confite en religion, dévote au Sacré Cœur, prête à partir en campagne contre Berlin et contre l'Italie, après avoir reçu la bénédiction pontificale.

Ces sottises troublent les cerveaux allemands : pendant la période électorale, ils ont vu les Français partout. Ce ne sont point seulement les ultramontains que les journaux ont accusés de préparer les voies à nos armées : le démocrate M. Sonnemann a été obligé de faire venir de Paris un certificat d'huissier dûment légalisé, pour prouver qu'il n'avait pas bu dans un banquet démocratique à la santé des conscrits alsaciens qui ont opté pour la France. Le certificat, couvert de noms français, a été placardé sur les murs de Francfort. Chaque jour, la presse du gouvernement nous a reproché de nous immiscer dans les affaires de l'empire. Il n'est si mince écrivain émargeant au fonds des reptiles qui ne se croie le droit d'adresser des « avertissements à la France » : c'est le mot à la mode dans la presse allemande.

Ces colères, vraies ou feintes, annoncent-elles des projets inquiétants? Il se trouve en Allemagne des patriotes qui regrettent d'avoir cru que le payement des cinq milliards nous empêcherait d'entretenir une grande armée; ils ne reculeraient pas devant une guerre nouvelle pour nous réduire à l'impuissance définitive. Le gouvernement impérial ne se laissera pas entraîner par ces énergumènes; mais le patriotisme nous défend de lui fournir aucune raison, aucun prétexte pour prendre ce ton hautain et comminatoire dont il use volontiers avec nous.

J'ai entendu en France de profonds politiques déclarer que notre pays doit reprendre, mais à rebours, le rôle de François Ier, de Henri IV et de Richelieu, et chercher chez les catholiques d'Allemagne l'appui que les protestants ont prêté à ces deux rois et au grand cardinal. Mais la France des XVIe et XVIIe siècles était dans la pleine force de la croissance, et les protestants d'Allemagne avaient une armée : où donc est l'armée des catholiques? L'empereur est le commandant en chef des forces de terre et de mer. Le jour où partirait de son cabinet l'ordre de mobilisation, les forces de terre et de mer obéiraient partout sans hésiter; que personne même dans notre aventureuse extrême droite ne garde à ce sujet d'illusions dangereuses! Quant aux témoignages de sympathie platonique que nos évêques envoient à leurs frères d'outre-Rhin, ils sont reprochés aux catholiques d'Allemagne comme une preuve de connivence avec l'ennemi, avant d'être le sujet d'entretiens diplomatiques entre M. de Bismarck et l'ambassadeur de France; ils compromettent donc ceux qu'ils veulent servir. En vérité, à quelque parti que nous appartenions, nous n'avons d'autre rôle à jouer dans la lutte des partis allemands que celui d'observateurs très attentifs et silencieux.

L'ÉMIGRATION ALLEMANDE [1]

La statistique de l'émigration allemande, publiée au début de l'année 1873, constate qu'on n'a jamais autant émigré d'Allemagne qu'en 1872. De Brême et de Hambourg sont parties 154 824 personnes; mais les chiffres relevés sur les registres de ces deux villes ne représentent que 70 pour 100 de l'émigration totale, car l'Allemagne a d'autres ports d'embarquement, et les déserteurs de la réserve ou de la *landwehr* prennent la voie de l'étranger. 215 000 personnes environ se sont donc expatriées en 1872. Le mouvement ne paraît point s'être ralenti l'année suivante; M. Nessmann [2], chef du bureau de statistique à Hambourg, a constaté qu'au bout des six premiers mois le chiffre de la période correspondante en 1872 était dépassé. La guerre la plus terrible, le fléau le plus meurtrier n'enlèverait donc pas à l'Allemagne autant d'hommes que fait l'émigration. Aussi nos voisins se préoccu-

---

[1]. Publié dans la *Revue des Deux Mondes* le 1ᵉʳ janvier 1874.
[2]. *Die deutsche Auswanderung*, von Nessmann. Leipzig, 1873, dans les Annales de l'Empire, de M. G. Hirsch.

pent et s'inquiètent des progrès constants du mal : ils calculent ce qu'il coûte à leur pays, ils cherchent à en pénétrer les causes et à découvrir les remèdes.

L'émigration coûte très cher à l'Allemagne, d'où elle fait sortir chaque année un capital considérable. D'abord chaque émigrant emporte avec lui en argent, vêtements et outils une certaine valeur. D'une enquête faite à New-York en 1856 sur l'état de fortune de plus de 100 000 arrivants, il est résulté que chacun d'eux apportait en moyenne 100 thalers (375 francs); mais la plupart avaient cru que cet interrogatoire cachait quelque arrière-pensée fiscale et s'étaient faits plus pauvres qu'ils n'étaient. M. Kapp, ancien commissaire de l'émigration à New-York [1], raconte qu'un jour, pendant cette enquête, il vit un paysan répondre aux questions qu'on lui adressait en montrant 24 dollars contenus dans son porte-monnaie. Il lui expliqua qu'il s'agissait uniquement de prouver aux Américains que l'émigrant d'Allemagne n'était point un mendiant : l'homme aussitôt tira son portefeuille, où il cachait une lettre de change de 2700 dollars; chacun des trois grands garçons qu'il amenait avec lui portait une pareille somme dans sa poche. Assurément on ne trouverait point parmi ces exilés volontaires beaucoup d'aussi riches familles, mais il en est très peu qui arrivent dénués de ressources, et nous pouvons sans exagération évaluer à 150 thalers l'apport de chaque personne. Les calculs des Américains concordent avec ceux des Allemands. Or il est arrivé aux États-Unis depuis 1819 environ 2 500 000 Allemands; il est donc

---

[1]. *Ueber Auswanderung,* von Friedrich Kapp. Berlin, 1871.

sorti d'Allemagne plus de 375 millions de thalers, c'est-à-dire 1 milliard 400 millions de francs.

Si élevé que soit ce chiffre, la perte de travail causée par l'émigration en représente un bien plus considérable. Ceux qui s'expatrient sont pour la plupart de bons ouvriers : à peine 2 pour 100 d'entre eux sont des non-valeurs, c'est-à-dire des incapables ou des aventuriers. Ils sont solides, autrement l'Amérique ne les recevrait pas : une loi interdit le débarquement d'un émigré boiteux, aveugle, sourd ou vieux. Les trois quarts sont dans l'âge que les économistes appellent productif, qui commence à quinze ans et finit à soixante. La proportion des hommes entre quinze et trente ans est des deux tiers. Enfin, si parmi les enfants emmenés par les émigrés les garçons et les filles sont en nombre à peu près égal, au-dessus de la vingt-cinquième année le sexe masculin est deux fois plus nombreux que l'autre. « L'expérience a démontré, dit M. Kapp, que ce sont surtout les hommes forts, entreprenants, résolus qui émigrent. »

Les Allemands ne font point de gaieté de cœur un tel présent à l'Amérique ; il y a dans le soin qu'ils mettent à en estimer la valeur pécuniaire une sorte d'amertume. Ils comptent que l'éducation d'un adulte arrivé à l'âge de quinze ans a coûté 750 thalers, ce qui représente le double aux États-Unis, où l'argent a moitié moins de valeur qu'en Allemagne. Un homme fait apporte donc un capital de 1500 thalers ; mais il faut tenir compte des enfants et des femmes, pour lesquels les statisticiens allemands veulent bien s'arrêter au chiffre moyen de 500 thalers par tête. Ajoutez cette somme aux 150 thalers apportés argent comptant, et vous arrivez à trouver 1625 millions de thalers, c'est-à-dire plus de 6 milliards de francs.

Ce n'est pas tout : une fois établis, les émigrés contribuent aux progrès de la population et de la fortune publique dans leur nouvelle patrie. Si les États-Unis étaient fermés à l'étranger, le surcroît du nombre des naissances sur celui des morts marquerait seul le progrès de la population. Ce surcroît étant de 1,38 pour 100, la population, qui était en 1790 de 3 230 000 âmes, aurait dû être en 1870 de 10 millions d'âmes : elle s'élevait à 38 millions et demi. Sans l'immigration, ce chiffre n'eût été atteint que dans quarante ans. La fortune publique a marché d'un pas aussi rapide : depuis 1840, les revenus de l'État se sont élevés de 25 millions de dollars à 74 millions; ils ont donc triplé en trente années. Les Allemands s'attribuent une très forte part dans ces progrès. Ils sont parmi les immigrants les plus nombreux après les Irlandais, et ils disent avec raison qu'ils apportent plus d'argent et plus d'instruction que ceux-ci. Au travail de leurs ouvriers, ils ajoutent celui de leurs ingénieurs, de leurs officiers et de leurs professeurs ; à les entendre, l'Union leur est redevable de bienfaits de toute nature. Pendant que le bras de nos paysans défriche le sol, dit l'auteur d'une remarquable étude sur l'émigration [1], à la ville s'exerce l'intelligence allemande, et « peut-être l'Amérique doit-elle à ce nouvel élément d'avoir mis fin aux abus de la bureaucratie, en cultivant la science allemande et ces vertus allemandes qu'on nomme l'amour du travail et la bonne foi ».

Ces prétentions paraissent exagérées aux Améri-

1. *Vorschläge zur Beseitigung der Massen-Auswanderung*, von H. v. H.

cains, à qui elles laissent à peine le droit de se croire pour quelque chose dans la prospérité de l'Amérique; mais, en faisant leurs réserves sur ces vanteries, ils se reconnaissent les débiteurs de ces millions d'hommes qui font à flots jaillir la richesse de leur sol vierge. Parmi les fugitifs de l'ancien monde, ils préfèrent et recherchent ceux qui viennent d'Allemagne. D'autres États d'Amérique imitent l'exemple de l'Union : une maison d'Anvers vient de traiter avec des agences allemandes pour se procurer 40 000 hommes dont elle a le placement assuré au Brésil.

La mère patrie trouve-t-elle au moins quelque dédommagement à tant de pertes, dont le compte est si pénible aux statisticiens d'Allemagne? Absolument aucun. L'émigration n'est pas un remède à l'excès de population, car elle se recrute surtout dans les parties d'Allemagne les moins peuplées et où le manque de bras se fait le plus vivement sentir. La province du Rhin et la Silésie ont par mille carré, la première 7466 habitants, la seconde 5175 : or la province du Rhin n'a fourni à l'émigration en 1871 et 1872 que 0,14 pour 100 de sa population, la Silésie 0,12 pour 100. Au contraire, les provinces de Prusse et de Poméranie, qui n'ont que 2825 et 2674 habitants par mille carré, ont perdu, dans la même période, la première 0,66, la seconde 1,46 pour 100 de leur population. Enfin il n'est pas vrai que l'émigration préserve le pays des dangers du socialisme, car elle enlève beaucoup plus de paysans que d'ouvriers. Ceux qui partent emmènent tous les leurs avec eux et prouvent qu'ils ont l'amour de la famille, c'est-à-dire le sentiment le plus capable de défendre un homme des folies révolutionnaires.

Le départ de tant de pères de famille inquiète d'autant plus les économistes qu'ils voient croître dans les villes le nombre des ouvriers célibataires. Dans un discours prononcé au début de 1872 devant la chambre des députés de Prusse, le ministre de l'intérieur, après avoir parlé de l'émigration en homme qui en comprend toute la gravité, signalait la décroissance de la population rurale dans deux cent vingt et un cercles. Il attribuait le fait à la guerre, à l'émigration, mais surtout à l'attrait que les villes exercent sur le paysan pauvre. Arrivé à la ville, celui-ci trouve la société de ses camarades et du plaisir dans les mauvais lieux. A la campagne, il se fût marié; à la ville, il se passe plus aisément d'une famille et n'en prend point la charge. Aussi est-il difficile de l'attacher quelque part; cet émigré à l'intérieur voyage par toute l'Allemagne, s'engage le cœur léger dans toutes les grèves et quitte son patron à la première querelle. C'est de gens de pareille sorte qu'est composée l'énorme population flottante de Berlin : en 1871, elle comptait 211 452 individus, parmi lesquels un tiers de partants et deux tiers d'arrivants. Parmi ces derniers, 3 104 seulement avaient une famille; 123 087 étaient des célibataires venus à Berlin pour y mener, comme on dit en Allemagne, « une existence catilinaire ». Comment nos voisins ne s'affligeraient-ils pas de faits pareils, eux qui mettent l'esprit de famille à la base de toutes leurs vertus?

On peut voir à Hambourg dans la même journée deux spectacles bien différents. Le jour, dans les rues et sur les quais, de solides campagnards, à l'air honnête, accompagnés de leurs femmes et de leurs enfants, font les derniers préparatifs avant de quitter pour toujours leur patrie. Le soir, dans les clubs socialistes, des ouvriers à mine moins avenante discutent des théories étranges sur la famille et la patrie. C'est l'opinion de Karl Marx, leur chef, que la famille actuelle est un produit historique, et qu'elle devra un jour « être reconstruite suivant les principes de la raison pure ». La question est souvent traitée dans les assemblées ouvrières. A Berlin, dans une réunion de la Ligue générale des travailleurs, Hasenclever démontrait un jour que, lorsque l'exploitation par le capital aurait cessé, la prostitution cesserait du même coup : l'État communiste prendrait à sa charge l'éducation des enfants, et la coutume d'attacher la femme à l'homme par un lien juridique n'aurait plus de raison d'être. Un autre orateur parla plus clair encore. « Une femme, dit-il, qui dispose librement de son amour, n'est pas une prostituée : c'est la femme de l'avenir. »

La comparaison entre les travailleurs qui partent et ceux qui restent montre que l'émigration allemande, loin d'atténuer le mal social, l'aggrave.

Dans une des nombreuses dissertations écrites en Allemagne sur ce sujet, j'ai lu que l'Allemand est porté à l'émigration par la nature philosophique et cosmopolite de son esprit. Une telle cause ne peut agir que sur un nombre d'individus très petit en tout temps, et que les derniers événements ont bien réduit au delà du Rhin. Contre l'impuissance politique de l'ancienne Allemagne et les misères de l'existence dans les petits États, l'Allemand cultivé avait recours aux spéculations de la philosophie et de la science, qui le menaient au cosmopolitisme. L'orgueil, qui est dans la race, l'excitait au mépris de sa patrie, qu'il trouvait petite. Quand il pouvait, il émigrait, comme fit un jour ce comte de Schlavendorf, qui, sans prévenir personne, quitta son château de Silésie, chevaucha tout seul jusqu'à Paris, et cinquante années durant y vécut dans la solitude et l'obscurité. Avant de mourir, il ordonna qu'on gravât sur sa tombe ces mots : *Ci-gît un citoyen qui a pendant soixante-dix ans cherché une patrie.* S'il avait vécu jusqu'à nos jours, cet homme serait sans doute retourné en Allemagne pour y mourir. Il aurait, comme beaucoup de philosophes de son espèce, célébré la politique d'un ministre qui ne se pique point de philosophie. Des repentis de cette sorte sont revenus même d'Amérique, comme pour montrer que le cosmopolitisme allemand a cessé le jour où l'orgueil allemand a été satisfait. Encore une fois d'ailleurs, ces sentiments ne sont pas ceux de tous ces pauvres gens qui s'expatrient par centaines de mille. Même dans la noble et docte Allemagne, le principal souci de la masse des hommes est de satisfaire le vulgaire besoin de boire et de manger.

Pour expliquer l'émigration par masses, d'autres écrivains disent qu'elle n'est point un fait nouveau, puisque les Allemands ont toujours émigré. Ils rappellent l'histoire des Cimbres et des Teutons, celle des Germains du ive siècle et des chevaliers teutoniques du xiiie. L'auteur des *Vorschlæge* réfute judicieusement cette nouvelle erreur. Je n'ai pas bien compris, il est vrai, la différence qu'il fait entre les émigrations grecques, romaines ou néo-latines et celles des deux peuples germaniques. Il a raison de dire que l'envoi d'une colonie grecque ou latine était une entreprise politique, dirigée par l'État, et qui avait pour effet d'accroître la puissance et le renom de la métropole; mais que signifie cette théorie que les anciennes émigrations allemandes, comme celles des Cimbres et des Teutons, sont l'acte « d'individus cherchant le développement de leurs forces et de leur individualité en se mettant au service de l'idée dominante d'une époque »? Il eût été difficile que les Cimbres et les Teutons fussent envoyés au delà des frontières par un État quelconque, puisqu'il n'y avait point d'État en Germanie, et je cherche en vain quelle idée dominante a pu les guider, si ce n'est celle de trouver de bonnes terres. Ces barbares l'ont avoué naïvement à Marius, qui vint si mal à propos les arrêter dans le « développement de leur individualité ». L'auteur eût mieux fait de se borner à dire qu'il n'y a point de ressemblance entre ces migrations anciennes et l'émigration contemporaine : celle-ci est un fait moderne; elle date du siècle dernier, et n'a pris que depuis vingt ans de grandes proportions. Le seul moyen d'y remédier, c'est d'en chercher les vraies causes, au lieu de s'arrêter à des niaiseries qui sentent à la fois l'orgueil et le pédantisme.

L'étude raisonnée des statistiques peut seule enseigner ces causes. Les premières qui donnent des informations précises datent de 1832. C'est l'année où Brême commence à tenir ses registres; Hambourg a imité cet exemple quatre ans plus tard. Jusque-là d'ailleurs l'émigration n'avait pas eu d'importance. Il est vrai qu'en 1818 20 000 Allemands partirent pour les États-Unis; mais c'était un accident, produit par la famine de 1817. L'Union ne reçut, chacune des années suivantes, que quelques centaines d'émigrés. A partir de 1832, les chiffres s'élèvent. Pourtant le nombre des émigrants, qui devait dépasser en 1872 200 000, n'a été, de 1832 à 1839, que de 12 000 personnes environ par année. Pourquoi en quarante ans une telle différence et ce progrès inouï du fléau?

Voici d'abord un fait dont il faut tenir compte. La propagande la plus redoutable n'est point celle des agents spéciaux des compagnies d'émigration, qui arrivent chez le paysan au temps où la vente de bestiaux lui a donné quelques centaines de thalers, pour faire briller à ses yeux les séductions de la terre d'Amérique. Le paysan sait très bien que l'agent touche une prime par tête d'enrôlé : il est donc en défiance contre son éloquence; mais il croit volontiers ses parents, ses amis, les camarades de son enfance ou même quelque inconnu d'un village voisin, dont on lui communique les lettres venues d'Amérique. L'émigration s'alimente ainsi d'elle-même, et plus elle croît, plus elle a chance de croître encore.

Les bateaux à vapeur et les chemins de fer l'ont rendue beaucoup plus facile. Autrefois le voyage était plein de dangers. Aujourd'hui encore, sur le pont des bateaux qui partent de Brême ou de Hambourg, les émigrants se racontent d'horribles histoires du temps passé, qui sont vraies. Au siècle dernier, des agents hollandais allaient recruter en Allemagne de pauvres gens, les entassaient sur de mauvais bateaux, et les soumettaient à de telles privations que beaucoup mouraient en route. La traversée était bien longue : le missionnaire Yungmann a raconté un voyage qui dura vingt-cinq semaines, pendant lesquelles moururent 108 passagers sur 156, la famine ayant sévi sur le bateau mal approvisionné. Il n'y avait pas de bâtiments spéciaux pour les émigrés. Un entrepreneur louait l'entrepont d'un navire, où il mettait le plus de pas=

sagers qu'il pouvait. Chacun devait s'être pourvu des vivres nécessaires et faire lui-même sa cuisine; mais, comme il y avait trois ou quatre cuisines pour quelques centaines de personnes, la plupart vivaient de mets froids, et ce mauvais régime les exposait au mal de mer, au typhus et au choléra. De 1847 à 1848, 20 000 Allemands ou Irlandais moururent en chemin. Au débarquement se tenait comme un marché d'esclaves. Pour payer leur transport, les émigrés signaient des contrats par lesquels ils aliénaient leur travail pour plusieurs années : les plus vigoureux étaient naturellement les plus recherchés, et souvent les membres d'une même famille étaient obligés de se séparer.

Aujourd'hui l'émigrant est humainement traité. Les bateaux de Brême et de Hambourg ont installé des cuisines communes; des inspections d'hygiène sont faites au départ et à l'arrivée; enfin la navigation à vapeur a grandement réduit la durée du voyage. De 1856 à 1869, la proportion des émigrés voyageant par bateau à vapeur s'est élevée de 5 à 88 pour 100. La mortalité n'est plus que de 1 sur 1000. La traversée se fait donc dans les meilleures conditions possibles, et l'appréhension qu'elle causait autrefois a disparu. Or, dans le temps où s'accomplissait ce progrès, les États-Unis multipliaient leurs chemins de fer, et par là ouvraient à l'activité des pionniers étrangers l'immense région du *Far-West*, qui seraient demeurée déserte, si les moyens de locomotion étaient encore ceux du siècle dernier. Aujourd'hui le voyageur met moins de temps à traverser le continent de l'Atlantique au Pacifique qu'il n'en fallait, il y a vingt ans, pour aller de New-York au lac Érié : le domaine de l'émigrant s'est agrandi à l'infini. La force d'attraction s'est donc accrue au moment même où les obstacles s'aplanissaient sur la route.

Le grand développement de l'émigration de 1832 à 1872 est dû en partie à ces causes pour ainsi dire extérieures; mais l'histoire d'Allemagne peut seule faire comprendre les variations constatées par la statistique au cours de cette période. Il n'y a point de doute que les troubles politiques qui ont agité le pays à la suite de notre révolution de 1830 ont déterminé le progrès subit qu'on remarque dans les années suivantes. A partir de 1845, une nouvelle crue se produit. La moyenne annuelle, qui, de 1840 à 1844, était de 14 600 émigrants, monte à 36 700 de 1845 à 1849, à 77 000 de 1850 à 1854 : c'est l'effet d'une série de mauvaises récoltes, mais aussi des agitations révolutionnaires. Elle s'abaisse à 54 400 de 1855 à 1859, puis à 41 600 de 1860 à 1864 : le rétablissement de la tranquillité en Allemagne et l'explosion de la guerre civile aux États-Unis expliquent cette décroissance. Sitôt au contraire que la paix, rétablie en Amérique, est troublée en Allemagne, les gros chiffres reparaissent : de 1865 à 1869, la moyenne est de 107 670; enfin le chiffre le plus élevé se présente après la guerre de France. Tout événement qui trouble le travail favorise donc l'émigration, mais aucun avec autant de force que la guerre. Nous avons coutume en France d'insister beaucoup sur ce point, et nous croyons que l'horreur du service militaire est la seule cause des émigrations. Nous nous trompons. Elle est une cause, mais non la seule.

Il est vrai que le peuple en Allemagne n'est point belliqueux. L'officier seul, élevé pour la guerre, aime la guerre. Il la considère comme une fonction nationale. Il n'a point assez de mépris pour l'économiste et le libéral qui qualifient d'improductives les dépenses militaires. En 1866, un colonel, après avoir dans une brochure additionné les contributions, réquisitions et indemnités de guerre perçues par l'armée prussienne, conclut ainsi : « Voilà ce que l'armée a gagné ; ce qui prouve que de bonnes troupes ne sont pas toujours improductives, comme le prétendent les théoriciens politiques. » L'argument est devenu plus fort après la guerre de France. L'officier a reçu d'ailleurs « la culture allemande ». Il est tout pénétré de l'idée de la supériorité de sa race. S'il est croyant, il se considère comme un instrument de la Providence ; s'il est philosophe, il pense que l'histoire du monde se réduit « au combat pour l'existence », où le plus fort a le droit et même la mission d'écraser le plus faible. Il trouve à la guerre des satisfactions de toute sorte qui ne peuvent être goûtées par l'homme du commun. Quant au simple soldat, toute sa théorie sur la guerre est exprimée par ce mot, qu'il a si souvent répété pendant l'invasion : « Grand malheur, la guerre ! » Il sait bien que les impôts seront plus lourds même après la victoire. En fait de combat pour l'existence, il connaît celui qu'il lui faut tous les jours livrer pour gagner son pain et celui de sa famille. Au retour d'une campagne, le combat est plus rude : la longue interruption du travail a consommé les économies ; l'avenir apparait plus sombre. L'instinct populaire sait que la guerre engendre la guerre, et le peuple n'a point cru l'empereur Guillaume, quand il a déclaré en recevant la couronne à Versailles que l'empire serait la paix. Aussi en 1871, parmi les émigrés prussiens, ceux qui sont partis sans permission, c'est-à-dire évidemment les déserteurs de la réserve et de la *Landwehr*, forment le tiers du nombre total. Dans le seul cercle d'Inowraclaw, de la province de Posen, 1102 personnes ont été poursuivies pour fait de désertion. L'introduction de la loi militaire prussienne dans les pays annexés en 1866 a certainement contribué beaucoup à l'énorme émigration qui en six années y a enlevé plus de 170 000 personnes.

Cependant il faudrait que l'émigration fût répartie également sur tout l'empire pour qu'on pût l'attribuer uniquement à l'effet d'une loi qui pèse sur l'Allemagne entière. Il n'en est pas ainsi à beaucoup près. Certaines provinces sont de préférence visitées par le fléau. Que ce soit la guerre qui sévisse, ou la cherté des vivres, ou la révolution, ces causes diverses agissent avec plus de force à l'Est qu'à l'Ouest. Une observation prolongée démontre que l'on a toujours beaucoup plus émigré au delà qu'en deçà de l'Elbe. Le fait ne peut s'expliquer ni par la densité de la population — nous l'avons déjà dit —, ni par la pauvreté du sol, car le Mecklembourg et la province de Posen, qui fournissent le plus d'émigrés, sont favorisés par la nature. C'est le mauvais régime de la propriété qui est la cause permanente du mal.

L'Elbe est la frontière historique qui sépare l'Allemagne proprement dite des pays slaves qu'elle a conquis. Sur la rive droite, les conséquences de la conquête durent encore. Il y a là d'immenses domaines seigneuriaux; la petite propriété y est rare et le code civil prussien en empêche le développement. La loi prussienne, en effet, donne à l'immeuble à la fois le caractère d'une propriété collective et celui d'une propriété personnelle. Quand la succession est ouverte, un seul héritier reçoit le bien-fonds, mais il dédommage les autres en argent. La part des cohéritiers est considérable : s'il y a plus de quatre enfants, elle s'élève aux deux tiers de la valeur totale de l'immeuble. Dès l'entrée en possession, il faut donc recourir au crédit. Le grand propriétaire trouve à emprunter; mais que fera le petit cultivateur? « Son bien, dit encore l'auteur des *Vorschlæge*, lui arrive souvent endetté par son père de la moitié de sa valeur. Il cherche à joindre les deux bouts, mais une échéance vient après l'autre, les revenus ne suffisent pas à payer les dettes; il vend et part pour l'Amérique. »

La vente de quelques lots, qui tirerait le cultivateur d'embarras et peu à peu amènerait le morcellement des grandes propriétés, est à peu près impossible, car il ne se trouve peut-être pas un seul bien dans tout l'Est qui ne soit grevé d'hypothèques, dont chacune pèse sur l'ensemble du domaine. Ce système produit l'endettement à outrance : « Les inscriptions s'accumulent; la mobilité des titres les fait passer de main en main, et le propriétaire ne sait plus s'il lui reste quelque chose de son bien, ou s'il n'est point l'administrateur du bien d'autrui. » Il ne peut aliéner une parcelle sans l'agrément de tous les créanciers hypothécaires, sans un long travail d'arpentage et d'estimation. S'il succombe à la fin, le domaine est vendu tout entier par autorité de justice. Les ventes de cette sorte sont très fréquentes. Du 1er mai 1867 au 30 avril 1869, il y en a eu 14 442 en Prusse, et la part des provinces de l'Est dans ce total est très considérable.

Ainsi dans les provinces orientales « il est d'une part impossible au petit propriétaire de garder son bien et à l'artisan d'acheter une motte de terre; d'autre part, les grands biens sont surchargés de dettes... En haut, les ventes par autorité de justice; en bas, l'émigration, qui croît sans cesse.

La conquête a laissé d'autres traces dans ce pays. A proprement parler, la vie communale n'y existe pas : l'administration des communes appartient à la seigneurie d'où elles relèvent. La propriété d'un domaine seigneurial confère le patronage sur une ou plusieurs communes, et le propriétaire, que ce soit une ville, l'État ou un particulier, nomme le maire, le juge et l'instituteur. Aucun lien ne réunit donc les habitants de ces pauvres villages; ils n'ont point d'intérêts à débattre, de devoirs à remplir en commun, rien en un mot qui les attache au sol. Il est singulier que les provinces qui sont le berceau de la monarchie prussienne soient les moins favorisées. L'école y laisse beaucoup à désirer : la gratuité de l'enseignement primaire n'y est point étendue à tous ceux qui en ont besoin; les instituteurs mal rétribués se recrutent plus malaisément que dans le reste de la Prusse. Dans l'Allemagne occidentale, beaucoup de villes importantes et les petites capitales offrent mille ressources pour l'étude; au delà de l'Oder, il n'y a qu'une université, celle de Kœnigsberg; Bromberg, qui en a demandé une, n'a pu l'obtenir.

Le pays n'est pas convenablement pourvu de voies de communication. Frédéric le Grand a montré que la construction de canaux, si facile dans cette plaine largement arrosée, était le meilleur moyen de vivifier l'agriculture de ces contrées; mais depuis un siècle l'exemple de Frédéric a été oublié. Dans les projets de créations nouvelles de chemins de fer, l'Est n'a point sa part. A l'exception d'un tronçon de l'*Ostbahn*, la province de Posen n'a pas de chemins de fer de l'État.

Ses compagnies privées ne reçoivent aucun subside. 120 millions de thalers vont être dépensés dans les pays les plus riches de la monarchie, qui ont seulement besoin de raccorder les lignes nombreuses qui les traversent, et pas un *groschen* n'est destiné à la malheureuse province qui possède en tout un réseau de 52 milles pour une superficie de 532 milles carrés. Enfin jusqu'à ces derniers temps la frontière était mal armée du côté de la Russie : on y va construire une double rangée de forteresses de premier ordre. Les patriotes sont rassurés, mais leur orgueil n'est pas satisfait : ils voudraient que la partie de l'Allemagne qui confine au grand empire slave fût toute pénétrée de culture allemande, riche et forte, au lieu d'être abandonnée au régime d'institutions mauvaises qui l'appauvrissent et la dépeuplent.

Entre ces pays et ceux de l'Ouest, le contraste est complet. La province rhénane est régie par le Code Napoléon, et le partage égal des biens y est de règle. La propriété est souvent petite, mais le paysan lui demande et elle donne beaucoup. Dans un pays riche en voies de communication, les produits ont un marché plus étendu et gagnent en valeur. Les sociétés de crédit, inconnues dans l'Est, où elles courraient de trop grands risques, prêtent leur assistance aux cultivateurs : caisses d'épargne, sociétés de production, de consommation, d'assurances mutuelles, s'y multiplient et prospèrent. Si le partage amène un tel morcellement que l'exploitation devienne impossible, le paysan vend le bétail et le mobilier, mais il garde la maison entourée d'un jardin, et se fait ouvrier de culture ou d'industrie : les ouvriers de cette sorte sont les meilleurs, parce qu'ils sont fixés au sol et défendus contre la propagande des agitateurs socialistes. En un mot, dans la province du Rhin, l'aisance est partout répandue, parce qu'un grand nombre d'hommes ont part à la propriété. Aussi quelle différence d'aspect entre le pays du Rhin et celui de la Vistule! « Dans l'Ouest, dit l'écrivain allemand, tout revêt un vif coloris. Il est rare aujourd'hui d'y rencontrer des fermes isolées; le commerce, l'agriculture, l'industrie, se mêlent et se soutiennent; les champs, morcelés à l'infini, offrent à l'œil une variété de couleurs qui le réjouit. Dans l'Est, le voyageur trouve la solitude; des champs de pommes de terre à perte de vue, par endroits une cheminée qui fume, une propriété qui annonce la fortune; mais ailleurs un village désert, des maisons abandonnées, de triste apparence et près de s'écrouler; puis vous rencontrez çà et là un contrôleur d'impôts à cheval, un juif en voiture, un prêtre qui chemine, et c'est tout! »

C'est parce que l'amour de la propriété ne peut être satisfait dans ces malheureuses provinces que la population n'y a point de racines. Elle se déplace à la moindre occasion qui lui est offerte. En ce moment, la Prusse pousse ses travaux militaires du côté de la France; les entrepreneurs, pour faire baisser les salaires, ont envoyé dans l'Est des racoleurs qui, l'argent à la main, ont embauché quantité de terrassiers et de maçons. Mais ce sont les pauvres qui se résignent à cette condition. Les paysans qui peuvent disposer d'une centaine de thalers écoutent les choses merveilleuses qu'on leur conte sur l'Amérique. Ils savent qu'au delà de l'Océan le travail étant très recherché, la main-d'œuvre est à très haut prix, tandis que la terre est à bon marché. Ils vont donc chercher aux États-Unis l'existence indépendante qu'il ne leur est pas permis d'espérer en Europe. Ils savent bien qu'il leur faudra renoncer à leur nationalité, car l'Union veut s'approprier les forces vives qu'elle attire à elle, et l'émigrant ne devient propriétaire sur son territoire qu'après avoir acquis le titre de citoyen américain. Pourtant ils n'hésitent pas, et ils disent adieu à la patrie sans esprit de retour.

Selon leur habitude, les Allemands étudient consciencieusement ce mal de l'émigration qu'ils veulent guérir. Ils n'essayent pas de se tromper eux-mêmes, comme nous faisons trop souvent, par des illusions voulues. Quand le gouvernement prussien est interpellé au sujet de l'émigration, au lieu de chercher des échappatoires, il expose les faits sous les plus sombres couleurs. Mettre toujours les choses au pis, telle est, en Prusse, la devise du ministre de l'intérieur comme du ministre de la guerre. Un gouvernement n'en saurait trouver de meilleure, car en la pratiquant il ne s'expose pas à mesurer mal la grandeur de l'effort qu'il doit faire.

Dans le cas présent, la tâche sera longue et difficile. Les esprits sérieux ne se sont pas arrêtés à certains moyens superficiels qui ont été proposés, comme la suppression des agences ou la restriction par des mesures de police de la liberté d'émigrer. On ferait ainsi la fortune des agents secrets, qui presque toujours sont des agents malhonnêtes. Un plus grand soin des intérêts des provinces orientales, les réformes politiques civiles et économiques capables de créer la vie communale et provinciale, de favoriser la division de la propriété et d'en accroître la valeur, peuvent seuls arrêter le flot qui monte sans cesse. Il faudra de la persévérance, — les Allemands n'en manquent pas, — mais aussi du temps et de la tranquillité, chose malaisée à trouver dans l'état où la politique prussienne a mis le vieux continent [1].

1. Depuis que cette étude a été écrite, plusieurs des réformes souhaitées ont été accomplies. Par exemple, la loi sur les cercles (*Kreisordnung*) a mis fin aux patronats seigneuriaux ; mais il reste à faire beaucoup pour les provinces orientales.

LA
CRISE ÉCONOMIQUE
EN ALLEMAGNE [1]

La France et l'Allemagne ont donné au monde, pendant ces dernières années, un spectacle inattendu. Un pays écrasé par la défaite et condamné à payer une indemnité de guerre colossale se remet au travail avec ardeur et inspire confiance au monde entier. Tout en déblayant les ruines de la guerre étrangère et de la guerre civile, il devance les échéances fixées par un créancier impitoyable. Un autre pays, passé tout d'un coup à l'état de première puissance du monde, perd le sentiment du possible et du réel. Il se croit aussi riche qu'il est victorieux, spécule sur cette imagination, et s'aperçoit, après qu'il a célébré des triomphes et distribué les trophées des batailles gagnées, que son industrie et son commerce sont compromis, son honneur même atteint par le scandaleux abus de l'improbité financière. Il est naturel que les Allemands aient

---

1. Publié dans la *Revue des Deux Mondes*, le 15 novembre 1876.

fait d'amères réflexions sur ces désastres qui suivaient de si près leurs victoires, pendant que les Français trouvaient une sorte de compensation à leurs défaites dans les succès de leur travail national.

De part et d'autre, on s'est fort peu enquis des causes vraies de la crise allemande, et l'on s'est contenté de la plus apparente. Les 5 milliards, où les Allemands avaient vu d'abord une source inépuisable de richesses, ont été par eux accusés de tout le mal; l'explication, qui n'est pas faite pour nous déplaire, a été sans peine acceptée chez nous. Vous eussiez dit, il y a deux ans, que nos vainqueurs nous auraient proposé la restitution de l'indemnité, s'ils n'avaient craint de notre part le refus d'accepter ces milliards empoisonnés. Maintenant que la crise vient de finir en Allemagne, il est plus facile d'en découvrir les causes et d'en mesurer l'étendue.

I

Le mal dont l'Allemagne a souffert n'est point nouveau : il a sévi en France, en Angleterre, en Amérique; il a mis l'Autriche à deux doigts de sa perte. Il est, pour partie, l'effet des conditions économiques où vivent les sociétés contemporaines. La multiplicité des communications rapides et la pratique du libre échange ont uni les uns aux autres les divers pays du monde plus étroitement que n'étaient jadis les provinces d'un même État. Le marché s'étant élargi, la production s'est accrue. Elle a fait des merveilles, créé la richesse où était l'aisance, l'aisance où était la misère; mais, dans l'ardeur du travail et du succès, industriels, commerçants, ouvriers, en sont venus à tenir pour radotages quelques maximes de bon sens, et pour surannées des lois perpétuelles. Quoi de plus simple que cette loi : La production doit se régler sur la consommation? et pourtant elle a été partout plus ou moins oubliée. Il est vrai qu'il est aujourd'hui difficile, sinon impossible, de connaître la limite où la production dépasse les besoins. Autrefois, le commerce se faisait sur un marché connu et délimité; l'argent était quasi le seul moyen d'échange et il était beaucoup plus rare qu'aujourd'hui; producteurs et consommateurs se connaissaient pour ainsi dire et se consultaient les uns les autres. Le producteur contemporain croit avoir l'infini devant lui ; il se procure très aisément du crédit. Tous les moyens d'outre-passer les limites de la raison et de la prudence lui sont offerts : il en use.

La mobilisation des fortunes est le plus important phénomène de la vie économique actuelle. Elle a rendu possibles de grandes et utiles affaires, que les efforts de capitalistes isolés n'auraient su mener à bonne fin. Elle a donné toute leur importance aux bourses, qui reçoivent l'offre et la demande de capital. Malheureusement elle alimente la passion du jeu, et l'excite par des tentations continuelles. Le jeu même rend des services en retenant à la Bourse des capitaux qui peuvent être employés plus tard en entreprises utiles; mais, outre qu'il gaspille une grande somme d'activité intellectuelle, puisque le travail de deux joueurs dont l'un s'enrichit et dont l'autre se ruine se compense et s'annule, il fait perdre à ceux qui le pratiquent la notion de la valeur.

Un pays où la passion du jeu gagne, de proche en proche, toutes les couches de la population, court les plus grands dangers : il cesse de chercher ce gain durable et régulier que donne le seul travail. En temps normal, le capitaliste, grand ou petit, se rend compte de la probabilité du gain en étudiant à la fois l'affaire où il s'engage et les conditions générales du marché du travail et du marché d'argent : il fait vraiment œuvre économique; l'intérêt public marche de pair avec son intérêt particulier. En temps de crise, le capital cherche uniquement dans une affaire le bénéfice que lui procure un mouvement de hausse produit par la spéculation. Tout paraît d'abord réussir aux joueurs, d'autant mieux qu'ils n'arrivent pas d'un coup à la pure folie, et que les premières affaires où ils s'engagent sont sérieuses et solides; mais bientôt le succès les surexcite. Ils se jettent dans des entreprises même mauvaises, avec la pensée de s'en retirer à temps. Ils créent des richesses de convention et de fraude. Le public se laisse abuser, et un antagonisme redoutable s'établit entre le *prix*, qui est un effet de la spéculation, et la *valeur*, qui résulte des choses elles-mêmes.

L'oubli de cette vérité si simple, que le prix doit toujours être en rapport avec la valeur, a les plus funestes conséquences; un enchérissement général se produit sur tous les objets nécessaires à la vie. Signe de bien-être, disent les esprits superficiels, qui ne voient point que la grande majorité souffre sans compensation de cette hausse de tous les prix et peu à peu restreint la consommation! Cependant un jour les lois qui ont été violées reprennent leur empire : la fausse richesse s'évanouit; on s'aperçoit qu'il n'y a pour un pays d'autre façon de s'enrichir que de créer des valeurs nouvelles; le prix normal s'impose et la différence s'exprime par une perte nette. Ce n'est pas tout : la panique égare les têtes les plus rassises. Après avoir spéculé sur les brouillards de la lune sans hésiter, on entre en défiance contre les affaires les plus sûres. La fureur de la baisse succédant à la fureur de la hausse, le prix est dépassé en descendant, comme il l'a été en montant. Quand l'équilibre se rétablit enfin, quelques hommes se sont enrichis et ont gardé leurs richesses; un plus grand nombre les ont dissipées en mauvaises affaires ou en luxe ruineux et improductif; tous on laissé, chemin faisant, quelque vertu, l'estime d'eux-mêmes et des autres, la régularité de la vie, l'amour du travail honnête et tranquille. Un désordre social survit à l'orgie financière.

Le mal que nous venons de décrire a été ressenti en Allemagne avant la guerre. A la vérité, le pays était prospère en 1869. Il se constituait à l'état de grande nation. La vivacité du mécontentement chez les princes dépossédés et chez leurs fidèles n'empêchait pas que l'opinion publique ne fût très satisfaite. Cette heureuse disposition, pénétrant tous les esprits, y mettait cette sorte de bonne humeur qui stimule tout à la fois à travailler et à jouir de son travail. Les craintes d'une guerre avec la France, qui avaient été vives après Sadowa et au temps de l'affaire de Luxembourg, s'apaisaient. L'Allemagne était donc assez près de cet état parfait où la consommation et la production croissent ensemble. Le travail et l'argent disponibles trouvaient un emploi assuré, sans être égarés par des succès extraordinaires, ni troublés par la crainte d'un péril prochain. L'équilibre était marqué par le prix normal de chaque chose, par le rapport raisonnable de la rente au capital et du salaire au travail. C'était, comme a fort bien dit M. Œchselhaüser [1], un de ces moments qui ne font guère parler d'eux, comme les bonnes femmes de ménage : on sait ce qu'ils valent quand ils sont passés. Pourtant le germe du mal était dans cette prospérité; la confiance menait à l'audace; un mauvais exemple pouvait entraîner nombre d'hésitants, qui ne demandaient qu'à tenter la fortune.

Personne n'a plus contribué à donner ce mauvais

---

1. *Die Wirthschaftliche Crisis*, von W. Œchselhaüser. Berlin, 1872.

exemple que le docteur Strousberg. Il y avait des parcelles de génie chez cet homme; mais que de maux il a causés! Le moindre, c'est la ruine de tant de familles auxquelles il a donné la misère, après leur avoir promis la fortune. L'éclat de ses triomphes a corrompu en Allemagne les plus grands comme les plus humbles. Le « docteur merveilleux » — c'est ainsi qu'on l'appelait — avait ses mercenaires : il savait le prix exact de plus d'une conscience allemande. Il éprouvait du dégoût à voir comme il était adulé, à lire les études « psychologiques » qu'on publiait sur lui, à entendre des écrivains demander gravement si Strousberg, « le roi des chemins de fer », n'avait point rendu plus de services à la patrie allemande que le « comte de fer », qui est M. de Bismarck. Une cour de ducs se pressait autour de ce monarque parvenu, qui leur témoignait une grande bienveillance. Comme on s'enrichissait à sa suite, son cortège s'allongeait sans cesse. C'est après la guerre seulement que cette grandeur écroula; en 1870, elle était encore intacte; elle faisait rêver bien des honnêtes gens et bien des aventuriers.

 La déclaration de guerre calma l'ardeur des financiers. La Bourse berlinoise n'eut qu'une très médiocre confiance dans les destinées de la patrie allemande. Elle qui devait bientôt couvrir d'or tant de mauvais papiers, elle laissa tomber de 105 à 80 les *consolidés prussiens*, une valeur qui ne pouvait périr qu'avec l'État lui-même. En même, temps le commerce, grand et petit, refusait à l'envi les billets de la banque de Prusse, et il se faisait un énorme agio sur l'argent et sur l'or. Le parlement de la confédération avait, à l'unanimité, voté un emprunt de 125 millions de thalers, qui fut émis au taux modeste de 88 ; 3 millions à peine furent souscrits à la Bourse de Berlin. Par une coïncidence étrange, la souscription avait lieu le jour même de la bataille de Wissembourg. Le lendemain, quand la nouvelle de la victoire fut connue, les financiers eurent des remords ; ils voulaient se disputer les restes de l'emprunt ; mais le ministre des finances les leur refusa, pour les donner avec un cours beaucoup plus élevé à une maison de banque. Celle-ci fit encore une très belle affaire, car l'emprunt s'éleva bientôt au-dessus du pair.

Cependant les victoires succédaient aux victoires, et la paix dépassait bientôt les espérances des plus ambitieux patriotes. L'unité germanique était consolidée. L'Allemagne avait un empereur. Maîtresse chez elle, elle se sentait maîtresse du monde, et elle était résolue à le devenir en toutes choses. Elle entendait conquérir la première place sur les marchés, ou, tout au moins, prendre celle que la France avait laissée vacante. Elle comptait sur la « force de travail » de son peuple, sur les merveilles qu'allait produire le génie germanique appliqué au commerce et à l'industrie. A ce moment arrivèrent les milliards. S'ils n'ont pas été la cause directe de la catastrophe, ils l'ont aggravée. L'idée très fausse se répandit que la richesse publique s'était considérablement accrue. La Bourse feignit de croire que ce Pactole était inépuisable, et aussitôt, à l'étourdie, elle se jeta dans des folies malhonnêtes.

Il est inexplicable que le gouvernement de l'empire n'ait pas vu le danger. Il savait que l'argent conquis devait, en très grande partie, être employé à payer les frais de guerre, à indemniser les blessés et les parents des morts, à refaire le matériel, à élever de nouvelles forteresses, en un mot à toutes sortes de dépenses qui sont d'intérêt public, mais ne peuvent être considérées comme productives. Il ne devait pas laisser croire que les milliards étaient pour toujours versés dans les affaires; cependant il ne fit rien pour prémunir le public contre de dangereuses illusions. En remboursant l'emprunt de guerre, il commença par mettre en circulation beaucoup d'argent, qui prit tout de suite le chemin de la Bourse. Bientôt arrivèrent les premiers payements de l'indemnité, faits le 30 septembre 1871 et le 31 mars 1872. Le marché eut dès lors une physionomie inquiétante. La dernière moitié de la contribution de guerre était attendue; l'État aurait dû l'employer de telle sorte qu'elle ne refluât pas sur les Bourses allemandes, eût-il dû pour cela retirer un moindre intérêt de son argent. Une partie des versements du 30 septembre 1872 et du 30 août 1873 fut bien consacrée à des achats d'or à l'étranger et à des payements aux divers États d'Allemagne; mais tout le reste revint à la Bourse sous forme d'achats de fonds, d'avances sur titres et d'escompte de papiers. Alors l'équilibre déjà compromis fut rompu, et l'État, pour avoir agi comme un banquier qui cherche les plus gros intérêts, prit sa part de responsabilité dans le désordre économique.

II.

Déjà ce désordre éclatait de toutes parts. Au premier moment, la spéculation s'était portée sur des valeurs étrangères, américaines pour la plupart, sur l'*Alabama-Chattanoga*, l'*Oregon and California*, sur les obligations de vingt-six compagnies de chemins de fer d'Amérique, toutes affaires promettant des intérêts énormes. Depuis longtemps elles ne trouvaient plus preneurs dans le Nouveau-Monde : Francfort et Berlin leur firent bon accueil. Les Bourses de ces deux villes portèrent aux cours de 70 et de 90 des papiers aujourd'hui cotés 10 et 20, et qui ne payent plus aucun intérêt. Mais l'Allemagne était assez riche désormais pour se ruiner sur des valeurs allemandes. Justement une loi votée quelques jours avant la guerre, avait ouvert une carrière à tous les esprits aventureux.

Le 11 juin 1870, le parlement de l'Allemagne du Nord avait affranchi les sociétés par actions de la formalité d'une autorisation préalable. La loi était irréprochable. La société par actions a certains avantages sur la société commerciale : elle réunit plus aisément les gros capitaux aujourd'hui réclamés par les entreprises industrielles; mais elle a ses dangers. Rarement le directeur d'une société administre avec autant d'économie et d'honnêteté pour le compte des actionnaires que l'associé pour ses coassociés et pour lui-même. Le contrôle sur les directeurs est mal exercé par les conseils de surveillance, et l'expérience a montré que les assemblées générales sont peu propres à suppléer à cette insuffisance : elles ne recourent le plus souvent à des mesures énergiques qu'après que le mal est irréparable. Mais le plus grand défaut de la société par actions, c'est qu'elle figure sur la cote de la Bourse; elle devient un objet de spéculation dans ces moments de crise où le public cherche le bénéfice que donne le jeu, non plus le dividende durable que procurent la bonne gestion et la bonne qualité d'une affaire. Votée en 1867, la loi n'eût pas produit en Allemagne tant d'effets malheureux : la crainte continuelle d'une guerre avec la France aurait entretenu dans les esprits une prudence salutaire; mais quatre mois ne s'étaient pas écoulés depuis la promulgation, qu'on pouvait escompter déjà l'heureuse issue de la guerre. La spéculation s'empara de l'instrument qui lui était présenté.

Elle ne commença point par des excès; les premières sociétés établies ont rendu et rendent aujourd'hui encore des services. A partir de 1872 seulement se multiplient les fondations hasardeuses et malhonnêtes. D'innombrables banques leur viennent en aide. Avant la guerre, quarante-huit banques, représentant un capital de 847 millions de marcs (plus d'un milliard de francs), figuraient à la cote de la Bourse berlinoise; de 1871 à 1873, quatre-vingt-quinze banques nouvelles, représentant un capital versé de 150 millions de marcs, y font leur apparition. Dans le même temps, la circulation des billets non couverts par l'encaisse métallique atteignait 730 millions de marcs. Comme il était impossible d'employer en affaires solides les capitaux qui affluaient et réclamaient un emploi immédiat et lucratif, ces établissements de crédit, à peine ouverts, se livrèrent à des opérations de bourse ou créèrent des sociétés nouvelles. De 1790 à 1870, il s'était fondé en Allemagne, sous le régime de l'autorisation, environ 300 sociétés par actions; 780 ont vu le jour en Prusse pendant les années 1871 et 1872 : cela fait plus d'une société par vingt-quatre heures. Que l'on n'ait point trouvé tout d'un coup la quantité d'hommes expérimentés et honnêtes qu'il aurait fallu pour conduire tant d'entreprises, cela se conçoit aisément. Les aventuriers eurent toutes portes ouvertes; avec eux entrèrent dans les affaires la légèreté, la prodigalité, la filouterie.

On est embarrassé pour le choix des exemples qui peuvent donner une idée de ce dévergondage. Peut-être cependant est-ce l'histoire des « sociétés pour constructions » qui fait le mieux voir l'origine, le caractère, les effets de la crise. Les spéculateurs sur le bâtiment sont partis d'un certain nombre de principes abstraits. Par une série de transitions hardies, ils ont conclu des victoires à l'enrichissement, de l'enrichissement à la nécessité de changer la façon de vivre du peuple allemand. Berlin ne s'était-il pas élevé fort au-dessus des autres villes d'Europe par la gloire de ses enfants? Avant la guerre déjà, Berlin était la « capitale de l'intelligence »; après la guerre, on disait communément « la grande capitale du monde, *die grosse Welthauptstadt* ». Comme il sied à un homme tout d'un coup enrichi de faire nouvelle figure parmi les autres hommes, d'acheter un mobilier nouveau, d'agrandir sa maison ou d'en bâtir une plus belle, il faut qu'une ville tout d'un coup illustrée se transforme, jette les vieilleries par terre, construise de belles rues et les orne de palais. Mais Berlin n'est « qu'une perle de ce collier de villes » dont s'enorgueillit la vieille Allemagne! Il faut à Cologne, à Bonn et à toutes les villes que baigne le Rhin, il faut à Francfort, la cité impériale du temps jadis, à Hanovre, qui fut si longtemps capitale avant d'être préfecture prussienne, à bien d'autres encore, leurs quartiers neufs, leurs boulevards et leurs parcs avec des fontaines jaillissantes.

Des sociétés financières se sont donc mises à l'œuvre. Je n'en puis rapporter ici tous les noms. Après avoir énuméré *Nord-End, Ost-End, Süd-End, West-End, Thiergarten, Thiergarten West-End, Unter den Linden, Passage, Centralstrasse, City, Königstadt, Belle-Alliance, Cottage*, ainsi nommées par les lieux où s'exerçait leur activité, il faut s'engager dans un vrai labyrinthe de noms : *Banque berlinoise pour les constructions, Société berlinoise pour les constructions de maisons, Société générale pour les constructions de maisons, Association germano-hollandaise pour les constructions, Société allemande pour les constructions, Société prussienne pour les constructions, Banque prussienne pour les constructions, Banque provinciale pour les constructions, Banque provinciale pour les constructions et le commerce, Banque générale pour le commerce et les constructions, Banque centrale, Banque impériale...* J'en passe, car plus de cent sociétés pareilles naquirent dans l'Allemagne du Nord et du Centre.

Tout ce monde se mit à l'œuvre avec ardeur; d'énormes capitaux furent appelés et versés; chaque jour, de nouveaux projets se produisirent, et voici ce qui advint d'abord. Les créateurs des sociétés voulaient remédier à la « disette des logements »; le premier effet de leurs spéculations fut une hausse énorme sur les loyers. Cette hausse avait commencé le jour où la tribu des financiers, prenant joyeusement possession de « la capitale du monde », avait installé ses banques et les bureaux de ses sociétés, ses directeurs, ses administrateurs, ses agents, dans les plus belles rues, les plus belles maisons et les plus beaux appartements. Mais voici que les journaux et les *prospectus* parlent de la « disette des logements », et prononcent les mots d'expropriation, de percement de voies nouvelles. En même temps, la population de Berlin s'accroissait. Alors la propriété foncière prend une valeur inconnue à Berlin, car elle y était grevée d'hypothèques pour les quatre cinquièmes de son prix, et les familles riches aimaient mieux louer que bâtir. En quelques jours, tout changea : bâtir devint plus économique, et l'on bâtit avec fureur. Berlin vit s'élever des palais, et tout un quartier neuf, peuplé de jolies maisons, entoura le *Thiergarten*. Ce n'est pas tout. On achète des maisons, non pour les garder, mais pour les revendre; tel immeuble passe en un jour par dix mains. L'acte d'acquisition d'une maison est une valeur très disputée à la Bourse. Les propriétaires sont assiégés par des acheteurs; grand est leur embarras, car dans cette hausse fiévreuse ils ne savent plus à quel taux céder. On m'a raconté à Berlin l'histoire d'un de ces malheureux qui, après avoir exigé 120 000, 150 000, 200 000 thalers d'une maison, avait fini par la vendre

250 000. Quinze jours plus tard, il sut qu'une banque l'avait rachetée 400 000 thalers. De désespoir, il se pendit.

Ces folies n'étaient point pour diminuer « la disette de logements ». Avant 1870, le loyer représentait déjà dans le budget domestique un sixième du revenu. En 1872 et en 1873, le loyer eût pris le tiers du revenu d'une famille aisée, si elle ne s'était point décidée à choisir quelque appartement plus modeste. Les logements de 2000 à 5000 thalers, autrefois très rares, abondèrent. Tout ce qui était ouvrier, petit commerçant, petit rentier, employé, dut s'éloigner des quartiers du centre. Les hommes de profession libérale émigrèrent aussi. Dans le tranquille quartier qu'on appelait autrefois quartier des « conseillers intimes », le conseiller intime s'est fait très rare. L'érudit, l'artiste ou l'écrivain ne se rencontre presque plus dans le *West-End*, près de la porte de Potsdam, où il habitait. S'il ne s'est point transporté au faubourg, il a dû céder à plus riche que lui le premier étage, qui s'appelle en allemand *die Beletage*. Quant aux pauvres, comme les plébéiens de l'ancienne Rome, ils quittèrent une ville où ils n'avaient plus de place. A défaut du mont Sacré, ils plantèrent sur un terrain sablonneux, hors des portes, cette ville de *Barackia*, faite de haillons, de poutres vieillies et de wagons réformés. Ce n'est pas sans orgueil que les feuilles locales signalaient à l'attention des étrangers cette colonie poudreuse : Berlin devenu trop petit, n'était-ce pas le signe des temps nouveaux? On allait d'ailleurs remédier au mal, et très vite : un statisticien a calculé que, si les sociétés et les banques de construction avaient exécuté leurs projets, elles auraient bâti une ville pour 9 millions d'habitants.

Malheureusement la plupart ne bâtirent rien et n'eurent jamais dessein de rien bâtir. Elles faisaient des plans de construction, traçaient des routes, des quartiers, et marquaient la place des marchés. Puis, afin d'attirer le chaland, elles offraient à bon compte et l'emplacement et de l'argent pour aider à l'entreprise ; mais les chalands ne vinrent guère, et ceux qui s'aventurèrent ne trouvèrent pas leur compte. Cependant les actions se plaçaient : l'actionnaire recevait de si beaux dividendes, pris naturellement sur le capital même! Hélas! La comédie ne pouvait durer : l'acheteur ne venant pas, la faillite est venue. Pour ne citer que quelques exemples, la *Banque centrale* donne, une année, 43 p. 100 de dividende ; ses actions sont à 420 ; elles sont aujourd'hui à 25. L'*Ost-End* a donné 11 p. 100, est monté à 120, redescendu à 12. Le *Landerwerb-und-Bau-verein* a donné 40 p. 100, est monté à 200, redescendu à 15. Le *West-End* a donné 15 p. 100, est monté à 125, redescendu à 1. Le *Nord-End* a donné 20 p. 100, est monté à 140 : aujourd'hui il est coté 0.

Faut-il conter quelques-unes des histoires comiques ou tragiques de ces sociétés? Un grand propriétaire imagine de fonder une colonie qui s'appellera *Friedenau*. Là les gens de petite fortune, employés retraités, professeurs, artistes, hommes de lettres, trouveront asile loin des bruits et de la fumée des fabriques, loin de la vue des « maisons de prolétaires ». Une société de *Friedenau* commence avec un capital de 10 000 thalers, qu'elle élève bientôt à 400 000 ; elle distribue des dividendes fabuleux la première année, et pousse ses actions à 200 : elles sont aujourd'hui à 15. De dividende, il n'est plus question ; quant à la ville projetée, elle compte 60 maisons, difficiles à louer.

Parlerai-je de la société *Berlin-Charlottenbourg*, de cette magnifique rue Impériale, qui fut tracée de Steplitz à Charlottenbourg? Il n'y manque aujourd'hui que des maisons, et les troupeaux paissent encore sur les terrains à bâtir. Il faut aussi une mention à la société du *West-End*, qui avait entrepris l'établissement d'une colonie de villas, sur la route de Spandau, derrière Charlottenbourg, au point où s'élève une de ces collines chauves, brûlées par le soleil et tourmentées par tous les vents, qui rompent, sans y ajouter le moindre charme, la monotonie désolée de la plaine de Brandebourg. Ici encore de larges rues sont tracées; elles portent des noms poétiques : *rue des Acacias, des Platanes*, etc. On projette un grand casino, un restaurant de premier ordre, un château d'eau. *West-End* ne suffisant pas, on aura *Neu-West-End*, où sera enclavé le château du « Repos dans les bois ». De ce *Schloss* partira vers le vieux palais de Berlin une avenue superbe, « la plus belle, la seule avenue du monde ». L'avenue est encore en projet; quelques maisons déparent la solitude des rues *des Acacias* et *des Platanes*. Les actions, qui sont montées à 225, sont aujourd'hui à 1.

Pendant que quelques industriels s'appliquaient de la sorte à embellir les environs de la capitale, d'autres donnaient leurs soins à la capitale elle-même. Ne fallait-il pas à Berlin des passages, un Palais-Royal, un Grand-Hôtel? Ils voulurent d'un coup lui donner tout cela. Une société fut fondée pour la construction et l'exploitation d'un passage entre *les Tilleuls* et la *rue Frédéric*. L'opération, commencée avant la guerre, fut mise sur un plus grand pied après la victoire : des deux côtés de la haute et large galerie furent installées des boutiques, des salles de restaurant et de concert. Tout était prêt le 22 mars 1873, jour anniversaire de la naissance de l'empereur et roi. Guillaume Ier honora de sa présence la fête d'inauguration de la « Galerie impériale ». La société donna un souper et un bal, puis elle attendit les locataires ; mais l'établissement avait coûté si cher, que les loyers étaient énormes. Les concerts firent faillite ; les salles de restaurant et de fêtes demeurèrent vides. Aujourd'hui un café y a quelques chalands, et un *panopticum* où l'on exhibe des figures de cire est le principal ornement du lieu.

Quant au Palais-Royal de Berlin, il est demeuré à l'état de projet, et le Grand-Hôtel n'a vu le jour que pour périr de mort violente. La réclame avait annoncé un hôtel comme il ne s'en trouvait qu'à Paris et à New-York : 262 chambres, un ascenseur, un *Sonnenbrenner*. Le jour de l'inauguration, l'empereur le premier monta dans l'ascenseur. Un dîner de 258 couverts fut servi ; le préfet de police y porta un toast « au succès de la grande entreprise à laquelle Sa Majesté elle-même, comme elle l'avait prouvé par sa visite impériale, s'intéressait remarquablement ». Dix jours après, hôtes et serviteurs s'enfuyaient éperdus de l'hôtel modèle ; vêtements, linges, tapis, meubles pleuvaient par les fenêtres. Le feu était dans la maison, et la maison était si légèrement construite, qu'il en eut raison très vite. Ainsi finit « l'Hôtel Impérial ». La glorieuse épithète n'a point porté honheur : la rue Impériale attend ses maisons, la Galerie Impériale ses locataires ; l'Hôtel Impérial eût attendu sans doute ses voyageurs, n'était l'incendie. Il y aurait de quoi s'inquiéter, si l'esprit germanique, inaccessible à toute faiblesse, ne laissait la superstition aux dégénérés des races latines.

Les pertes causées par ces sociétés folles sont considérables. Le capital de celles qui ont figuré à la seule Bourse de Berlin monte à 100 millions de thalers, que la hausse des premiers temps a portés à 400 millions. Un très grand nombre sont dissoutes; celles qui restent périront à leur tour, car les hypothèques dont elles sont chargées dépassent la valeur réelle de leurs terrains. La propriété foncière berlinoise est grevée plus qu'elle ne l'a jamais été : les inscriptions hypothécaires ont dépassé les mains-levées en 1869 de 9 millions de thalers, en 1871 de 20 millions, en 1872 de 79 millions.

Cependant d'autres sociétés se proposaient cent objets divers : exploitation de brasseries, de fabriques de produits chimiques, de fabriques de draps, de papier et de machines, de filatures, de manufactures de toute sorte. Ici encore la loi du 11 juin 1870 a enfanté des monstres. En 1871 et en 1872, tout devient matière à sociétés par actions. « Dans un vallon solitaire, écrit un journal financier, vous rencontrez une cheminée abandonnée : d'un coup de baguette, cette ruine est transformée en fabrique de machines. Sur une colline tourne un moulin à vent; le corps est vieux, les ailes délabrées : voilà de quoi faire une *Société par actions des moulins réunis*. Au bord d'un ruisseau pourrit une vieille barque : c'est le commencement d'un *Lloyd*. Avec une boutique de charpentier, vous avez les éléments d'une *Société de livraisons de matériaux de construction*. Que sais-je? Bons bourgeois, veillez sur vos blanchisseuses! Si vous les laissez errer seules dans les rues, l'*inventeur* les rencontrera; il les embauchera dans une « blanchisserie par actions ».

Les propriétaires d'établissements anciens et prospères étaient sollicités jusqu'à l'importunité par des hommes qui voulaient acheter leurs maisons pour les exploiter. Très rares furent ceux qui résistèrent, comme ce propriétaire du plus grand établissement métallurgique de Berlin, qui refusa 12 millions de thalers. Ces récalcitrants, par exemple un « entrepreneur de nettoyages de garde-robe », firent lithographier leurs lettres de refus. Le très grand nombre céda; des maisons jusque-là très solides furent ainsi compromises; mais le moyen de résister? Un fabricant de machines reçut une telle somme d'argent, qu'il distribua 50 000 thalers entre ses employés et ses ouvriers avant de les quitter. Naturellement l'industriel et le commerçant compromis allaient au-devant des propositions, ou bien se mettaient eux-mêmes à la tête d'une société par actions. Il suffisait de s'adresser au banquier qui avait la vogue pour de telles entreprises; le banquier vendait cher sa signature, et 10 000 thalers n'étaient point pour le tenter; mais cette signature amenait les actionnaires, et les actionnaires d'une affaire véreuse ne sauraient se payer trop cher.

M. Glagau [1] raconte l'histoire de la fondation d'une de ces sociétés. La voici avec des noms d'emprunt. M. Durand, qui veut vendre sa fabrique, est mis en rapport avec M. Dupont, entrepreneur de sociétés par actions. La fabrique vaut 250 000 thalers : en considération de la grandeur des temps, Durand demande 400 000 thalers. Accordé, mais après qu'il a été bien entendu que, si Dupont ne réussit pas dans l'entreprise, Durand reprendra son bien sans indemnité.

1. Voyez la note, p. 246.

Dupont s'abouche alors avec des amis et camarades. On se partage les rôles du syndicat de fondation, de premiers signataires, de membres du conseil de surveillance, de président, etc. Cela fait, deux des amis et camarades, MM. Leloup et Renard, fondent une société qu'ils nomment la société *le Vulcain*, et ils passent devant notaire l'acte, où ils indiquent en termes vagues que l'objet de l'entreprise est l'acquisition d'une fabrique de machines.

Le même jour, Leloup et Renard achètent à Dupont la fabrique de Durand au prix de 1 million de thalers. Au préalable, ils ont fixé le montant du capital par actions à 1 200 000 thalers; l'excédent, soit 200 000 thalers, sera employé comme « capital d'exploitation », car il faut donner une impulsion vigoureuse aux travaux de la fabrique.

Le même jour, devant le même notaire, se tient l'assemblée générale solennelle de la société *le Vulcain*. Sont présents Dupont, Leloup, Renard, plus MM. Lajoie, Fortuné, Lenoir et Leblanc, en tout sept personnes. Ce sont les premiers actionnaires du *Vulcain* : ils apportent le capital de 1 200 000 thalers, sur le papier bien entendu, car jusqu'à présent il n'a pas été remué un rouge liard par qui que ce soit. Sans désemparer, les sept actionnaires approuvent l'acquisition de la fabrique, faite par Dupont au prix de 1 million de thalers : la résolution est prise à l'unanimité. Ils nomment ensuite le conseil de surveillance, qui, d'après la loi, doit se composer de trois personnes : à une forte majorité, Lajoie et Fortuné sont nommés membres, et Leloup président. Une majorité plus imposante élit Dupont directeur de la société *le Vulcain*, et Renard sous-directeur. Les cinq dignitaires prennent place, chacun selon le rang qui lui convient, autour du tapis vert. Sur les bancs des actionnaires, Leblanc et Lenoir restent assis modestement. Le notaire, qui a donné ses conseils de jurisconsulte, atteste que les délibérations et les élections ont été faites selon la teneur des lois.

L'affaire est alors portée à la maison de banque des frères Israël. Ces messieurs l'attendaient, ayant été consultés auparavant; mais ils s'étaient discrètement tenus à l'écart de toutes les négociations. Les frères Israël font l'avance des 10 pour 100 du capital de fondation, dont la loi exige le versement, et voilà les actions de la société *le Vulcain* portées à la cote. Quelques semaines après, elles atteignent ou dépassent le pair : l'argent a été fourni par le public. Alors se fait le partage. Les frères Israël prélèvent naturellement leur petite commission, qui est de 16 2/3 pour 100, soit 200 000 thalers, et ils comptent 1 million à Dupont, directeur de la société. Lenoir et Leblanc, braves gens sans conséquence et qui n'ont d'ailleurs souscrit qu'une faible somme, reçoivent chacun 10 000 thalers. Il serait inconvenant de donner moins de 40 000 thalers à partager à Lajoie et à Fortuné, membres du conseil de surveillance. Leloup était président du conseil de surveillance, Renard sous-directeur : cela vaut à chacun d'eux 50 000 thalers. En tout, Dupont compte 160 000 thalers à ses associés; il lui reste 840 000 thalers, sur lesquels il s'acquitte envers Durand (400 000 thalers). Il met honnêtement de côté le capital d'exploitation de 200 000 thalers. Sa part de bénéfice est l'excédent, soit une bagatelle de 240 000 thalers. Le tour est joué. Maintenant la fabrique peut commencer à travailler : elle n'ira pas longtemps. Les frais d'acquisition sont énormes, l'administration détestable : le capital d'exploitation s'épuise. La crise générale fait sentir ses effets, qui sont la hausse des salaires et la diminution de la consommation. Au bout d'un an, on parle d'emprunt; les actions perdent 5/6 de leur valeur nominale. On parle de faillite : la faillite arrive.

Pour mesurer d'un coup d'œil l'étendue du mal qu'ont fait les sociétés industrielles, il suffit de comparer la cote de la Bourse de Berlin en 1870 et 1875. En 1870, cette cote (notons bien qu'il s'agit ici seulement de la Bourse berlinoise) inscrivait 28 sociétés, représentant un capital de 98 millions de marcs. C'étaient des sociétés honnêtes : leur dividende moyen était en 1874 de 5,88 p. 100, un peu plus élevé qu'avant la guerre. Après 1872, 225 sociétés nouvelles sont inscrites à la cote, représentant un capital de 564 millions de marcs; leur dividende moyen débute à 10,38, pour finir à 1 p. 100. Ce dernier chiffre ne représente pas l'énormité des pertes subies par les actionnaires : un très grand nombre des sociétés sont en faillite, et, dès 1874, 136 d'entre elles ne donnaient aucun dividende.

Ajoutez que les sociétés les plus sérieuses ont été prises de folie subite : quelques-unes ont fait autant de mal que ces compagnies organisées pour l'exploitation de la crédulité par la fraude. Quelles lamentables aventures encore que celles des actionnaires des chemins de fer! Au lendemain de la guerre, les Compagnies privées et l'État, qui est en Prusse propriétaire de plusieurs lignes, ont agi avec une légèreté sans pareille. Entraînés par la fièvre générale, ils voulurent d'un coup parachever le réseau en le doublant. Rien ne les arrêta, ni le gros salaire exigé par les ouvriers appelés en masse sur les chantiers, ni l'élévation du prix du fer, des matériaux de construction, des machines, du sol. Les devis étaient dépassés de 50 p. 100 : on n'y prenait garde. Le marché d'argent absorbait sans difficulté toutes les émissions nouvelles, mais bientôt la surcharge de capital écrasa l'exploitation. L'appel d'argent fait par les chemins de fer est en 1872 de 244 millions, en 1873 de 471 millions de marcs. Cependant l'accroissement des revenus n'était pas en proportion avec la dépense. Des lignes nouvelles faisaient aux anciennes une concurrence fatale aux unes comme aux autres. Le revenu est tombé si bas, qu'aujourd'hui des lignes d'intérêt général ne peuvent être entreprises faute d'argent, l'épargne s'étant détournée de ces valeurs improductives. Pour citer un exemple frappant, les actions du chemin de Berlin à Potsdam étaient en 1870 un des meillleurs placements qu'on pût faire : elles donnaient alors un dividende de 20 p. 100, qui est tombé à 14 p. 100 en 1871, à 8 p. 100 en 1872, à 4 p. 100 en 1873, à 1,75 p. 100 en 1874. Des entreprises frauduleuses qui ont été faites dans le domaine des chemins de fer, nous ne parlerons pas. C'est autour de celles-là qu'on a fait le plus de bruit, et elles ont été sévèrement jugées en plein parlement d'Allemagne.

III

Aux causes de la crise économique en Allemagne il faudrait ajouter l'abus qui a été fait par les banques de l'émission de billets non couverts par l'encaisse; le contre-coup des désastres financiers qui ont ruiné l'Autriche; enfin maintes causes générales dont les effets se font sentir dans le monde entier : tel est l'encombrement des marchés par les produits d'industries à qui le progrès de la mécanique et l'affluence des capitaux ont permis de prendre sur toutes les autres une avance exagérée. L'industrie métallurgique, par exemple, a plus que centuplé sa production depuis trente ans. Elle a eu grand'peine à suffire aux commandes des compagnies de chemins de fer : la seule Amérique a construit 11 000 kilomètres de voies ferrées en un an. Mais aujourd'hui le principal travail est fait partout. Tout à coup le fer a cessé d'être demandé : il a reflué d'Amérique sur Glasgow et une baisse énorme s'est déclarée.

Impossible d'ailleurs d'exposer, sans en passer une, les causes d'une crise générale : il est si malaisé déjà de décider au juste pourquoi le prix de telle ou telle marchandise particulière croît ou baisse! Mais il est temps de considérer les conséquences de cette crise. Sans exagération, elles sont désastreuses.

Une énorme quantité d'argent a été perdue. Si l'on prend l'ensemble des valeurs, actions de chemins de fer, actions de banques, actions des sociétés minières et métallurgiques, actions des sociétés industrielles, cotées à la bourse de Berlin, et aux bourses de Cologne, de Hambourg, Francfort, Leipzig, Breslau, Stuttgard, qui ont eu leurs spéculations particulières, la différence entre les cours de 1870 et de 1875 s'exprime par des milliards. Une grande partie de ce capital est à jamais perdue. Elle a été consommée en dépenses improductives : il ne reste rien de l'argent placé sur ces chemins de fer mal établis, sur ces maisons mal bâties, sur ces colonies sans colons et ces usines sans ouvriers. Sans aucun doute, l'Allemagne a été appauvrie.

De rudes atteintes ont été portées aux vertus que nos voisins aiment à s'attribuer. Le sincère Allemand a menti énormément. Dès 1871, les journaux de Berlin et autres villes commençaient à donner des suppléments longs et denses, tout pleins d'annonces de bourse et de prospectus écrits en grosses lettres avec des *blancs*, pour mieux attirer les regards. Les grandes feuilles y gagnaient, par jour, de 2000 à 5000 thalers. Les petites se nourrissaient des reliefs du festin : celles-ci inséraient, même sans en être priées, puis elles envoyaient la facture, qu'on acquittait sans sourciller au temps où l'on roulait sur l'or. Le prospectus avait tous les tons ; il était au besoin poétique. « C'est dans un des territoires bénis de la patrie allemande qu'est situé le cercle oriental du grand-duché de Saxe-Altenbourg. Tout le monde connaît l'extrême fertilité de son sol ; mais ce sol renferme et cache d'incalculables richesses souterraines, une mine de charbon d'une rare puissance ! Au milieu de ce cercle est situé le domaine chevaleresque de Zochau, le roi de tous les domaines à la ronde, etc. » Ainsi commençait un prospectus qui annonçait une très mauvaise affaire. Naturellement on promettait des intérêts fabuleux : parler de 10 pour 100 était donner l'exemple d'une réserve qui ne fut guère imitée. Au reste, le style était très soigné ; la trace de consultations d'hommes de loi y était visible : c'était un art étonnant de tout promettre, sans pourtant s'engager à quoi que ce fût.

Le public dévorait ces annonces. Aux petites gens qui ne lisent pas, la tentation était apportée par ces « commis voyageurs en articles de Bourse » qui parcouraient la ville et la campagne, et de la cave au grenier offraient leurs actions. Point de si petit village où le paysan ne dissertât sur tel ou tel papier et ne voulût essayer la fortune. Si l'arrivée de nos milliards a troublé jusqu'aux plus fortes têtes financières, que d'illusions ont dû naître dans les esprits simples ! D'ailleurs, au bas des papiers qu'on leur tendait, ces pauvres diables lisaient des noms illustres. La haute noblesse, la haute administration, avaient leurs représentants dans les plus détestables entreprises. Le campagnard, habitué au respect des dignitaires, se laissait tromper. Le plus petit bénéfice qu'il faisait lui devenait fatal et contribuait à répandre la contagion. Bien des sacoches de cuir, tirées du fond des armoires, ont été vidées dans l'escarcelle des pourvoyeurs de la Bourse. Ces tristes joueurs font penser aux paysans de la Forêt-Noire que le poète a vus dans les salons de la maison de conversation à Bade :

> Debout, sous la lampe enfumée,
> Avec leur veste rouge et leurs souliers boueux,
> Tournant leurs grands chapeaux entre leurs doigts calleux,

> Poser sous les râteaux la sueur d'une année !
> Et là, muets d'horreur devant la destinée,
> Suivre des yeux leur pain qui courait devant eux.

Le nouvel empire, au nom de la morale publique, a supprimé la roulette en Allemagne; mais l'Allemagne entière a été, plusieurs années durant, une grande maison de jeu.

> Dirai-je qu'ils perdaient? Hélas! ce n'était guère!
> C'était bien vite fait de leur vider les mains!

Le pire est que ce ne sont pas les seuls joueurs qui ont perdu. L'Allemagne compte une quantité d'employés, serviteurs pauvres et laborieux de l'État, et de pensionnés qui n'ont guère pour vivre que leur pension. A aucun moment ceux-ci n'ont profité de la crise; ils n'ont pu, comme l'ouvrier, compenser par l'élévation des salaires l'enchérissement de toutes choses. L'augmentation subite des loyers et des objets d'alimentation les a surpris et, de la gêne où ils étaient, précipités presque dans la misère. Avant 1870, ils buvaient à très bon marché d'excellente bière : la consommation de ce liquide allait croissant et les brasseurs n'y pouvaient suffire; mais les entrepreneurs de sociétés par actions se sont mis de la partie. Aussitôt les brasseries, écrasées par un capital exagéré, par les frais énormes de la construction et de l'installation, ont fabriqué une boisson chère qui ne valait plus l'ancienne. L'augmentation des prix provoqua de véritables émeutes : les prix furent abaissés, mais les verres se rapetissèrent, s'épaissirent, et les garçons versèrent un tiers de mousse. Ces garçons commencèrent alors à prélever sur le public un impôt nouveau : le pourboire, autrefois facultatif, devint obligatoire; et tel qui remerciait jadis pour un *demi-groschen*, reçut avec une indifférence superbe un *groschen* tout entier. Plus d'un pauvre père de famille a dû renoncer au plaisir d'aller vider le soir quelques chopes au cabaret.

Ces appauvris ont maudit les enrichis : voilà une des plus tristes conséquences de la crise. Dans un remarquable discours, prononcé au commencement de cette année à Dresde, M. le docteur Bamberger a tracé un sombre tableau de l'état moral de son pays [1]. Il a parlé des complicités dangereuses que rencontrent partout les doctrines socialistes, de la coalition formée entre les révolutionnaires et les catholiques en temps d'élection, de l'appui que prête aux internationaux un nouveau parti, appelé d'un singulier nom le *parti agraire*, et dont les membres, recrutés dans la caste féodale, prêchent la haine de la richesse acquise par l'industrie, sous prétexte de remettre en honneur l'agriculture. Il a montré partout, dans les plus hautes charges de l'État, autour du ministre de l'intérieur, du ministre de la justice, des amis inconscients de ces ennemis de la richesse. Il a dit spirituellement que tel discours de M. de Bismarck lui-même aurait pu, en temps de réaction, donner au ministère public l'occasion d'une poursuite pour excitation à la haine de ceux qui possèdent contre ceux qui ne possèdent pas. Mais il s'est surtout élevé, avec autant d'éloquence que de raison, contre cette scandaleuse manie de la calomnie et de la délation qui s'est répandue sur l'Allemagne au cours de ces dernières années, et qui a choisi pour victime la bourgeoisie laborieuse et enrichie. « Tant qu'on ne flétrira pas, dit-il, comme il convient et de tous les

---

[1]. *Rede der Reichtagsabgeordneten Bamberger, gehalten im deutschen Reichsverein zu Dresden.* Berlin, 1876.

côtés à la fois ce banditisme, nous n'arracherons pas des entrailles de la nation le mal profond et qui nous menace d'un grand danger, car on se fatiguera d'apporter ses efforts à la vie active et pratique, si l'on ne peut le faire sans être attaqué dans son honneur. Et nous n'avons point en Allemagne trop de forces pratiques, trop d'habileté pratique, trop d'hommes entendus et expérimentés pour conduire nos affaires! »

De fort mauvaises choses, en effet, ont été écrites sur la crise.

Que de vilains pamphlets où la haine se satisfait par la dénonciation! Il en est qui sont l'œuvre d'honnêtes gens, comme ce livre de M. Glagau [1], qui a eu son million de lecteurs; mais ces écrits ne sont pas les moins dangereux. M. Glagau ne parle guère que des excès qui ont été commis. Il sème dans les esprits les idées les plus fausses sur les causes du mal : à l'en croire, il faudrait maudire le progrès moderne, revenir au moyen âge, aux corporations, aux douanes, tout prévoir, tout réglementer, tout empêcher. Lui aussi, il excite à la haine de la richesse : il parle des Juifs comme l'eût fait quelque fanatique des temps passés. Il en fait le dénombrement : 500 000 Juifs dans la seule Prusse, dit-il, quand il n'y en a en France que 80 000! Il remarque que ces Israélites multiplient comme sur la terre d'Égypte, que leurs mariages sont féconds, que la mortalité est moindre chez eux que dans les familles chrétiennes : c'est à croire qu'il va réclamer un massacre des nouveau-nés. Il compte et montre les maisons des Juifs sous les Tilleuls, dans les plus belles rues, au *Thiergarten* : c'est à croire qu'il les veut

[1]. *Der Börsen und Gründungsschwindel in Berlin,* von Otto Glagau. Leipzig, 1876.

marquer de la croix blanche pour quelque Saint-Barthélemy. Il rapporte ce mot d'un chrétien qui, à cette demande d'un fils d'Israël : « Pouvez-vous me dire où est la rue de Jérusalem? » répond en soupirant : « Enseignez-moi plutôt où elle n'est pas » ; veut-il donc rétablir le *ghetto*? Enfin il reproche aux Juifs d'être marchands, banquiers, industriels, écrivains, avocats, journalistes, et de prendre ainsi possession du pays. Il est singulier que ce reproche adressé aux Juifs soit précisément le compliment que les Allemands se font à eux-mêmes, toutes les fois qu'ils parlent de leurs émigrations dans les pays voisins. Que disent-ils pour revendiquer la Bohême et les provinces baltiques comme germaniques, si ce n'est que le Slave y a les emplois inférieurs et faciles, tandis que l'Allemand y est marchand, banquier, industriel, homme de lettres et homme de loi? Ce qui est pour l'Allemand une preuve de supériorité intellectuelle ne sera donc pour le Juif qu'une désignation à la haine et à la proscription? Car ces mots : « on a émancipé les Juifs, il est temps d'émanciper les chrétiens des Juifs », ne peuvent être qu'un appel direct à des mesures de rigueur et d'exception. Quand des hommes cultivés pensent et parlent ainsi, que doit penser et dire le commun peuple d'Allemagne? Si de tels sentiments ne se modifient pas, ils feront à ce pays un mal auquel la perte des milliards ne saurait être comparée.

IV

Comment s'est comportée pendant ce long dévergondage la classe ouvrière? Pervertie par les docteurs socialistes, elle a fait mauvaise figure. Après la guerre, le travail, étant très recherché, devint très cher. Rien de plus légitime, rien de plus heureux, si le travail eût été vraiment productif; mais la spéculation intervint, la demande fut plus pressante, et les joueurs devenus millionnaires ne comptèrent plus. L'ouvrier passa en exigences toutes les limites raisonnables : ces exigences furent satisfaites. Alors, lui aussi, il partagea l'illusion générale : il se crut riche pour tout de bon. L'avenir étant assuré, ne fallait-il pas jouir du présent? Il est de mode de faire fête à un héritage inattendu : l'ouvrier allemand fit largement la fête. Près de lui, le parvenu bourgeois élevait des palais et menait la vie à grandes guides; le *travailleur* dans ses cabarets remplaça la bière par le champagne. Son salaire allait bien au delà de ses besoins, et pourtant les caisses d'épargne n'accusèrent aucune augmentation des versements. L'intérieur de l'ouvrier ne s'embellit pas; sa femme ne fut ni mieux logée ni plus heureuse, et, la bise venue, il se retrouva pauvre comme devant, mais plus haineux que jamais. Toute une génération a été ainsi corrompue : l'apprenti qui a débuté par ces orgies en conserve jusqu'à la mort un dangereux souvenir.

Au moment où ils recevaient les plus gros salaires, les ouvriers travaillèrent moins et plus mal. Partout où ils ont été réunis en masse, dans les villes, dans les districts industriels et miniers, sur les chantiers des chemins de fer, non seulement la journée a été raccourcie, mais le travail a cessé deux jours par semaine, le samedi et le lundi, sans préjudice de la sanctification du dimanche. Ajoutez qu'un patron eût été mal venu à prétendre contrôler la besogne : cela était bon pour d'autres temps et d'autres mœurs.

Parmi les corps de métiers qui se sont le plus distingués dans cette période, il faut citer les maçons de Berlin. Ceux-ci exigèrent un salaire double, puis une réduction de moitié dans la durée du travail, ce qui équivalait à quadrupler le prix de ce travail : on leur accorda ce qu'ils demandaient, juste au moment où le prix des matériaux de construction était doublé. Les entrepreneurs supportèrent ces excès, tant qu'ils purent les faire payer par les propriétaires : après, ils essayèrent de réagir. Alors éclatèrent des grèves ; mais la grève tourne toujours contre l'ouvrier, quand celui-ci a poussé le patron jusqu'au point où toute concession nouvelle aurait pour conséquence immédiate la ruine. De nombreux chantiers furent licenciés. Des ouvriers furent appelés du dehors : il en vint même de France, qui furent bien accueillis. Nos compatriotes mettaient une sorte d'amour-propre national à travailler bien et vite. J'en ai vu quelques-uns à l'œuvre à Berlin en 1874. Mon attention avait été attirée dans une rue par une conversation française qui partait d'un chantier de tailleurs de pierres. J'entrai, me sentant un peu chez moi. « Vous êtes Français? demandai-je à l'un des travailleurs. — Oui, monsieur, à votre service. — Que diantre faites-vous ici? Seriez-vous des fédérés exilés? — Pas du tout; on est venu nous embaucher en France, et nous voilà! » Puis mon interlocuteur me conta que ses camarades et lui travaillaient mieux que ces fainéants de Berlin, et qu'ils rapporteraient un *boursicot*. « Pourtant, disait-il, nous ne nous privons de rien; nous mangeons bien et nous buvons du vin : ça fait *rager* les autres. »

Même aujourd'hui que les salaires sont redescendus à un niveau raisonnable, le préjudice porté à l'industrie du bâtiment dans toutes les grandes villes, et surtout à Berlin, dure encore. « Quand le bâtiment ne va pas, rien ne va »; l'industrie du mobilier, déjà compromise par les exigences de ses propres ouvriers, a été atteinte par le contre-coup de la crise du bâtiment : elle a été ruinée. Berlin jadis fabriquait le meuble avec moins de goût que Paris, mais plus solidement et à meilleur marché. Paris a gardé la supériorité de son goût; il vend aujourd'hui des meubles aussi solides et moins chers, si bien que depuis trois années Berlin, en grande partie, s'approvisionne à Paris.

Les mêmes abus se sont reproduits dans toutes les industries, en particulier dans l'industrie minière et métallurgique, au sort de laquelle tant d'autres sont liées. On se souvient encore de ces grèves qui éclatèrent dans les districts charbonniers de la Westphalie au moment même où le travail cessait dans presque toutes les fosses en Angleterre. La première conséquence fut une hausse énorme du prix des charbons, si bien que les propriétaires des mines se réjouirent de la fortune inespérée qui leur arrivait ; mais leur joie ne dura guère : la spéculation s'abattit sur leur industrie et y fit les mêmes ravages que partout ailleurs. La hausse des charbons amena celle du fer; les compagnies de chemins de fer, afin de compenser l'excès des dépenses qui en résultait pour elles, élevèrent leurs tarifs : ce qui aggrava le mal. La consommation s'arrêta; beaucoup d'usines furent fermées, et l'industrie charbonnière souffrit plus de cette réaction qu'elle n'avait profité d'une hausse passagère. Ici encore les exigences déraisonnables des ouvriers ont contribué au désordre et à la ruine d'une industrie.

Singulier effet de cet état maladif créé par les crises ! L'Allemagne n'a pas vu qu'un peuple ne peut pas ne pas se ruiner en travaillant moins, en produisant plus mal, en vendant plus cher. Aujourd'hui elle est incapable de supporter la concurrence étrangère. Les importations dépassent les exportations de 900 millions de marcs en 1872, de 1 milliard 800 millions en 1873. Partout où l'industrie allemande se mesure avec ses rivales, elle succombe. Tout dernièrement le commissaire général de la section allemande à l'exposition de Philadelphie écrivait cette déclaration : « Nous sommes au-dessous de tous les peuples pour le travail ; aucun de nos produits ne vaut les produits similaires de l'étranger, et pourtant nous prétendons vendre plus cher. Nous avons fait une belle exposition... d'orgueil avec nos bustes de l'empereur, de Bismarck, de Moltke; la pauvreté du reste n'en paraît que plus misérable; nous sommes l'objet de la risée universelle. »

V

Quelques mots, en terminant, des jugements portés en France sur l'histoire que nous venons de raconter.

Ce n'était pas à nous de prendre le deuil de la richesse allemande. Il me souvient de l'impression agréable que j'éprouvai en 1874, en retournant à Berlin, après y avoir séjourné longuement en 1873. A peine arrivé à l'hôtel, je m'aperçus que j'étais pour les gens de la maison un personnage plus important qu'autrefois. A la question : « Avez-vous une chambre? » il me fut répondu par un : « Oh! oui! » dont l'intonation me fut expliquée par la vue du tableau qui porte les noms des voyageurs, et qui était presque vide. Dès l'escalier, le maître d'hôtel me demanda si c'était vrai que les affaires allaient si bien à Paris, m'apprit qu'elles allaient très mal à Berlin, m'exprima son admiration pour notre richesse, et dit quelques mots méchants sur les milliards. Je ressentis, à ce discours, une satisfaction qui se renouvela, quand je vis, en réglant mon compte, que mon billet de la Banque de France faisait prime. Mais que de motifs pour tempérer ces sentiments!

La force politique et militaire qui a créé l'empire

n'est-elle pas intacte? M. de Bismarck n'occupe-t-il pas au *Reichstag* son siège de chancelier, plus élevé qu'un trône? Ne double-t-on pas partout les casemates et les forteresses? Ces régiments dont les soldats, comme jadis ceux de la grande armée, semblent cousus ensemble, marchent-ils d'un pas moins ferme dans les rues? La fumée des usines Krupp ne s'élève-t-elle pas toujours au-dessus de la plaine de Westphalie? Et n'est-ce pas faire preuve d'une légèreté singulière que de rire des embarras d'un ennemi dont le bras est si puissamment armé!

Ce serait du reste une grosse erreur de croire que la ruine de l'Allemagne soit définitive. Certes le mal a été et est encore très grand; mais il diminue tous les jours. Les entreprises de spéculation sont irrémédiablement perdues, mais les autres survivent et reprennent peu à peu des forces. Les faillites et les licenciements d'ouvriers sont plus rares. Les salaires, plus modérés, ne sont pas redescendus aussi bas qu'autrefois. Le marché d'argent est encore embarrassé; les effets de la folie s'y font toujours sentir, mais la folie elle-même a cessé. Il y a encore en Allemagne nombre de joueurs sans scrupule, mais on y trouverait difficilement aujourd'hui de ces dupes qui naguère y foisonnaient. On sait à présent que les plus belles victoires du monde ne peuvent faire d'une cheminée croulante un établissement métallurgique; qu'on peut avoir un empereur et faire faillite avec les poches pleines d'actions de la rue Impériale; que les colonies de villas se plaisent sur les collines riantes baignées par la Seine, et qui dominent la plus belle ville du monde, non sur de petits tas de sable d'où l'œil suit le cours bourbeux de la Sprée; qu'en un mot, pour avoir Paris et les environs de Paris, il faut Paris et ses environs.

Un excès de défiance a même succédé à la crédulité, et l'abattement où sont tombés tant d'esprits ne se comprend guère. Les Prussiens gémissent sous le poids des impôts, comme s'ils en étaient écrasés. Mais la Prusse, ce royaume de 25 millions d'habitants, n'a qu'une dette nominale, dont l'intérêt est couvert par les revenus des chemins de fer, des mines et les autres propriétés de l'État. Son budget n'atteint pas 1 milliard ; qu'est-ce auprès du nôtre ? Un Prussien paye moitié moins d'impôts qu'un Français, et notre sol n'est pas deux fois plus riche, notre industrie n'est pas deux fois plus active que celle de la Prusse.

Pour lutter contre la concurrence étrangère, l'Allemagne est bien armée. Elle a du charbon et du fer en plus grande quantité qu'aucun autre État de l'Europe, l'Angleterre seule exceptée. La matière première ne manque pas à l'industrie textile : 30 millions de moutons paissent dans les bruyères de Lunebourg, sur les *polders* du Holstein, dans les plaines du Mecklembourg, dans les pâturages élevés du Brunswick, de l'Anhalt, de la Saxe, de la Silésie, dans les provinces de Poméranie et de Prusse. Ils fournissent une laine d'excellente qualité, car la plus grande partie est de race mérinos. L'industrie du lin et du chanvre compte parmi les plus vieilles de l'Allemagne, qui se glorifie d'avoir inventé le rouet de Marguerite ; les lins de Memel et de Marienbourg sont estimés dans le monde entier, et ces produits figurent pour une somme notable au tableau des exportations allemandes.

Enfin le pays transrhénan est celui où l'instruction populaire et professionnelle est le plus répandue, où l'enseignement supérieur est le plus florissant. Les découvertes faites par tant de savants illustres dans les laboratoires des universités trouvent dans les usines des intelligences toutes prêtes à les appliquer. Telle vérité, démontrée par un Liebig ou un Helmholtz, fait jaillir la richesse de quelque source demeurée inconnue.

Le temps est proche où les effets mêmes de la crise seront oubliés. Déjà des écrivains allemands, tout en donnant acte des folies qui viennent d'être commises, prédisent à leur pays une brillante prospérité. Ainsi fait M. Karl Richter dans une étude sur *l'Industrie en Allemagne et en Autriche* [1], à laquelle les préoccupations politiques du moment donnent un singulier intérêt. M. Richter associe dans le même avenir l'Allemagne et l'Autriche. Il assigne à celle-ci la tâche d'ouvrir et de s'approprier la grande route danubienne vers l'Orient. Son patriotisme germanique proteste contre l'ambition slave. Il rappelle que l'Autriche, cette marche allemande de l'est, a jadis implanté aux bords du moyen Danube la race, la langue, le génie de l'Allemagne, en secouant la torpeur du Slave endormi. Il répète, en les appliquant aux populations danubiennes, les paroles qu'un poète met dans la bouche d'Ottocar parlant à ses Bohémiens : « J'introduirai l'Allemand dans votre peau, afin qu'il vous morde et, à force de vous faire souffrir, vous réveille de votre stupidité. » C'est l'Allemand autrichien, dit M. Richter, qui a fait fleurir aux bords du fleuve bleu le commerce et l'industrie. Au temps où le paysan

---

1. *Die Industrie in Deutschland und OEsterreich*, von Karl Richter (*Iahrbuch für Gesetzgebung, Verwaltung und Rechtspflege des deutschen Reichs*). Leipzig, 1876.

anglo-saxon était opprimé par le servage, où Paris n'était encore qu'une toute petite ville, guerriers, marchands et poètes remontaient et descendaient le Danube. Le marchand russe, hollandais, bourguignon venait à Ratisbonne, à Vienne, dans vingt autres villes, échanger ses produits contre les soies d'Orient et de Byzance, les pierres précieuses, les ivoires, les drogues et les parfums. Le travail des mines était en pleine activité sur le revers oriental des Alpes; les villes poussaient dans la vallée du Danube, et toutes les industries étaient prospères... Quand Byzance tomba aux mains des Turcs, c'est l'Autriche qui contint ces Asiatiques, comme elle avait arrêté auparavant les Huns et les Avares. Il est vrai que le pays danubien a cruellement souffert dans la lutte, et qu'il n'a point retrouvé la prospérité d'autrefois; mais l'histoire se recommence souvent, et M. Richter cite le vieil adage : « Ce qui a été sera. » Il suffit que l'Allemagne et l'Autriche fassent régner l'ordre et la paix dans les provinces du Bas-Danube, que les chemins autrichiens soient reliés aux chemins turcs, que le réseau de l'Asie Mineure soit construit et rejoigne le chemin de l'Euphrate. Alors se dessinera la grande route dont Hambourg, Vienne, Constantinople, Scutari, Diarbékir, Bombay, seront les stations principales. L'Angleterre ne saurait refuser longtemps à cette grande entreprise le concours de ses capitaux. Elle renouera ses relations anciennes avec la Belgique, la Hollande, l'Allemagne, l'Autriche et l'Italie, et elle annulera ainsi les avantages que donne à la Russie le progrès de ses armes dans l'Asie centrale.

Ces projets ne sont point irréalisables, dit l'écrivain; l'Allemagne en a mené de plus difficiles à bonne fin.

Il a raison ; mais peu importe qu'il soit ou non égaré par l'ardeur de son patriotisme austro-allemand ! Il ne s'agit pas de savoir si nous avons à redouter tout ce qu'espère cet ennemi, car M. Richter parle de nous en ennemi : il faut, nous aussi, reprendre l'habitude, si difficile à garder dans un pays périodiquement bouleversé, de regarder loin dans l'avenir. Il y a entre les deux peuples qui habitent les deux rives du Rhin une rivalité qui ne finira pas. La crise économique actuelle n'est qu'un épisode de la lutte pacifique entre les travailleurs des deux pays. Mesurons nos efforts à la durée de la peine. Les succès d'aujourd'hui seraient payés bien cher, s'ils nous empêchaient de voir que le combat reprendra demain pour durer toujours [1].

---

[1]. Cette étude a été publiée il y a onze ans. Nos prévisions n'ont pas été démenties. L'étude qui suit montrera combien est grand le contraste entre autrefois et aujourd'hui.

NOTES PRISES

DANS

UNE EXCURSION EN ALLEMAGNE[1]

Berlin, 20 avril 1886. — Vous venez de traverser un pays qui semble vide : point de villes à l'horizon, point de villages ; ni hommes ni bêtes dans la campagne ; de petits chemins qui ont l'air de ne mener nulle part ; sur le fond, qui est de sable, des plaques de verdure, des flaques d'eau, des bois de pins rabougris ; une platitude silencieuse sous un grand ciel que ce néant semble agrandir. Tout d'un coup vous entrez dans une capitale.

Quand une ville est devenue célèbre, on trouve moyen d'expliquer sa fortune, comme on découvre des aïeux aux banquiers enrichis. Maints auteurs ont démontré que Rome ne pouvait se dispenser de devenir la maîtresse du monde : la grandeur de Berlin a eu des prophètes après coup. Berlin, disent-ils, est au milieu de l'Allemagne du Nord, entre deux fleuves entièrement allemands, l'Elbe et l'Oder, à égale distance de la montagne et de la mer, du moyen Rhin et de la moyenne Vistule, de Cologne et de Varsovie,

---

[1]. Publié par la *Revue des Deux Mondes*, le 15 juillet 1886.

de Luxembourg et de Memel, au croisement de vingt routes commerciales, au lieu exact d'où toutes les parties de l'Allemagne, quelques cantons bavarois exceptés, sont les plus accessibles. Par conséquent, Berlin devait être la capitale de l'Allemagne.

Soit! Mais il faut ajouter : il s'est rencontré là des princes que leur misère a excités à l'effort perpétuel. Pour défendre leur rase campagne, ouverte à tous les vents et à toutes les attaques, ils ont dû appuyer leur frontière au sud sur la montagne, la pousser au nord jusqu'à la mer, et s'encadrer ainsi par deux côtés au moins dans la nature.

Berlin est au milieu de l'Allemagne du Nord, mais il était aux avant-postes quand des peuples slaves couvraient cette région de l'Est sur laquelle les margraves de Brandebourg et leurs successeurs les rois de Prusse ont étendu la conquête germanique. Berlin est un centre, mais d'une circonférence qui a été tracée par les armes et par la politique. Sa grandeur est chose factice, je veux dire créée par la volonté. C'est par ordre royal qu'il est devenu ville. Après que nos compatriotes, les réfugiés protestants du XVIIe siècle, eurent donné à cette bourgade fangeuse quelque propreté, des industries, des arts inconnus, une population élégante et vaillante à tout travail, les princes mirent leur amour-propre à continuer l'œuvre des exilés. Ils commandèrent qu'on fît de belles rues et de beaux quartiers. Frédéric-Guillaume Ier connaissait la fortune de ses bourgeois. « Tu es riche, mon gaillard, disait-il; bâtis », et le gaillard bâtissait, car il n'eût pas fait bon qu'il ne bâtît point. Et c'est ainsi que Berlin commença de grandir; après quoi, la rivière faite, l'eau est venue, comme toujours, à la rivière.

Le voyageur qui, au sortir d'un désert, arrive à Berlin, se trouve en face d'un des plus étonnants produits de l'État prussien.

21 avril. — Je n'avais pas vu Berlin depuis neuf ans. Le changement est considérable : deux cent mille habitants de plus, un chemin de fer métropolitain, nombre de nouveaux tramways et de nouveaux omnibus. On surélève des maisons; on en abat d'autres pour les refaire plus belles. Les ruisseaux qui coulaient le long des trottoirs ont été recouverts; des égouts ont été construits, travail gigantesque dans cette sablière. A la périphérie s'ouvrent de nouveaux quartiers dont les rues droites sont bordées de hautes habitations uniformes : les appartements y sont grands et bon marché; la commodité des communications permet à des ménages de petite fortune d'aller s'installer là et d'y trouver leurs aises même avec des enfants, car les architectes de ce pays prévoient qu'on peut avoir des enfants.

L'aspect général est embrouillé. Berlin n'a point une rive gauche et une rive droite, comme Paris : la Sprée se cache, et c'est ce qu'elle a de mieux à faire. Le « point éclatant », *Glänzepunkt*, comme disent les Allemands, est l'avenue des Tilleuls; elle mène au *Thiergarten* et peut être comparée aux Champs-Élysées : mais quelle différence!

Le promeneur qui s'arrête à l'entrée des Champs-Élysées voit passer au loin, dans la baie de l'Arc de Triomphe, de toutes petites taches noires : ce sont des voitures qui, là-haut, traversent l'avenue. Cette arche, bâtie sur la colline, et qui s'ouvre dans le ciel, donne grand air à l'avenue. L'œil du passant remarque à peine les détails : pour s'apercevoir que telle maison est belle, telle autre somptueuse, telle autre encore basse et vulgaire, il faut s'appliquer. Les plus vilains fiacres ne déparent point la circulation; les beaux chevaux et les beaux équipages ne retiennent l'attention que des amateurs. On ressent une impression générale d'élégance, de grandeur.

Dans les *Tilleuls*, la rangée monotone des maisons claquemure l'œil; chaque détail est là pour son compte, tenant sa place, encombrant, gros; le cocher de chaque voiture, chaque fiacre dégingandé est en pleine valeur. Il n'y a ni perspective ni harmonie.

Le bois de Boulogne a des dessous et des coins; il se souvient d'avoir été un vrai bois. Il finit à la Seine, et le Parisien qui arrive au bord de l'eau découvre les collines de l'autre rive et l'imposant Mont-Valérien. Le fleuve est large : entre ce bois et ces hauteurs il coule avec une fierté gracieuse. Là on respire à pleins poumons; on ouvre les yeux à la vaste lumière; on a la sensation du dehors, presque l'illusion d'un voyage.

Le *Thiergarten* a beau n'être pas fermé : il a des façons de parc muré. Il ne faut rien lui demander que d'exécuter sa consigne, qui est d'être une promenade. Il finit brusquement dans le désert. Parvenu au terme, vous n'avez rien de mieux à faire que de rentrer, et c'est chose parfaitement ennuyeuse que de n'avoir plus qu'une chose à faire.

Je ne voudrais assurément pas médire de Berlin. Nous avons écrit mainte sottise et plus d'un mensonge sur cette ville. Le Français qui s'imagine qu'on n'y sait pas vivre se trompe grossièrement : la vie berlinoise a de grands agréments pour les gens sérieux, et même pour les autres. Elle est surtout plus commode, mieux aménagée que la nôtre ; mais ce sont des avantages qu'on aperçoit à la longue. Même après qu'on les a découverts, on ne prend pas son parti de certaines laideurs : le rectiligne, le convenu, la recherche du grand sans la rencontre. L'universel placage qui enduit les maisons et les palais fatigue et irrite. On voudrait gratter pour trouver la vraie brique, qui consente à n'être que de la brique.

Vous pensez malgré vous que tout cela fera dans des siècles une vilaine ruine en monticules, où les archéologues trouveront des débris de tous les styles, rien qui soit du lieu.

Ces impressions que m'a données la première vue de Berlin, il y a longtemps, je les retrouve à chaque voyage ; mais, cette fois-ci, ces rues peuplées et vivantes, cette circulation active, l'aspect de ces visages calmes, l'allure des gens qui est lourde mais solide, la simplicité de la tenue, l'accroissement indéfini, me donnent l'idée de la richesse, de l'entraînement au travail, d'une installation qui s'achève dans la puissance.

Midi et demi. — C'est l'heure où le vieil empereur met le visage à la fenêtre. Le palais a été bien souvent décrit : ce n'est qu'une maison, une des plus ordinaires qui se trouvent « sous les Tilleuls ». Guillaume Ier en a fait l'acquisition au temps où il n'était que prince ; montant en grade avec lui, elle est devenue palais royal, puis impérial. Elle se compose d'un rez-de-chaussée élevé, d'un premier étage et d'une frise percée de quarts de fenêtre. Il n'y a point de rideaux au premier étage ; de la rue, je vois les appliques avec leurs bougies et quelques pièces d'ameublement. Au rez-de-chaussée, un tout petit rideau voile la partie inférieure de la vitre. Otez le petit rideau, l'empereur ne pourra faire un mouvement sans être vu.

Il est debout, en uniforme comme toujours, la torsade d'or sur l'épaule. Il ne regarde pas les cent personnes qui sont venues là pour le voir apparaître à heure fixe, comme nos badauds s'arrêtaient jadis au Palais-Royal pour entendre le canon solaire. Il lit des papiers avec attention. Il n'a pas du tout l'air d'être là exprès; il semble s'être approché du jour, comme nous ferions, vous et moi, pour mieux voir. A cette distance, c'est au plus un sexagénaire : sa haute taille est à peine affaissée.

C'est une tradition de la maison que le roi se montre ainsi à son peuple tous les jours. Frédéric le Grand choisissait le moment où il se faisait la barbe : il suspendait à une espagnolette son miroir, et se rasait devant le public. Comédie! dira-t-on. D'accord, mais c'est une nécessité du métier de souverain que de donner des représentations : celles des rois de Prusse ne coûtent pas cher.

L'empereur est dans sa quatre-vingt-neuvième année. Après avoir été l'homme le plus impopulaire de l'Allemagne, il y est aujourd'hui aimé, admiré, vénéré. Même les loyalistes des pays annexés en 1866 concilient avec la fidélité qu'ils gardent à leurs souverains le respect pour l'empereur. Une dame de Hanau me disait un jour qu'elle considérait comme un crime abominable l'annexion de la Hesse-Cassel. Le roi de Prusse étant passé par Hanau en 1869, elle ne voulut point que ses filles figurassent dans le cortège qui se rendait audevant de lui; mais, quand le même personnage revint en 1871, ces demoiselles revêtirent leurs robes blanches, passèrent en sautoir le ruban aux trois couleurs allemandes; les longues tresses sur l'épaule, la corbeille de fleurs en main, elles allèrent, avec toutes les jeunes filles de la ville, saluer l'empereur. Leur mère n'avait point oublié pourtant son légitime seigneur, et elle tenait toujours le roi de Prusse pour un usurpateur; mais, au-dessus de son prince exilé comme au-dessus de tous les princes allemands, roi de Prusse compris, elle plaçait l'empereur.

Les Allemands font des raisonnements de cette sorte, ou plutôt, car il n'y a point là de logique, ils enchevêtrent des sentiments contradictoires. Un de mes amis, parlant à une dame, wagnérienne déraisonnable, exprimait le regret que Wagner, après avoir été si ardent républicain, eût composé la marche impériale. « Taisez-vous, répliqua la dame; il a fait cela *d'une façon idéale;* vous autres Français, vous ne pouvez comprendre ces choses-là. » Nous comprenons mal en effet ces complications, et tout de suite nous crions à l'hypocrisie.

Hypocrisie, c'est bientôt dit; mais étudiez une phrase allemande. Voyez comme elle se meut, par quelles traverses, après quels heurts et quelle stagnation elle arrive au but, à moins qu'elle ne veuille arriver à rien. Voyez comme elle se modèle sur la réalité des choses et sur la complexité des idées, ne faisant violence ni aux unes ni aux autres, les recouvrant de la forme qui leur convient, analysant toujours... La phrase allemande est un moulage, la nôtre une sculpture.

Nous n'avons pas, dit Mardoche,
Le crâne fait de même...

22 avril. — Vu l'Université, le bâtiment central et les instituts des professeurs Helmholtz, Dubois-Reymond, Virchow, etc., etc.

Sur le bâtiment principal, la dédicace du roi : *Frédéric-Guillaume III à l'université des lettres.* Tous les monuments et les socles des statues portent des mentions pareilles. C'est une coutume des souverains allemands de mettre leur nom partout. J'ai lu, à l'entrée du jardin botanique de Munich, une inscription qui peut être ainsi traduite : « Les fleurs que Dieu a disséminées dans les diverses parties du monde, Maximilien les a réunies ici. »

Les rois de Prusse ont raison de s'écrire ainsi sur les frontispices; tout ou presque tout dans la monarchie procède d'eux, mais ils n'ont point fait seuls l'université. La pensée première appartient à des idéalistes, c'est-à-dire à des hommes qui avaient foi en l'idéal. Au-dessus des misères et des ridicules de l'Allemagne politique planait l'idéal en plein ciel; après Iéna, il est descendu sur la Prusse : incarné dans cette force, il en a été l'âme.

Cette partie des Tilleuls où s'élève l'Université me semble un chapitre d'histoire écrit avec des monuments. L'Université — un de ses maîtres l'a dit — est une grande caserne intellectuelle; elle est placée entre l'arsenal et le principal corps de garde. Devant le péristyle s'élève la statue de Humboldt; devant le corps de garde, celles de Scharnhorst et de Blücher; derrière est posée sur un socle l'énorme tête de Hegel; en face est la maison du roi. Tout cela se confond en une harmonie singulière : si on voulait la représenter par une allégorie, il faudrait dessiner une Minerve coiffée d'un casque pointu, armée d'un fusil et lançant un pied en avant selon les règles du pas décomposé.

23 avril. — Rencontre au musée de deux jeunes Français, tous les deux mes élèves. Leur conversation me fait grand plaisir. Ils étudient en Allemagne et ils étudient l'Allemagne. Ils n'ont ni l'esprit de dénigrement, ni l'esprit d'admiration. En comparant le pays où ils sont nés et celui où ils vivent, ils acquièrent des idées qu'ils n'avaient pas.

Voyageons, voyageons beaucoup. S'agit-il seulement d'apprendre la langue? Non certes, mais aussi d'élargir l'horizon de nos esprits, de mieux connaître notre propre *moi* au contact du *non-moi*, de nous enhardir à l'initiative et au renouvellement de nous-mêmes. Un Français qui habite l'Allemagne y porte avec lui la patrie. Il la retrouve dans ces retours sur sa propre conscience auxquels il est à chaque instant invité. Dans ce court voyage que nous faisons, mes compagnons de route et moi, rien ne nous laisse indifférents; même un détail imprévu donne matière à des conversations fécondes. Nos sensations sont d'autant plus vives qu'elles font frissonner nos blessures. De découragement, il n'est pas même question. Nous sentons la nécessité de l'effort, et combien il doit être grand; mais nous y sommes stimulés à grands coups d'éperon.

24 avril. — A travers les rues...

Aux étalages de toutes les librairies se trouve, à côté de l'*Œuvre* de M. Zola, le *Avant la bataille* avec la préface de M. Déroulède. Sur ce dernier ouvrage, une étiquette porte le mot : *Sensationnell* avec trois points d'exclamation.

Le livre est fort exploité contre nous; les bonnes gens ne manquent point pour croire que nous allons un beau jour entrer en campagne, sans raison, par plaisir, pour voir. J'ai même dû expliquer que je ne pouvais parvenir à me figurer M. le président de la République demandant aux deux Chambres une déclaration de guerre et l'obtenant.

Il n'est pas bon sans doute de provoquer ces alarmes vraies ou feintes, mais il serait pire de comprimer par prudence toute manifestation du patriotisme. Ne nous déshabituons pas des accents de la « trompette guerrière » : il faut qu'elle sonne fort pour dominer le tumulte de nos partis. Hélas! la trompette de M. Déroulède fait plus de bruit en Allemagne qu'en France! Je lis ici les journaux français : que de haines parmi nous! Ce que les uns honorent, les autres l'exècrent; les arguments partent des principes les plus opposés. On dirait que des nations irréconciliables campent sur le même sol, prêtes à en venir aux mains. N'allons pas à l'ennemi avec des plaies si profondes. Nous avons « avant la bataille » une paix à faire, la paix avec nous-mêmes...

La police est bien faite à Berlin. Une seule fois, un mendiant, une petite fille, m'a tendu la main. La prostitution n'est apparente ni le jour ni dans les premières heures de la soirée. La nuit seulement, les rues qui sont à peu près désertes appartiennent aux rôdeuses. Cela ne veut pas dire certes que Berlin soit indemne de la corruption des grandes villes ; il me semble même que le nombre des restaurants, des cafés chantants et des brasseries, où la table, la musique et la bière sont des prétextes, s'est grandement accru.

Dans une des principales rues, près des Tilleuls, il y a un singulier établissement, qui se donne le titre de « Concert de la résidence ». Les artistes sont des femmes de toutes nationalités : l'affiche appelle cette troupe « une chapelle de dames ». Chacune chante dans sa langue, et les Berlinois, qui sont polyglottes, vont faire là de la philologie comparée.

Mais je parlais de la police. Les agents ressemblent à des soldats. Ils sont sévères, rudes, strictement disciplinés. Il font observer les ordonnances par tous comme des consignes. Par exemple, tous les chiens doivent être muselés : aucune infraction n'est tolérée à la règle. M. de Bismarck aime ses chiens, qu'il ne quitte pas et qui sont ses gardes du corps ; pour rien au monde, il ne voudrait les museler comme s'ils étaient les chiens du premier venu ou de simples démocrates-socialistes. Il a sollicité, me dit-on, une exception en leur faveur, mais ne l'a pas obtenue. Aussi ne sort-il guère et quitte-t-il Berlin dès qu'il le peut. Frédéric prit des provinces, mais respecta le moulin de Sans-Souci. M. de Bismarck a jadis, des années durant, violé toutes les lois de son pays, mais il se soumet aux ordonnances de police...

Les Allemands disent que la muselière protège leurs chiens contre l'hydrophobie. Ils sont heureux d'être affranchis de tout tribut à payer au Français Pasteur. J'ai le regret de dire, à ce propos, que toute gloire de la France importune certains savants en vue et les journalistes.

La masse du peuple allemand est bonne ; elle a le sentiment de la justice, et il n'est pas vrai du tout qu'elle soit prête à se jeter sur nous pour la joie de nous faire du mal et de nous écraser ; mais il y a chez nos voisins un grand parti de meneurs de haine. La haine éclate dans certains livres et dans la plupart des journaux.

Je viens de parcourir des articles sur l'affaire de Grèce. Je ne m'enorgueillis pas outre mesure des actes de la diplomatie française, mais, à ce qu'il me semble, nous avons bien fait de laisser vide notre place dans cet « aréopage » européen, qui n'aurait pas même eu l'idée de se réunir, s'il s'était agi de juger quelque colosse capable de briser à coups de canon l'urne aux suffrages et la tête des juges. Notre abstention exaspère les journalistes allemands, qui remplissent leurs pages de railleries brutales. La plus méchante de ces feuilles est la *Gazette de Cologne*. Ses correspondances de France sont odieuses. Informée des moindres incidents de notre vie, elle les commente et les dénature avec la plus vilaine perfidie. On dit qu'elle est officieuse et qu'elle émarge au « fonds des reptiles ». Il est naturel qu'elle y trouve du venin ; mais ce que je ne comprends pas, c'est qu'il en reste pour d'autres.

Dimanche de Pâques au matin. — Je vois passer un étudiant, grand et beau garçon, qui est manifestement aussi un bon garçon ; au-dessous d'un œil très doux, il porte deux balafres qui se croisent comme des épées ; une cicatrice joint sa bouche à son oreille. Cette coutume des duels est une survivance d'instincts primitifs. Dans la jeunesse des peuples, on n'est homme qu'après qu'on a frappé avec l'épée ou qu'on a été frappé par elle.

Le fameux duel universitaire, où la rapière ne peut atteindre que le nez et la joue, n'empêche pas les duels à mort. Dernièrement, à Berlin, un étudiant a été tué. Ses camarades, ceux qui faisaient partie de son *Corps*, l'ont veillé pendant vingt-quatre heures, en chantant et en buvant. Ne sont-ce pas les funérailles d'autrefois?

Il y a mille manifestations de cette jeunesse du peuple allemand : la simplicité, la brusquerie, la maladresse, la niaiserie dans les amusements, aussi la rudesse et l'incohérence des physionomies. Toutes les fois que je regarde un groupe populaire, mon imagination habille les hommes en reitres, en lansquenets ou bien en soldats d'Alaric...

Il fait un beau soleil. Les Tilleuls sont tout remplis d'uniformes de grande tenue. Les casques d'or reluisent sur la tête des cuirassiers. Sur les casques de cuir de fantassins retombe en pluie le panache blanc. Les brandebourgs jaunes des hussards éclatent sur le dolman vert. Les sabres traînent sur le pavé. Si loin que je regarde, j'aperçois des officiers et des soldats la main au front : c'est comme une vision de l'armée prussienne se saluant elle-même. Tout ce monde-là est en fête et fier de porter un si bel habit; le brillant et l'ampleur de l'uniforme, la joie d'en être vêtu sont des signes qu'il ne faut pas négliger : signes de jeunesse encore.

Dresde, lundi 26 avril. — Je me sens plus à l'aise qu'à Berlin. Je vois un vrai fleuve, d'une belle eau, dont la large courbe enveloppe le regard. A Berlin, pas de raison pour s'asseoir ici plutôt que là ; à Dresde, il y a des endroits indiqués pour s'arrêter, des invites à la flânerie. Bien des heures ont été perdues sur cette terrasse qui domine l'Elbe, et d'où je vois partir des bateaux chargés de promeneurs. Les lèvres ont plus de sourires; le rire se mêle plus volontiers à la conversation. La circulation est moins raide, l'allure générale détendue. Les soldats qui passent marchent à peu près comme les nôtres; ils ne sont pas mécaniques; même je remarque du laisser-aller dans la tenue. A la porte du palais un factionnaire marchait une main dans sa poche.

Dresde est dans un beau pays riche. La devise prussienne : « Vivre d'abord et ensuite laisser vivre », n'est pas de mise ici. La Saxe a toujours pu vivre et laisser vivre...

Quel palais avait donc rêvé, il y a tantôt deux cents ans, le roi Auguste II, si le *Zwinger*, ce long quadrilatère sur trois côtés duquel court une colonnade et que flanquent six pavillons pompeux, devait être une simple avenue vers la demeure royale? L'aspect est celui d'un décor, avec quelque surcharge de *rococo*, mais les lignes sont belles, les proportions harmonieuses et grandes : l'édifice est un des plus intéressants que l'on puisse voir en Europe.

Le musée logé dans ce palais est une des merveilles du monde. La *Madone Sixtine* et la *Vierge de Holbein* y ont chacune leur chapelle; elles sont placées sur des panneaux que le visiteur peut mouvoir selon l'heure et la lumière. A son aise, il étudie deux génies à coup sûr inégaux, — car les yeux de la madone regardent manifestement et de très près le divin, — mais dont le contraste même introduit l'esprit dans les hautes régions vagues habitées par les génies des peuples. Les deux chapelles sont à l'extrémité de la galerie, qui est divisée en deux séries de salles : dans les unes, les grandes toiles; dans les autres, les petites. Des deux côtés, un luxe de chefs-d'œuvre. Vous ne gardez pas seulement après la visite l'ineffaçable souvenir de tel ou tel tableau : chacune des salles laisse l'impression d'un bouquet magnifique de fleurs surnaturelles.

Dans le vieux palais qu'habite le roi se trouve la célèbre « voûte grise », qui contient le trésor royal : bronzes, ivoires, pierres précieuses de toutes les sortes et de tous les pays, tours de force d'orfèvrerie, émaux diadèmes de diamant, colliers de diamant, boucles de diamant, boutons de diamant, fourreaux d'épée cachés sous le diamant.....

Avec les 17 000 ducats que la *Madone Sixtine* a coûtés à Auguste III, avec les sommes énormes que ce prince a comptées au duc de Modène pour le payement de sa galerie, Frédéric-Guillaume de Prusse aurait acheté des grenadiers, bâti des forteresses, desséché des marais, planté des arbres, établi des colons. Il n'était pas capable de faire à la Madone une entrée triomphale dans son palais, comme Auguste III, qui cria : « Place à Raphaël ! » et céda au tableau son propre trône. Le roi sergent n'était pas sensible aux émotions de l'art : il n'aimait que l'utile. Il avait quelque goût pour la science, mais à condition qu'elle fût productive : il voulait que son académie lui fournît les moyens de mieux faire valoir les domaines de la couronne. De luxe, il n'avait nul besoin. Son siège était de bois dans ce *Collège du Tabac*, où il réunissait tous les soirs ministres, généraux, ambassadeurs. Tous étaient en tenue familière; point de domestiques : chacun trouvait à sa portée une cruche de bière, des pipes, du tabac hollandais, du beurre, du pain et du jambon. Tout le monde fumait ou devait faire semblant de fumer. Léopold de Dessau, à qui le tabac faisait mal au cœur, prenait une pipe comme les autres et la tenait en main. On buvait outre mesure; on riait, on criait; on échangeait les plaisanteries les plus grossières, mais sans oublier les affaires sérieuses. Le roi interrogeait, écoutait, exposait ses projets, provoquait les critiques et prenait souvent des décisions importantes. Le *Collège du Tabac* était un conseil de gouvernement peint par Teniers.

Frédéric-Guillaume Ier n'a point laissé au trésor des rois de Prusse d'autres bijoux que ceux dont on lui avait fait cadeau. Il n'aimait pas d'ailleurs les présents de cette sorte; tout prince qui voulait se faire bien venir devait lui expédier de grands grenadiers. Un jour il reçut du roi de France une épée enrichie de diamants. « Une dizaine de grands gaillards, dit-il, auraient bien mieux fait mon affaire. » Je ne sais si l'on a conservé sa canne, qui s'abattit si souvent sur le dos des recrues, des ouvriers paresseux, des flâneurs de Berlin et n'épargna pas même la famille royale. Cette canne a été un des instruments de la grandeur prussienne.

Frédéric-Guillaume passait assurément pour barbare à la cour de Dresde, mais ce roi de Prusse vivait et travaillait pour la Prusse ; le prince qui régnait sur la Saxe vivait de la Saxe et si bien qu'elle en devait mourir un jour. Luther et la Réforme avaient porté au premier rang ce bel électorat saxon, pays tout allemand, où le génie de l'Allemagne a donné quelques-uns de ses chefs-d'œuvre. Des princes avides de plaisirs et d'apparences solennelles ont tout perdu. Ils ont eu des bijoux, des tableaux, des fêtes : au moment où le roi de Prusse peinait dans un atelier, ils jouissaient dans un sérail. Après avoir été les héros de la Réforme, ils se sont faits catholiques pour devenir rois de Pologne, pensant qu'une couronne valait bien une messe. Aujourd'hui le successeur du roi sergent est empereur d'Allemagne; le successeur de ces brillants Saxons a encore la messe, — je viens de le voir tout à l'heure agenouillé à l'église, tenant dévotement son livre dans ses mains gantées de blanc, — mais il n'a plus la Pologne : a-t-il encore la Saxe?

26 avril. — Au jardin zoologique de Dresde, je lis sur une cage ces mots : *Vrais chiens ratiers allemands.* J'avais déjà remarqué aux devantures des boutiques ce certificat d'origine allemande décerné à des produits pour les recommander : *Echt deutsch,* c'est l'éloge par excellence. On sait avec quelle facilité l'épithète *deutsch* (allemand) est attribuée à toutes les sortes de vertus, en particulier à la bonne foi, à la fidélité, à la chasteté, à la modestie. Le même honneur est fait à tout ce qui est beau et vigoureux dans la nature. J'ai déjà raconté l'étonnement d'une jeune femme qui, apercevant des chênes dans un premier voyage en France, n'en pouvait croire ses yeux. A force d'entendre dire *die deutsche Eiche,* le chêne allemand, elle croyait qu'il n'y avait de chênes qu'en Allemagne.

Cette naïve admiration de soi-même explique les sentiments de nos voisins à l'égard des étrangers. Par exemple, la haine germanique contre le Polonais ne vient pas tout entière du remords des crimes perpétrés sur la Pologne. Les mesures, tout à fait extraordinaires en ce siècle, qui ont été prises dans les provinces de l'Est, ne s'expliquent pas uniquement par le désir trop naturel de faire disparaître le cadavre; dans le Polonais, l'Allemand déteste le Slave, l'étranger.

La haine barbare et stupide du juif est un phénomène du même ordre. Nous disons quelquefois en parlant d'un personnage dont l'avidité n'a point de scrupules : « C'est un vrai juif allemand » ; mais, pour nos voisins, il n'y a pas de juif qui soit un vrai Allemand. « Quelle chose amère, s'écriait au plus fort de l'agitation antisémitique un député au *Reichstag*, israélite de grande distinction et qui a rendu de signalés services politiques, quelle chose amère que de se sentir étranger dans son pays ! » Étranger est le mot : ce que réclament les antisémites, c'est l'expulsion d'un corps étranger hors de l'organisme de la saine Allemagne.

Vrais chiens ratiers allemands ! Est-ce qu'on va exiler les autres ?

Leipzig, le 28 avril. — Visite de l'Université, en particulier de deux très beaux instituts, bien aménagés pour le travail (l'un d'histoire naturelle, l'autre de chimie), sous la conduite des directeurs, hommes très obligeants, qui ne nous ont pas marchandé leur peine.

Il est naturel qu'en présence des universités étrangères je pense surtout à nos universités naissantes. Nous sommes tout au début d'une œuvre exposée encore à bien des périls. Il faut vaincre des habitudes acquises, l'ignorance des uns, la mauvaise volonté des autres, le préjugé démocratique contre le haut enseignement, et le préjugé utilitaire, qui, n'admettant que l'utilité immédiate, tarirait, si on le laissait faire, la source même de l'utile, c'est-à-dire la culture de l'esprit. En songeant aux longs efforts qui restent à faire, je me rappelle les vers où Virgile énumère au vigneron les précautions à prendre pour mener à bonne fin son plant délicat. Encore devra-t-il après tout ce labeur, au moment où la maturité sera enfin obtenue, redouter la pluie :

Et jam maturis metuendus Jupiter uvis.

Combien plus ne devons-nous pas nous défier de Jupiter, nous qui sommes aux premiers jours de la saison de travail ! Courage pourtant ! Les universités de province commencent à poindre; déjà Bordeaux et Lyon sont assurés de l'avenir. A Paris, l'État et la Ville seront récompensés de leur générosité envers les facultés. La nouvelle Sorbonne ne sera point trop vaste pour ce jeune monde d'étudiants qui remplit aujourd'hui les baraques en bois de la rue Gerson et de l'avenue de l'Observatoire. Ici, dans cette ville de Leipzig, en face d'une de ces universités qui ont tant fait pour la grandeur et la prospérité de l'Allemagne, nous aimons à rendre à notre pays cette justice qu'il a compris son devoir envers la science.

A tout moment nous échangeons nos idées sur l'éducation.

L'éducation allemande est nationale : elle veut former des Allemands. L'histoire enseigne aux écoliers que la civilisation humaine a trois représentants : la Grèce, Rome, la Germanie. Elle est un long panégyrique du germanisme, depuis les origines jusqu'à nos jours. Les héros d'autrefois, le héros Alaric, le héros Théodoric, le héros Charlemagne, le héros Barberousse, sont aimés avec tant de chaleur qu'on les dirait vivants. Par contre, les vieux ennemis, Romains, Gaulois, Slaves, sont haïs comme s'ils attaquaient la frontière. A plus forte raison semble-t-il que l'incendie du Palatinat soit en pleines flammes et que Louis XIV règne à Versailles. Dans ces souvenirs, aucune perspective; ils se pressent tous au premier plan. De là vient cette fraîcheur de la haine, et la solidité d'un patriotisme dont la substance est plusieurs fois séculaire.

Nous avons été longtemps trop désintéressés dans notre éducation, mais n'allons pas nous mettre à imiter l'Allemagne : entre l'histoire de ce pays et la nôtre les différences sont trop profondes. Nous ne pouvons employer l'enseignement historique à produire chez nous ce patriotisme hautain.

La nation en Allemagne est une race, et l'orgueil de race est une passion vigoureuse. Est-ce que la France est une race?

Un certain nombre de braves gens sont occupés aujourd'hui à procurer une statue à Vercingétorix, mais il y a bien moins de rapports entre le Gaulois Vercingétorix et nous qu'entre le Germain Arioviste et les Allemands.

Depuis Vercingétorix, la Gaule a été conquise par les Romains, dont elle a pris la langue, les institutions et les mœurs. Elle a été envahie par des Germains de toutes les tribus et par des Scandinaves. Au Ve siècle, il n'y reste rien de celtique : des Celtes, chassés de la Grande-Bretagne par les Anglo-Saxons et réfugiés dans notre Armorique, apparaissent comme des étrangers, des conquérants et des barbares. Au contraire, la conquête romaine n'a fait qu'effleurer la Germanie, et les grandes migrations de peuples l'ont laissée germaine.

Comparez les deux pays au IXe siècle, c'est-à-dire au moment où les nations modernes naissent dans le démembrement de l'empire carolingien. La France de Charles le Chauve est un chaos : le roi s'y démène contre des Bretons, des Normands, des Aquitains, gens de races différentes et qui n'ont pas l'idée qu'ils forment ni doivent jamais former un même peuple.

Au contraire, l'Allemagne de Louis le Germanique ne contient que des Allemands, et les grandes diètes où se réunissent les évêques et les seigneurs sont des assemblées nationales.

Nous avons coutume d'opposer l'unité française à l'anarchie germanique, mais il faudrait ici introduire une distinction. La politique a fait l'unité en France; en Allemagne, elle a réduit le pays à l'anarchie, mais l'*unité naturelle*, celle de la race, y a persisté.

Chez nous, le roi a fait la nation, qui se forme à mesure que le domaine royal s'agrandit. La France a commencé par être le *Pays d'obéissance le Roi*. Après que le Nord a conquis le Midi par la croisade des Albigeois, les Languedociens ne deviennent pas tout de suite des Français : ils sont les sujets du seigneur roi. Au delà des Vosges, l'autorité royale s'affaiblit, les institutions générales dépérissent, les provinces s'émiettent en seigneuries et en républiques; mais l'Allemagne a gardé le sentiment de la communauté d'origine : elle demeure une nation *naturelle*.

A la fin du XIIIᵉ siècle, le roi de France possède la plus grande partie de notre territoire. Il représente la France, il est la France, parce qu'il est le propriétaire du sol. Rodolphe de Habsbourg, roi allemand, est un pauvre prince. Il n'a dans sa bourse, comme il dit, que la grâce de Dieu. Chez nous, il serait vassal de vassal, à peine aperçu du roi : en Allemagne, il est roi et toute l'Allemagne le reconnaît pour tel. Comme les Allemands, malgré le morcellement du sol et de l'autorité, se sentent nation, ils tiennent à garder la royauté, tout impuissante qu'elle soit, parce qu'elle est le symbole solennel de la patrie teutonique.

Ainsi la royauté a créé un État français dans l'ancienne Gaule; en Allemagne, où tous les liens de l'État ont été détendus, la seule communauté d'origine et de langage a fait la nation.

C'est pourquoi les Allemands ont eu le sentiment de la race, que nos pères n'ont pas connu.

Poursuivons ce parallèle. Au moyen âge, les frontières continentales de la France étaient des lignes conventionnelles. Les langues s'y mêlaient; elles étaient enjambées par des principautés féodales moitié françaises et moitié allemandes, moitié françaises et moitié italiennes, moitié françaises et moitié espagnoles. L'Allemand se heurtait à des peuples très différents de lui, Slaves, Lithuaniens, Hongrois, qui le détestaient et qu'il exécrait. Les écrivains du moyen âge qui racontent le combat perpétuel contre ces Orientaux expriment des sentiments de haine et d'orgueil que ne connaissent pas nos vieux chroniqueurs.

Sans doute, le défaut d'organisation a livré l'Allemagne aux hasards de la politique et de la guerre. Elle est devenue au XVIIe siècle une région d'anarchie, dont chaque morceau était exploité par un prince, qui était, quelques exceptions faites, un personnage ridicule; mais, même pendant cette période, elle a gardé, avec la conscience et l'estime d'elle-même, une invincible espérance. Justement parce qu'il n'y avait pas de machine d'État, la commune qualité d'Allemand était toute la patrie. C'était donc chose fatale que, le jour où ce pays serait unifié, il suivît une politique bien vieille à nos yeux, celle des revendications au nom de la race.

C'était chose fatale aussi que la France eût une autre vocation. De « l'univers » romain nos pères sont passés dans l'universel catholicisme, pour y demeurer longtemps. La Gaule romaine avait été le joyau de l'empire : la France chrétienne a été la parure de l'Église. La science universelle du moyen âge a élu domicile à Paris, qui a été la capitale intellectuelle de la chrétienté. Quand les temps d'épreuves furent venus pour l'Église, la France lui est demeurée fidèle : elle n'a point senti, comme d'autres pays, le besoin d'avoir une Église pour elle seule. Au XVIe siècle, nous n'étions pas un peuple d'un caractère assez particulier pour que quelqu'un se levât parmi nous et nous révélât notre âme, comme Luther, ce grand et vrai Allemand, a révélé à ses contemporains l'âme allemande. Nous faisions alors nos humanités à l'école des anciens, dont nous avons été les meilleurs disciples. L'éducation achevée, le caractère universel et humain de notre génie apparaît dans notre littérature du XVIIe siècle, dans notre philosophie du XVIIIe siècle, dans une révolution enfin que nous avons prétendu faire pour le bien commun de l'humanité.

En vérité, nous sommes loin, très loin de Vercingétorix.

Que faut-il dire à nos enfants? car il leur faut dire quelque chose. Jadis le droit de vivre était naturel ; pour être, il suffisait de naître. A l'heure qu'il est, dans la concurrence entre les peuples, chaque peuple doit avoir une raison d'être et la savoir. Rome s'était donné une vocation : conquérir le monde. L'Allemagne a cette vocation : revendiquer pour elle tout ce qui est germanique, exalter le germanisme, développer dans l'univers la puissance germanique. Quelle est la nôtre?

Il n'y a pas de doute que nous avons charge de représenter la cause de l'humanité.

Je n'entends point que nous devions noyer notre

individualité nationale dans « l'humanitairerie ». Mais notre individualité consiste précisément en ceci, que nous sommes une nation humaine.

Certes nous avons le culte de la patrie française : après qu'elle a été faite par nos rois, nous nous la sommes appropriée par la Révolution. Nous l'aimons pour elle-même et nous avons défendu contre les monarchies d'Europe notre sol, que nous avons déclaré indivisible et sacré ; mais nous avons proclamé en même temps les droits de l'homme et les droits des peuples. Hélas ! nous avons presque aussitôt méconnu ces droits ; mais les violences mêmes du premier Empire ont eu cet effet bienfaisant de hâter de plusieurs siècles l'affranchissement des nations. Depuis que l'Europe coalisée nous a fait rentrer dans nos frontières, notre politique n'a jamais été violente ni provocatrice. Elle a fini par professer que toute conquête est injuste, si elle prétend disposer d'êtres humains contre leur volonté. Gardons cette politique : elle est notre vraie raison d'être. En face d'un empire fondé par la force, soutenu par elle, et qui a immolé à des convenances de stratégie les droits de milliers d'hommes, la République française représente ces droits violés. Si quelque jour, dans une grande mêlée européenne, elle revendique le territoire arraché de la patrie indivisible, elle le pourra faire au nom de l'humanité.

Voilà ce qu'il faut expliquer aux générations qui auront quelque jour à défendre la France sur les champs de bataille. L'indifférent silence de l'école en matière d'éducation nationale est effrayant. Il y a une propédeutique du devoir militaire : ne la négligeons pas. Il serait très périlleux de percevoir l'impôt du sang en vertu de lois et de règlements, comme l'impôt sur le tabac, l'alcool et les cartes à jouer.

Cologne, le 1ᵉʳ mai. — Ici encore, le progrès de la richesse et de la population est visible. Cologne possède, avec sa cathédrale, d'admirables églises romanes. Il y a quelques années, la cathédrale attendait encore ses flèches, et plusieurs églises étaient délabrées : les flèches aujourd'hui dominent la ville et la campagne ; les églises sont toutes pimpantes de la fraîcheur d'une restauration où l'on n'a épargné ni la science ni l'argent. Une partie des fortifications a été jetée par terre : un nouveau boulevard, l'avenue de l'Empereur, occupe la place des remparts. Des hôtels privés s'alignent des deux côtés ; ils sont d'architecture hollandaise, mais plus pompeuse et plus opulente que dans le pays natal.

La richesse ne produira-t-elle pas en Allemagne ses effets ordinaires ? Déjà le progrès de l'industrie attire le paysan dans les villes. A mesure que l'émigration en Amérique deviendra plus difficile, l'attraction sera sans doute plus forte. Or le progrès des doctrines socialistes ne s'arrête pas, et les lois d'exception, en comprimant le parti, y condensent la haine. L'Allemagne ne paraît pas se préoccuper de ce danger. Elle est dans la joie de ses succès économiques et du « Sedan industriel » qu'elle nous inflige. Des journaux annoncent que les Grecs, nos bons amis les Grecs, ont commandé à Berlin quatre-vingt mille uniformes pour leur armée. Là-dessus, cri de triomphe : « Voilà encore un monopole ravi à Paris, qui le possédait depuis le premier Empire ! » Enlever à Paris toutes ses industries est une des ambitions de l'Allemagne.

J'ai tout à l'heure entendu la conversation de deux

commerçants qui dînaient à côté de moi. Ils ont de grandes affaires, car ils calculaient le prix du transport de la tonne à travers les mers. Leur visage hardi et dur me faisait songer à ces matelots de la Hanse, qui faisaient le commerce comme on fait la guerre; car l'Allemagne a été au moyen âge le pays des entreprises commerciales vastes, vigoureuses et persévérantes. Voilà encore une puissance d'autrefois qui se réveille. Prenons garde à nous! Il ne s'agit pas d'un danger éphémère : la lutte commencée ne s'arrêtera plus. La preuve que l'Allemagne en sait l'importance, c'est que le ministre du commerce du roi de Prusse est un prince, et que ce prince est M. de Bismarck. Le commerce est conduit avec la même attention et le même esprit de suite que les affaires militaires et la politique internationale. Comme dans une campagne, des espions étudient les procédés de l'adversaire. Nos ennemis emploient des stratagèmes; ils donnent pour nôtres des produits berlinois; au « qui vive? » ils répondent « France! » alors qu'ils sont Allemagne. Ils pratiquent une stratégie commerciale. Ils savent les points qu'il faut attaquer, s'éclairent dans toutes les directions, coupent ou détournent les routes, et l'état-major vient en aide au moment utile à tels ou tels partisans aventurés au loin. Vraiment, il y a pour nous mieux à faire que d'organiser une exposition universelle. Il faudrait que notre ministre du commerce se pût occuper à tête reposée de nos intérêts. Ce ne serait point déroger : Louis XIV faisait cela en son conseil de commerce.

2 mai. — *Vier Kaiser!* quatre empereurs! Je retrouve ici une photographie que j'ai vue partout. Le vieil empereur est assis, coiffé de la casquette militaire, la tête penchée vers son arrière-petit-fils, qu'il tient sur ses genoux. Son fils et son petit-fils sont debout auprès de lui.

Quatre empereurs, par le temps qui court, c'est beaucoup d'empereurs!

Il n'y a certainement aucune menace contre la dynastie, et personne ne peut deviner comment sera défait ce qui a été fait il y a quinze ans. Une coalition de princes allemands est impossible : rois, grands-ducs et ducs sont des ombres solennelles, vénérées par un reste d'habitude ; l'Autriche ne peut leur communiquer aucune force contre l'empire, dont elle est la vassale. Les partis hostiles sont divisés ; le plus redoutable, qui est le parti catholique, est un peu apaisé. N'importe! Le photographe qui a trouvé « les quatre empereurs » est un homme hardi ; il ne redoute pas assez l'envie des dieux!

Nous disons en France : on verra ce qui adviendra quand M. de Bismarck et M. de Moltke ne seront plus là! Mais c'est commettre une grande injustice envers l'empereur que de ne compter pour rien sa disparition. Un homme qui a fait ses premières armes à Bar-sur-Aube en 1814, et les dernières à Buzenval en 1871, est tout autre chose qu'un ornement de parade : sa longue vie est le ciment entre le passé, le présent et l'avenir. D'ailleurs, Guillaume Ier a d'autres mérites que d'avoir vécu longtemps : il a toujours voulu la même chose. Le prince qui, chaque jour de tant d'années, même au milieu d'une paix profonde, avait rempli son devoir d'officier comme si l'ennemi frappait aux portes, était seul capable d'entretenir l'esprit militaire en Prusse, et d'imposer à tous la réorganisation de l'armée en bravant l'impopularité, la haine, les menaces et le péril d'une révolution. Ajoutez qu'il a une grande vertu royale : il croit à la royauté; il a foi en une mission qu'il estime tenir de Dieu lui-même.

N'allons pas, encore une fois, crier à l'hypocrisie : les rois, comme de simples mortels, se font très sincèrement une religion de leur intérêt. C'est chose fort utile, en un temps où la terre tremble, que de prendre au ciel son point d'appui.

Régner par la grâce de Dieu, quel beau rêve du temps passé! Il est naturel qu'on le veuille prolonger, quand on est soi-même, comme le vieil empereur, un monument du passé. Guillaume Ier n'est point cependant un révolté contre l'esprit moderne. Il a de la finesse et de la prudence. Monarque constitutionnel d'une espèce particulière, il a pris son parti du régime parlementaire; il le laisse vivre, parler, se démener; il y est entré, mais il le dépasse de la hauteur de sa couronne, qui est surmontée de la croix. A son avènement, il a prêté sans difficulté le serment de garder la constitution, puis il est parti pour Kœnigsberg, la ville du sacre, et le jour de la cérémonie, saisissant la couronne de ses propres mains, il l'a mise sur sa tête après avoir dit : « Je la prends de la table du Seigneur! » C'était affaire où les chambres n'avaient rien à voir, affaire entre lui et le Seigneur! Qu'on ne s'y trompe point : l'empereur Guillaume est un personnage. Il est difficile de dire ce qu'il aurait fait sans M. de Bismarck, mais M. de Bismarck n'aurait rien fait sans lui. Il a fallu à ce ministre, pour y risquer les hardiesses et les fantaisies de sa politique, la solidité de cette roche.

Guillaume Ier a été longtemps prince prussien et il a été roi de Prusse avant de devenir empereur d'Allemagne. Le roi de Prusse dure en lui, et par lui dure la Prusse. Mais peu à peu s'efface le particularisme prussien; dans le parlement de l'empire, les partis se mêlent, à peu près sans distinction de pays. La Prusse finira par perdre cette vigueur dont la raison d'être était son isolement même. Dès lors se pose une grave question : l'unité de l'Allemagne n'est aujourd'hui qu'un progrès dans le développement de la Prusse; ne faudra-t-il pas comprendre autrement l'unité, quand les frontières de la Prusse se seront effacées dans l'empire?

Les difficultés viendront un jour. Alors on mesurera la place que tenait dans l'histoire l'empereur Guillaume. Son fils est prince impérial en même temps que prince royal; il sera empereur à l'heure même où il sera roi. Son enfance s'est écoulée dans la paix; homme, il n'a connu que des victoires. L'âme de la vieille Prusse n'est pas en lui comme elle est dans son père, né onze ans après la mort du grand Frédéric. On le dit quelque peu philosophe, et il aurait mauvaise grâce à prendre sa couronne de la table du Seigneur; cette table d'ailleurs n'est plus si solide, même en Allemagne, qu'elle était jadis. Voilà pourquoi, si beau que soit le présent, je trouve un peu optimiste le photographe des quatre empereurs.

L'ÉTAT POLITIQUE

DE L'ALLEMAGNE [1]

L'Allemagne actuelle[2] est le titre d'un livre dont l'auteur, qui ne se nomme pas, affirme être né en Belgique ; mais le lecteur, mis en éveil dès l'abord par la précaution de l'anonymat, ne se laisse pas tromper par l'*alibi*. La façon d'écrire, qui est aisée, vive, pittoresque, le talent de dessiner à grands traits les questions et les personnages, le sourire qui se mêle aux réflexions les plus sérieuses, et l'art de couper court aux considérations graves par un mot de la fin, sont des signes d'origine. Cet écrivain, s'il a vu le jour aux bords de la Senne bruxelloise, a grandi sur les rives d'un autre cours d'eau homonyme ou à peu près de la rivière belge. Il doit avoir passé la soixantaine : il a l'expérience de cet âge, et, avec la persistance de la jeunesse d'esprit, l'accalmie de la vieillesse commencée. Il a voyagé dans une bonne partie du monde : comme diplomate ? je ne crois pas : un diplomate a l'esprit moins libre ; il ne fait pas aussi vite le tour d'un homme, et

---

1. Publié dans la *Revue des Deux Mondes*, le 1er juillet 1887.
2. Paris, Plon, 1887.

ne se décide pas si nettement sur les choses. J'imagine que nous avons affaire à un Français, très cultivé, riche, voyageur par curiosité, bien apparenté en relations, ayant commerce avec des personnages qui ont touché l'histoire de leurs propres mains. Peu importe d'ailleurs le mot de l'énigme. Que ce publiciste ait tu son nom parce qu'il a un nom, ou qu'il ait cru superflu de le dire parce que ce nom est inconnu, il a su nous donner une impression juste sur ce grand pays d'Allemagne, qui est tout à la fois très fort et très embarrassé de grosses difficultés. Son livre est un texte excellent pour parler de l'*Allemagne actuelle*, comme nous allons essayer de le faire, si grand et si redoutable que soit un pareil sujet.

I

Dix-sept ans ne se sont pas écoulés depuis la fondation de l'empire, et plusieurs fois les pouvoirs publics se sont heurtés dans des conflits. Les dernières élections ont troublé toute l'Allemagne et toute l'Europe, et les électeurs ont été avertis qu'une révolution ou la guerre pouvait sortir des urnes. Il y a donc chez nos voisins un malaise politique profond. J'en voudrais rechercher les causes, avec une pleine liberté d'esprit, en suivant la méthode des philosophes, qui commencent l'étude d'un problème par la critique des idées reçues, et qui démolissent avant de reconstruire.

Est-il vrai que l'Allemagne, devenue la première puissance militaire du monde, porte avec quelque impatience les charges que lui impose sa grandeur? S'alarme-t-elle d'être haïe autant qu'elle est redoutée? Souffre-t-elle, en un mot, de la brusque transformation qu'elle a subie depuis 1866? Il faut, pour répondre, comparer l'état ancien et l'état actuel de ce pays.

L'ancienne Confédération germanique, instituée par le congrès de Vienne au lendemain de la plus terrible secousse qui ait ébranlé le continent, était, par excellence, une institution de paix. Les caractères en ont été étudiés dans un très grand nombre d'écrits politiques, entre lesquels il convient de signaler une brochure pleine d'idées, qui a pour titre la *Politique médiatrice de l'Allemagne* [1]. « L'Allemagne, dit très bien l'auteur, par sa situation, sa masse et sa profondeur, pouvait servir de barrière entre les États, les protéger tous contre la prépondérance ou l'agression d'un seul, éloigner de chacun d'eux le péril des coalitions. Mais, pour la rendre apte à remplir cette fonction d'intérêt européen, quelle organisation intérieure fallait-il donner à la Confédération? Il fallait évidemment l'organiser de telle façon que ses membres fussent toujours prêts à voler au secours de celui qui serait attaqué et jamais disposés à seconder celui qui voudrait tenter au dehors la fortune des grandes aventures. En un mot, il fallait l'armer pour la défense et la désarmer pour l'attaque. » L'écrivain montre ensuite comment la complication du mécanisme de la Confédération, la rivalité de la Prusse et de l'Autriche, la politique des petits États serrés entre les deux colosses, la lenteur à se résoudre et la difficulté de passer de la résolution à l'acte, répondaient aux vœux des législateurs de 1815.

« Tandis que l'Allemagne opère sur elle-même ce travail de rotation, elle évite les entraînements du dehors; tandis qu'elle s'épuise à déterminer les modes de son action, sans jamais se décider à agir, les passions s'apaisent, les préjugés se dissipent, les droits se dégagent des prétentions, les belligérants continuent de négocier par le canal de sa diplomatie; l'Allemagne, au besoin, négocie pour eux. On se bat et elle discute encore; chacun s'abandonne aux hasards de la force,

---

1. *La Politique médiatrice de l'Allemagne,* par M. E. Crampon. Paris, 1855.

l'Allemagne continue de penser et elle empêche que la notion du droit ne soit abolie. Ce rôle a sa grandeur. »

Certes ce rôle avait sa grandeur, et l'Allemagne qui le remplissait n'était pas une puissance méprisable. De 1815 à 1866, personne n'a osé l'attaquer. En 1859, l'empereur Napoléon III s'est arrêté en Italie dès qu'elle a fait mine de se mettre en mouvement. En 1864, quand elle a décidé l'exécution contre le Danemark, la France, l'Angleterre, la Russie n'ont pas usé du droit qu'elles avaient d'intervenir. Comme au temps de Commines, tout le monde savait en Europe que c'était chose puissante que « ces Allemagnes ». Mais quel changement aujourd'hui! L'Allemagne s'est levée de son séant; elle est debout, la main sur l'épée, comme la *Germania* du Niederwald. Le régime militaire de la Prusse, pour qui la guerre était une « industrie nationale », est devenu le régime normal de la patrie allemande.

On pouvait jadis, sur les frontières de la Confédération, vaquer aux œuvres pacifiques. L'esprit militaire s'apaisait. Les découvertes de la science, les nouvelles doctrines commerciales, l'universel laisser-passer faisaient croire aux humanitaires que la date approchait de la réconciliation des hommes. Aujourd'hui, les frontières sont crénelées; les chemins de fer sont des outils de guerre; les sciences sont requises pour le service de la destruction, même l'histoire naturelle, qui démontre les droits des forts et les torts des faibles. Point de nation qui ne s'apprête à tuer pour n'être pas tuée. Les budgets et les lois militaires étouffent partout l'activité nationale. L'Europe ressemble à un immense champ de parade, en attendant qu'elle devienne un champ de carnage. Cela est l'œuvre propre de la Prusse, et la conséquence immédiate de l'unification de l'Allemagne. Ce pays, organisé jadis pour la défensive, est le plus prêt qu'il y ait au monde pour l'offensive. L'Allemagne de 1815 « ressemble à une personne qui aurait la vue basse, l'ouïe très dure et la peau très délicate : elle ne sent bien que ce qui la touche. » L'Allemagne d'aujourd'hui a la vue et l'ouïe très claires. Elle est méfiante comme une sentinelle avancée et toujours prête à faire feu au moindre geste qu'elle aperçoit.

Cette gloire d'être menaçante ne va pas sans le péril d'être menacée. L'Allemagne autrefois n'avait pas d'ennemis : aujourd'hui, M. de Bismarck lui dit et lui répète qu'elle est en danger sur deux frontières au moins, et que ses forces militaires, si formidables, sont insuffisantes. Il faut accroître les effectifs, blinder les forteresses, construire de nouveaux chemins de fer stratégiques, par conséquent élever les impôts et recourir à l'emprunt. Nul ne peut savoir quelle sera la fin de ces coûteux efforts : M. de Moltke a prédit un jour que l'Allemagne devrait, pendant cinquante années, se garder contre la France. Ainsi, point de détente après la victoire : au contraire, un redoublement de peine et d'appréhensions.

Il est impossible que l'Allemagne ne souffre pas quelque peu des effets d'une victoire qui l'a mise en cette situation de toujours redouter la guerre. Plus d'un paysan et plus d'un ouvrier trouvent bien lourds le service militaire et les obligations envers le percepteur, et nombre de braves gens voudraient vivre tranquilles ; mais le peuple allemand accepte de bon cœur les sacrifices qu'on lui demande pour la sauvegarde du pays. Il ne regrette pas l'œuvre du congrès de Vienne, ni cette Confédération faite pour assurer le repos de l'Europe, mais qui ne répondait en aucune manière aux aspirations les plus légitimes des Allemands. Une nation qui a conscience de sa force ne peut se résigner à toujours accommoder sa destinée aux convenances d'autrui. Deux fois, au milieu du XVIIe siècle et au commencement de celui-ci, l'Allemagne a reçu sa constitution des mains de la diplomatie européenne. L'Europe lui déniait la personnalité, et c'est pour devenir une personne que la vieille Germanie aspirait à l'unité. Si cette unité incommode l'Europe, tant pis pour l'Europe! L'Allemagne, ouverte à toutes les ambitions étrangères, a été pendant trois cents ans un champ de bataille des puissances : elle a tremblé aux moindres bruits de guerre. Aujourd'hui, elle est fermée; ses ponts-levis sont relevés, et c'est l'Europe qui s'inquiète, c'est la France qui se trouble, lorsqu'elles croient entendre le grincement des chaînes du pont-levis qui s'abaisse. Tout compte fait, l'Allemagne aurait mauvaise grâce à se plaindre ; aussi ne se plaint-elle pas, et il nous faut chercher ailleurs les causes de l'opposition à l'empire.

Voici un défaut de la constitution, le plus visible de tous ceux qui sont reprochés à cet acte improvisé : il y a des Allemands hors de l'Allemagne; en revanche, il y a en Allemagne des étrangers. L'absence des frères allemands d'Autriche inspire de vifs regrets à quelques patriotes sincères. Pendant ces dernières années, un publiciste, chimérique il est vrai, mais penseur original et profond [1], critiquant à outrance l'œuvre prussienne, n'a cessé d'humilier l'Allemagne présente par la com-

1. M. Constantin Frantz.

paraison avec la grande Allemagne d'autrefois. Cet homme est un rêveur ; il a toute sorte de superstitions, par exemple le culte, le vieux culte naturaliste des fleuves et des montagnes. « Qui ne connaît pas les Alpes, dit-il, ne connaît pas l'Allemagne », et il reproche aux Berlinois d'avoir oublié que dans les vallées des Alpes vivent les plus fidèles, les plus forts, les plus beaux des Allemands, ces fils superbes du Tyrol. Il lui est arrivé sans doute de s'envoler dans les airs et de contempler de haut les cours du Rhin et du Danube. Le Danube descend de ses collines ; il est lent, incertain, dédaigne la ligne droite pour le circuit, s'arrête, comme un voyageur qui ne sait pas sa route, et semble se demander parfois s'il ne doit pas ramener son eau bleue vers sa source. Le Rhin descend de la haute montagne, fraye à travers la roche sa route héroïque, marque nettement sa direction et précipite son flot jaune. Notre homme, de son nuage, suit le Danube jusque vers l'Orient, berceau des traditions antiques, et le Rhin jusqu'à l'Océan, cette route du Nouveau-Monde. Le voilà qui disserte sur les deux fleuves : différents l'un et l'autre, ils se complètent l'un par l'autre ; aussi l'instinct populaire ne s'est-il pas trompé en mettant le Rhin au masculin et le Danube au féminin, car le Rhin et le Danube, *der Vater Rhein* et *die Mutter Donau*, sont le père et la mère de l'Allemagne. Leurs sources sont voisines, et la terre qu'arrosent et limitent leurs cours divergents est la Souabe des Staufen, des poètes et des philosophes, c'est-à-dire le berceau de l'âme allemande. Le père et la mère ont fourni chacun la moitié de cette âme complexe, jeune et vaillante comme le Nord, auguste et sacerdotale comme l'Orient.

Telles sont les imaginations de ce rêveur. Au fond, il n'a point tort : l'Autriche ne saurait être retranchée ni de la géographie ni de l'histoire de l'Allemagne. Faire entrer des étrangers dans l'empire le jour même où l'on exclut les Autrichiens, c'est pratiquer trop ouvertement la politique des convenances personnelles, trop clairement déclarer que l'on tient compte des faits, mais qu'on ne croit point à des raisons supérieures aux faits, ni à des principes auxquels il faut rapporter même les coups de force. Ces raisons existent pourtant, et ces principes sont des forces à leur façon. Ils exigent que l'œuvre commencée soit menée à son terme; mais l'unification de l'Allemagne ne sera terminée que par un concours d'événements dont personne au monde, pas même M. de Bismarck, ne prévoit ni la date, ni le caractère, ni l'issue.

Soit! mais ces imperfections sont plus vivement ressenties par les observateurs du dehors que par les Allemands eux-mêmes. Les fondateurs de l'empire n'ont point de mal à se défendre des critiques qu'on leur adresse. A chaque jour, disent-ils, suffit sa peine; après aujourd'hui, il y a demain. C'est beaucoup déjà que d'avoir fait, comme disent les publicistes de mauvaise humeur, la petite Allemagne : petite Allemagne deviendra grande; nous ne la voulons point exposer aux dangers d'une croissance prématurée. Ces excuses, qui ont leur valeur, sont fort bien accueillies. Les regrets de M. Constantin Frantz n'ont servi qu'à faire éclater de rire les journalistes berlinois, gens pratiques vivant non dans l'empyrée, mais sur terre, en plaine, au niveau de la mer.

Laissons donc de côté l'avenir. Enfermons-nous dans l'Allemagne actuelle, telle qu'elle a été faite par les batailles, par les traités et par la constitution. Puisqu'elle ne redoute point le péril où sa fortune l'a mise, puisqu'elle ne pleure point les frères exilés, puisqu'elle est contente d'être forte, pourquoi donc semble-t-elle payer d'ingratitude son créateur, et d'où vient enfin son opposition?

En France, nous sommes portés à croire que toute résistance opposée au gouvernement de l'empire vient des petits États, et qu'elle atteste le réveil du particularisme. L'opinion n'est pas complètement fausse, mais il ne la faut exprimer qu'avec de grandes précautions. Sans doute il y a en Allemagne des régions historiques et géographiques. Il n'est point malaisé d'y reconnaître encore aujourd'hui une Bavière, une Souabe, une Franconie, une Thuringe, une Saxe, mais dans tous les pays au monde se rencontre pareil phénomènes. Nous avons une Bretagne, une Normandie, une Gascogne, une Provence. Chez nous, il est vrai, l'extinction ou l'expropriation des dynasties locales et la longue communauté de vie ont depuis longtemps assuré l'unité de la patrie : l'Allemagne, au contraire, a gardé jusqu'à nos jours des familles régnantes, dont la durée a perpétué le particularisme; mais, parmi ces survivants, il en est peu qui tiennent au sol par des racines profondes. En 1789, les principautés germaniques se comptaient par centaines; cette multiplicité des dynasties ne correspondait pas assurément aux divisions naturelles du pays : elle les effaçait plutôt sous un fouillis. Depuis, le tremblement de terre qui a secoué la vieille Allemagne a englouti le plus grand nombre de ces petits personnages; ceux qui restent ne sont pas solides.

L'ÉTAT POLITIQUE DE L'ALLEMAGNE 299

Peu de personnes en Europe savent les noms des confédérés actuels du roi de Prusse. Il suffirait de les énumérer pour faire comprendre la fragilité de ces débris de l'ancienne polyarchie féodale. Est-ce qu'il y aurait, par hasard, un patriotisme d'Oldenbourg ou de Saxe-Meiningen, un esprit national de Saxe-Altenbourg ou de Saxe-Cobourg-Gotha? L'onde qui engloutirait Schwarzbourg-Rudolstadt avec Schwarzbourg-Sondershausen, Reuss branche aînée avec Reuss branche cadette, Schaumbourg-Lippe avec Lippe tout court, demeurerait-elle l'espace d'une seconde ridée à la surface? Les principicules ne peuvent prêter aucune assistance aux quelques princes de taille plus respectable qui demeurent dans la confédération. Ils les compromettent plutôt par le ridicule de leur situation. Ces princes eux-mêmes n'ont pas qualité pour représenter les vieilles régions. Le royaume de Saxe n'a rien de commun avec l'ancienne Saxe; Hesse-Darmstadt aurait pu disparaître en 1866 aussi bien que Hesse-Cassel. Bade et Wurtemberg ne sont que des fragments de la Souabe.

La seule Bavière représente assez exactement un des territoires ethnographiques d'autrefois. Elle est le plus particulariste des pays allemands, celui qui s'est réservé le plus grand nombre de droits spéciaux. Son roi oubliait parfois l'Allemagne prussienne pour rêver d'une Allemagne enchantée : les *Niebelungen* étaient peintes à fresque dans son palais de Munich, mais il détestait cette ville trop moderne, où les nationaux-libéraux ricanaient devant le colosse de la *Bavaria*. Il aimait les sites solitaires, les châteaux dans la montagne, au bord des lacs où il croyait voir nager le cygne, le « cher cygne » de Lohengrin. Hélas! il s'est noyé dans un de ces lacs, et le prince qui tient aujourd'hui sa place a fait amende honorable des folies du pauvre Louis. Il a pris son rang dans le cortège impérial, car ces souverains moyens ou petits ne sont plus qu'un cortège. Combien de temps encore durera la parade ? C'est bien de parade en effet qu'il s'agit. Ces princes ne servent de rien pendant la paix. Ils ne servent de rien pendant la guerre. M. de Moltke ne tolère point dans l'armée des rois ou des ducs qui n'y joueraient que le rôle de « flâneurs des batailles ». La question des princes est ouverte en Allemagne, comme en France la question des sous-préfets.

Je sais bien qu'il y a en Bade, en Hesse, en Wurtemberg, en Bavière des habitudes qui ne se perdront pas du jour au lendemain. Son Altesse ou Sa Majesté y a gardé des fidèles parmi les bonnes âmes. Ceux qui trouvent un peu lourdes les charges de l'empire peuvent bien regretter tout bas le bon vieux temps. Chacune de ces principautés a d'ailleurs son petit parlement, qui se croit nécessaire. L'auteur de *l'Allemagne actuelle* parle des velléités d'opposition qu'on y rencontre. « On y sourit volontiers, dit-il, lorsque quelque orateur donne, sans avoir l'air d'y toucher, un coup de patte à la Prusse. » Mais cette opposition est aussi impuissante que celle des souverains ; elle ne forme point un parti contre l'empire. Personne n'a eu l'idée de solliciter un mandat au *Reichstag* pour demander la suppression du *Reichstag*. Bref, il subsiste encore et il subsistera longtemps des différences provinciales ; le tempérament germanique résistera *toujours* à une action trop forte d'un pouvoir central, mais il n'y a plus de place désormais en Allemagne pour de véritables États allemands.

Reste, pour expliquer la mauvaise humeur à l'égard de l'empire, l'antipathie insurmontable que tout homme né au sud du Main éprouverait pour son compatriote du nord. Il y aurait deux Allemagnes inconciliables ; toute l'histoire attesterait qu'elles ne peuvent s'entendre. Les savants en effet invoquent le souvenir d'Arminius, l'homme du Nord, guerroyant contre Marbod, l'homme du Midi, au risque de livrer à Rome la Germanie divisée, et cet exemple n'est que le premier d'une série qui se poursuit jusqu'à nos jours.

Il est vrai qu'un Allemand du Nord se distingue au premier coup d'œil d'un Allemand du Sud, bien que ces deux personnes ne diffèrent point de la même façon qu'un Flamand ou un Picard diffère d'un Provençal. Le Midi en Allemagne est un plateau adossé aux Alpes, et non point un littoral ouvert aux souffles tièdes ou brûlants qui passent sur la Méditerranée. L'oranger ne fleurit pas en Wurtemberg; la Bavière ne produit point de Numa Roumestan, et, si Tartarin pousse jusqu'en Tyrol ses expéditions aventureuses, il étonnera beaucoup les Tyroliens. Ces méridionaux d'Allemagne sont singulièrement rudes à côté des nôtres. Écoutez-les parler : la langue allemande, qui chante dans la bouche d'un Thuringien et siffle sur les lèvres d'un Brêmois, le Souabe ou le Bavarois la broie. Tout compte fait pourtant, la vie est plus facile et plus riante au midi et au centre qu'au nord de l'Allemagne. La politique y a été de tout temps moins exigeante, et elle a plus librement laissé vivre la nature. Au contraire, elle a renforcé au nord l'influence du ciel bas de la grande plaine monotone, du climat triste et du sol pauvre. Ici est le terrain d'action de la Prusse. Elle a mis en œuvre tous les moyens qu'elle a trouvés de se saisir d'un homme, de le discipliner, de le dresser. Dure envers lui, elle l'a fait dur envers les autres. Elle lui a communiqué le ton rogue dont elle commande, la tenue tendue de l'effort qu'elle exige, la sécheresse d'un esprit que n'égare aucun sentiment généreux, l'orgueil enfin de ses succès, de ses victoires et de son œuvre.

Cet homme du Nord, transformé par la Prusse en Prussien, offense par toute sa façon d'être l'homme du Midi. L'auteur de *l'Allemagne actuelle* a bien marqué ce trait qui a son importance; mais peut-être y a-t-il trop insisté, comme nous faisons volontiers en France. Il ne faut pas oublier que la monarchie prussienne est aujourd'hui très vaste, ni s'imaginer que, du Rhin au Niémen, les êtres vivants soient coulés dans le même moule. En Prusse aussi il y a des provinces, et l'État, moins centralisé que chez nous, respecte mieux que nous ne faisons la vie municipale et la vie provinciale. Serait-il possible que chacun de ces millions d'hommes eût toutes les qualités et tous les défauts qui sont réunis dans le type convenu du Prussien? Quoi! il n'y aurait point dans toute cette Prusse d'hommes indisciplinés? Tout le monde y ferait son devoir? Quoi, aucun paresseux? pas la moindre fantaisie? Aucune bonhomie? aucun idéal? Tout le monde est raide, rogue, insolent, mal élevé? Personne n'aime la musique ou ne se plaît aux vieux contes? Le Prussien passe toute sa vie comme à l'exercice? Il a l'œil levé sur le bâton du commandement? Mais alors il n'y a point de partis dans ce pays-là? Ce n'est pas la Prusse qui a fait en 1848 une révolution? Ce n'est pas en Prusse qu'a éclaté, il n'y a pas trente ans, un violent conflit entre la chambre des députés et le gouvernement? On n'y distingue pas les catholiques, les protestants, les libres penseurs? On n'y connaît pas les libéraux, ni les démocrates, ni les socialistes?

Nous venons de toucher, je pense, le fond même de la question. Comme tous les partis et toutes les variétés de chaque parti sont représentés en Prusse, il n'est point légitime d'opposer le Prussien à l'Allemand, et de chercher dans cet antagonisme la raison d'une ruine plus ou moins prochaine de l'empire. On ne voit pas dans le parlement, à l'heure du vote, tous les Prussiens sortir par la porte au-dessus de laquelle est écrit le mot *Ja*, ni tous les autres se précipiter par la porte du *Nein*. Il n'y a pas une Prusse d'un côté, une Allemagne de l'autre. Au vrai, ce qu'on appelle l'esprit prussien, c'est l'esprit d'un gouvernement, d'une cour, d'une armée, d'une administration. Cet esprit a ses habitudes prises, ses concepts arrêtés; il se trouve aujourd'hui en présence d'une Allemagne, Prusse comprise, où il rencontre, avec toutes les résistances qui se sont dressées devant lui en Prusse, des oppositions nouvelles. Parviendra-t-il à les désarmer ou à les dompter? De cela dépend tout l'avenir de l'Allemagne unifiée.

II

La Constitution a permis à l'Allemagne de révéler ses sentiments par ces deux articles, solennels dans leur simplicité :

« Le *Reichstag* est élu par le suffrage universel direct et au scrutin secret.

« Les membres du *Reichstag* représentent la nation entière, et ne sont liés par aucune instruction ou mandat. »

La nation ainsi appelée à manifester sa conscience intime depuis si longtemps muette n'a exprimé ni des idées ni des passions inconnues. Si philosophique, si riche que soit l'Allemagne en façons d'être intellectuelles et morales, elle n'a rien imaginé que n'aient trouvé les peuples européens. Elle s'est fait représenter par des conservateurs et par des libéraux de nuances diverses, par des catholiques et par des socialistes. Tous les gouvernements trouvent le moyen de vivre avec ces partis. Pourquoi donc la vie parlementaire est-elle si difficile dans l'empire allemand?

Examinons le caractère et la nature de chacun des groupes politiques; mais, avant de les passer en revue, arrêtons-nous devant un parti singulier, qui n'est point né de l'Allemagne elle-même et dont la Prusse a doté l'empire. Il se compose de Polonais, de Danois, d'Alsaciens, de Lorrains. Les Polonais n'étaient pas compris dans l'ancienne Confédération : l'Autriche et la Prusse avaient conquis à la fin du siècle dernier leur part de Pologne, mais chacune d'elles gardait ses Polonais à son compte. Dès 1867, la Prusse a transporté dans la confédération de l'Allemagne du Nord cette colonie de vaincus et de sujets : ils y ont rencontré les Danois du Schleswig annexés de la veille. Après 1870, nos compatriotes ont rejoint ces victimes de la politique et de la guerre. Les sentiments qui animent cette trinité ne sont pas tout à fait semblables. Les Polonais, les Danois, les Lorrains français ne parlent point la langue de l'Allemagne. Au contraire, les Lorrains allemands et les Alsaciens ont été pendant des siècles des Allemands, et ils parlent la langue des vainqueurs. Le patriotisme des Polonais, des Danois, des Français de Metz est à la fois historique et ethnographique; le patriotisme français des Lorrains de langue allemande et des Alsaciens est un acte d'option, un acquiescement de l'esprit, un parti pris du cœur. Ceux-là représentent la patrie d'autrefois, qui était un être naturel, comme la famille; ceux-ci, la patrie telle que nous avons, nous Français, l'honneur et la gloire de la concevoir, c'est-à-dire un être moral et libre; mais les uns et les autres sont unis par la similitude même de leur condition : ils regrettent la patrie. Dans la pleine lumière de la civilisation moderne, au sein de ce *Reichstag* sur lequel sont attirés les regards du monde entier, ils attestent la violence qui leur a été faite et le mépris des consciences nationales professé par la Prusse au moment où elle constituait la nation allemande. Par cela même qu'ils siègent au parlement, ils font mentir la charte de l'empire. Il n'est point vrai que chacun des membres du *Reichstag* « représente la nation entière »; ces députés des vaincus siègent en qualité d'ambassadeurs délégués par des fragments de peuples étrangers. Il n'est pas vrai non plus que les « membres du *Reichstag* ne soient liés par aucune instruction ou mandat »; Polonais, Danois, Lorrains, Alsaciens apportent un commun mandat, la protestation.

À côté de ces étrangers siègent deux partis très considérables, nés en même temps que l'empire : le parti socialiste et le parti catholique.

Le socialisme n'était pas représenté dans les chambres de Prusse, et il ne pouvait l'être. Le suffrage universel lui a ouvert les voies; les élections au parlement lui ont donné l'occasion de produire son programme et ses chefs et de dénombrer ses soldats. A la vérité, il était depuis longtemps pressenti, attendu, annoncé. Henri Heine — pour ne parler que de lui — savait que la nature germanique est particulièrement propre à comprendre les doctrines de la révolution sociale et à les couver longtemps, pour les faire éclore avec un grand bruit de tonnerre et une illumination d'éclairs apocalyptiques.

Heine a reçu ce don de divination que l'antiquité prêtait aux poètes. Alors que l'Allemagne pleurait son impuissance, il annonçait qu'un jour le petit géant, nourri de flammes impétueuses, déracinerait un chêne, et, armé de cette massue, mettrait aux gars du voisinage le dos tout en sang et la tête en capilotade. Une autre fois, il a prédit que les « communistes » français se rendraient maîtres de Paris et précipiteraient sur le pavé la colonne et l'homme de bronze. Les deux prédictions se sont accomplies en même temps; l'autorité du *vates* est ainsi bien établie, et il n'est pas bon, ce semble, d'avoir contre soi une prophétie de ce voyant. Or le même Heine a prophétisé en termes très clairs que l'Allemagne fera une révolution auprès de laquelle notre 93 ne sera plus qu'une idylle. Dans une de ses plus étranges poésies, il a dépeint, avec une telle précision de détails qu'il semble y avoir assisté au premier rang des curieux, la marche de l'empereur allemand vers la guillotine.

L'auteur de *l'Allemagne actuelle* répète ces pronostics. Dans un chapitre sur le socialisme, il raconte l'inauguration faite au Niederwald, en septembre 1883, de la statue de la *Germania*. Il décrit le monument, l'empereur et les princes, tout le système planétaire du nouvel empire groupé autour de l'image de la patrie, la tempête qui soufflait dans l'air, les nuages chassés par les rafales qui couvraient et découvraient le soleil dont les lueurs fauves brillaient par intervalles, les ondées violentes, pluie et grêle, qui battaient la colline et faisaient jaillir les eaux du Rhin, les salves d'artillerie répondant au discours de l'empereur et l'immense acclamation qui domina la tempête. « Si l'on eût soulevé, dit-il, les pierres du soubassement qui porte la *Germania* triomphale, on eût découvert un tonneau de dynamite relié à une mèche qui fit mal son office. Un des assassins, le révélateur lui-même, prétendit que, pris de remords, il coupa la mèche, reculant devant le désastre qui allait se produire... Si la mine chargée de dynamite avait fait explosion, l'Allemagne souveraine sautait et expirait au pied même du monument qui consacre sa gloire. Tous les trônes eussent été vacants;

à peine, ici ou là, aurait-on pu y asseoir des enfants dont la couronne n'eût été qu'un bourrelet... La statue de la *Germania*, glorieuse, riche, florissante, entourée de princes dévoués à sa fortune, minée à sa base et près de sauter, c'est l'image, c'est le symbole de l'Allemagne... »

Je ne sais point si ces prophéties s'accompliront jamais ; il me semble probable que le flot socialiste s'arrêtera quelque jour : mais il monte, il monte sans cesse, et aucune violence ne le fera rentrer tout entier dans la source souterraine où il attendait l'heure et d'où il jaillit aujourd'hui à flots pressés.

L'Allemand trouve la vie belle, et il en veut jouir. Il lui faut bon souper, bon gîte et le reste. S'il a une tête idéaliste, il a un ventre exigeant, et la tête vient au secours du ventre ; elle fait la philosophie de l'appétit. Il n'est pas jusqu'à la *Religiosität* allemande qui n'apporte ici son concours. Elle produit une foi sombre dans le néant, une négation tranquille de l'au-delà, une ferveur d'athéisme, une religion de l'irréligion. Ajoutez que l'esprit de discipline pris au régiment a été transporté dans l'armée révolutionnaire. Ces masses profondes obéissent en silence à des ordres. Sur la route de l'inconnu, elles avancent de ce pas lourd, régulier, puissant, qui bat le sol comme une machine. La marche a je ne sais quoi d'effrayant et d'inexorable. Elle a ses chansons terribles : « Nous sommes des pétroleurs, inconnus aux hommes. — Nous rendons hommage au pétrole. — Ah! comme il brûle et comme il éclaire! Au fond du cœur du peuple, le pétrole brûle en secret! Vive le pétrole! » Point de sourire dans les rangs! Le « travailleur » allemand n'a pas la gaieté du nôtre ; il a le visage triste, le calme de la colère concentré, l'air fruste d'un barbare. Un soir, à Berlin, sous les Tilleuls, tout près du palais impérial, j'ai vu un ouvrier monter sur un réverbère, briser la glace d'un coup de coude, allumer sa pipe, puis redescendre et continuer son chemin, sans même daigner regarder autour de lui l'effet produit par cette brutalité. Je n'ai jamais traversé les quartiers ouvriers de la capitale prussienne sans penser que, si jamais cette fourmilière se forme en colonne d'assaut, il ne faudra lui demander ni grâce ni merci. Elle pillera, brûlera, tuera ; elle fera table rase.

Souhaitons que ces horreurs soient épargnées au monde, mais vraiment les maîtres du monde se plaisent à les préparer. Le parti socialiste a une raison d'être certaine dans l'Allemagne, telle que la Prusse l'a faite. Sa doctrine est l'antithèse de la doctrine prussienne de l'État. A l'État qui exploite l'individu à outrance, lui prend des années de sa vie pour le service militaire et la vie elle-même sur les champs de bataille, il oppose la société travaillant pour vivre et vivant de son travail ; aux idées de nation, de gloire et de guerre, l'idée d'humanité et de paix universelle. Au-dessus des frontières armées, le prolétariat allemand tend la main au prolétariat de tous les peuples ; il a la conduite du parti cosmopolite de la révolution. L'hégémonie des forces anarchistes lui revenait de droit : le quartier général de l'armée qui prétend établir la paix entre les hommes par la guerre sociale, doit être placé en face et tout près du quartier général où commande M. de Moltke, ce « penseur des batailles », ce théoricien, ce moraliste, cet esthéticien de la guerre. M. de Moltke n'at-il pas dit un jour que la guerre est la source de toutes les vertus, et que la paix universelle est non pas seulement un rêve, mais un mauvais rêve?

L'histoire a fait au catholicisme en Allemagne une condition particulière. C'est dans ce pays qu'il a subi le plus rude assaut de la Réforme. Il n'y a été ni vaincu complètement, comme en Angleterre ou dans les pays scandinaves, ni complètement vainqueur, comme en Espagne, en Italie, en Pologne. Quand les luttes religieuses et politiques furent terminées, les deux partis demeurèrent en présence sur le terrain et se le partagèrent. Dans le grand assoupissement qui suivit la bataille, catholiques et protestants s'accoutumèrent à vivre les uns à côté des autres : aucun conflit ne troubla la léthargie de l'ancien empire. Certains princes ayant usé du droit d'imposer leur religion à leurs sujets et d'expulser les dissidents, l'une des deux confessions domina exclusivement dans plusieurs États; ailleurs elles cohabitaient. Les grands remaniements territoriaux opérés au commencement de ce siècle multiplièrent ces mélanges, et partout on s'accorda sur un *modus vivendi*. L'Église catholique ne vécut nulle part plus tranquille, plus libre et plus honorée que dans le royaume de Prusse. Cependant ce sont les victoires de la Prusse en 1866, et surtout la constitution de l'empire en 1870, qui ont réveillé en Allemagne les passions religieuses.

Il est malaisé de dire à quelle heure a commencé la grande lutte et de déterminer qui a tiré le premier. Les deux partis rejettent l'un sur l'autre la responsabilité de l'offensive, et l'on sait que M. de Bismarck a déclaré qu'elle ne venait pas de lui. Elle est venue en effet de plus puissant que lui, de la force des choses.

Pour les catholiques qui se souvenaient avec piété de la grande Allemagne d'autrefois et des luttes mais aussi de l'accord du sacerdoce et de l'empire, ce fut un double coup de théâtre inquiétant que l'entrée de Victor-Emmanuel à Rome et la proclamation du nouvel empire à Versailles. Le pape est dépossédé, enfermé au Vatican : l'empereur est un protestant, un parvenu de la Réforme. Au même moment, l'Autriche est mise hors de l'Allemagne, et le catholicisme y tombe à l'état de minorité. Instinctivement, il se met sur la défensive. D'autre part, quelques protestants zélés, des prédicateurs en vue saluaient le triomphe de la Réforme, la grande revanche prise sur les jésuites et les Habsbourg, voire même sur la mort de Conradin et sur l'humiliation de Canossa. La mémoire des Allemands étant ainsi faite que leurs souvenirs s'entassent pêle-mêle au même endroit, tout à l'entrée, ils ont l'étonnante faculté d'évoquer instantanément les haines et les passions d'une longue histoire. Enfin les catholiques voyaient le parti national-libéral se rallier à M. de Bismarck et devenir l'instrument principal de l'unification ; or ce parti détestait l'Église, et l'affranchissement de la société laïque était un des articles de son programme. C'est lui certainement qui a été l'âme du *Kulturkampf*.

Il s'est donc formé dans le pays et dans le parlement un grand parti, le centre, que les libéraux appellent le *Centre noir*. L'Église, autrefois disséminée dans les différents États de la Confédération, s'est concentrée en un bataillon carré, très fort et de haute apparence, car le catholicisme allemand est une puissance redoutable.

Sous l'uniformité de la doctrine et de la discipline,

le catholicisme laisse subsister la riche variété du sentiment religieux. Tous ceux qui ont voyagé ont pu surprendre, chez les différents peuples, les nuances diverses de la piété, pourvu qu'ils aient eu soin d'entrer dans les églises aux heures où elles sont remplies par la foule, mais aussi aux heures silencieuses où quelques rares fidèles prient dans la solitude. J'ai vu dans les églises du pays rhénan des femmes du peuple et des paysans à genoux par terre, leur panier ou leur bâton déposé près d'eux : ils avaient les bras étendus en croix devant un crucifix où l'image du Christ était celle d'un martyr agonisant dans la douleur, suspendu par des plaies horribles, abandonné, lamentable. Ils le regardaient avec une piété touchante, s'apitoyaient, semblaient lui faire des confidences douloureuses et lui demander sa miséricorde en échange de leur compassion. Je parlais tout à l'heure de la *religiosité* allemande : le calme habituel de la vie, la lenteur des mouvements, la résignation, je ne sais quelle inaptitude à se dépenser au dehors, sont des conditions favorables à la croissance de ce sentiment. Il prédisposait les Allemands au protestantisme, c'est-à-dire à l'intimité directe avec Dieu dans le temple dénudé ou dans la paix du foyer domestique; il donne à ceux qui sont demeurés catholiques le sérieux, la dignité, la profondeur de la foi.

Les luttes que le catholicisme a soutenues en Allemagne, et le combat pour l'existence que la Réforme lui a imposé, ont eu des effets salutaires; de même la Révolution française qui, en détruisant les principautés ecclésiastiques, a effacé les derniers abus du passé et spiritualisé l'Église. Aujourd'hui, les catholiques allemands montrent, avec un légitime orgueil, la part qu'ils ont prise à la vie intellectuelle et morale de leur patrie. Ils disent que la fécondité de cette vie procède de la collaboration rivale des deux esprits. L'inspiration catholique et l'inspiration protestante se retrouvent en effet dans l'art, dans la peinture, dans la musique, dans la poésie, dans la philosophie. Les plus grands des Allemands confondent l'une et l'autre dans leur génie : Beethoven, par exemple, et Gœthe. Le catholicisme enfin sait très bien, dans la savante Allemagne, se servir de la science ; les facultés théologiques des universités sont laborieuses; elles défendent le dogme et l'histoire de l'Église. Les écrivains catholiques ont une conception plus haute, plus poétique et plus vraie de l'histoire allemande au moyen âge que les libéraux, qui prétendent la juger avec la froide raison de l'esprit contemporain. Bref, le catholicisme est chez nos voisins autre chose et plus qu'un parti : il est une façon d'être de l'Allemagne. Il est bâti sur la nature et sur l'histoire.

L'Église catholique, sachant qu'elle disposait d'une force défensive considérable, est donc entrée la tête levée dans la lutte. Par centaines de mille, les électeurs se sont groupés autour d'elle. Elle a montré qu'elle savait, si ancienne qu'elle fût, pratiquer le terrain moderne, manier le suffrage populaire, organiser un groupe parlementaire, manœuvrer entre les partis, attirer autour d'elle et rallier les opposants les plus divers. Il n'est pas vrai qu'elle soit ennemie de l'empire, mais elle entend défendre envers et contre tous, non seulement sa vie, mais toutes les institutions qu'elle juge nécessaires à cette vie. Elle est, dans la mobilité des choses, dans l'inconstance des opinions, comme une ferme forteresse dont la garnison peut bien entendre à composition, mais non point capituler.

Ainsi l'établissement de l'empire a eu pour effet de produire sur la scène, avec les protestataires qui sont des irréconciliables, deux partis appuyés sur des masses profondes. L'un, soumis à deux sortes de lois, distingue entre le spirituel et le temporel, entre l'État et l'Eglise, entre la terre et le ciel, entre les hommes et Dieu; l'autre ne connaît que le temporel, rejette l'Église comme l'État, confond le ciel et la terre et absorbe Dieu dans l'humanité. Ils se ressemblent en ce point que ni l'un ni l'autre ne peut être enfermé ni contenu dans les frontières de l'État allemand. Tous les deux les dépassent, le premier parce qu'il est membre de l'Église universelle, le second parce qu'il est un bataillon de l'universelle démocratie.

Catholiques, socialistes, protestataires, voilà trois groupes capables de troubler longtemps la vie constitutionnelle de l'Allemagne. Ils sont établis fortement et irréductibles. Ils ne forment pas, il est vrai, la majorité, mais ils occupent le tiers de l'assemblée. Pour les tenir en respect, il faudrait que le gouvernement disposât d'une majorité compacte et fidèle; mais, en Allemagne comme partout, ce sont les partis militants qui usent avec plus de ferveur du droit de suffrage : plus qu'ailleurs peut-être, la grande masse est indifférente. L'habitude n'est point prise de la vie publique. Les événements politiques ne sont point étudiés et discutés avec intérêt ou avec passion comme chez nous. L'Allemagne a gardé une sorte de mollesse et de lenteur. Le *Reichstag* a des somnolences; rarement il siège au complet, tels députés n'y paraissent guère, et les journaux des circonscriptions électorales ne signalent pas les absences, ne notent pas les votes, comme fait notre presse départementale après chaque discussion. Les seules passions qui se manifestent sont celles des opposants. Pourtant le gouvernement de l'empire est appuyé aujourd'hui par deux grands partis, les conservateurs et les nationaux-libéraux. Les premiers sont dévoués sans condition : toute leur politique est le loyalisme et l'obéissance. Les seconds se glorifient d'avoir fait l'unité; ils s'en constituent les gardiens et les défenseurs. Ils se vantent de n'avoir point de théorie, d'être des hommes pratiques, de tenir compte du temps et des circonstances : ce sont les opportunistes de l'Allemagne. Eux et les conservateurs recueillent environ la moitié des suffrages exprimés dans les élections. L'entente entre ces deux groupes n'est ni cordiale ni profonde, car le conservateur allemand subit avec répugnance les réformes introduites dans la vie civile et religieuse du peuple allemand par les nationaux-libéraux; mais ils font masse contre les opposants, et la situation parlementaire serait très nette, si les progressistes ne s'interposaient entre les partis hostiles et les fidèles.

Les progressistes ne séparent pas la liberté de l'unité; ils veulent achever l'unité par la liberté. Ils entendent que le peuple allemand s'initie à ses affaires, s'y intéresse, les fasse lui-même. La souveraineté nationale, la prédominance du pouvoir législatif sur le pouvoir exécutif, la responsabilité ministérielle sont les articles principaux de leur programme. Ils ont, non pas une grande force ni une grande originalité, mais une grande importance, car ils sont par excellence le parti parlementaire, les adversaires des droits du pouvoir personnel, les défenseurs du *Reichstag*. Les catholiques et les socialistes ne considèrent la liberté que comme une arme de combat, mais ils ont les plus graves raisons de se défier du pouvoir personnel ; aussi, quelque différents qu'ils soient des progressistes, s'accordent-ils avec eux pour faire échec au système et à l'esprit général de la constitution. Inspirés par d'autres sentiments, les protestataires sont à leur façon les champions des prérogatives du parlement. Les nationaux-libéraux eux-mêmes, ne peuvent aller jusqu'à l'abdication définitive des droits politiques, car ils perdraient la moitié de leur nom et toute leur raison d'être. Enfin, il est dans la nature des choses qu'un parlement se prenne au sérieux par cela même qu'il existe.

On ne place point des députés en face d'un ministre qui discute les plus hautes questions de la politique, sans éveiller en eux l'idée que la nation a son mot à dire sur cette politique. On n'étale point à leurs yeux la grandeur et les attraits du pouvoir, sans leur donner à penser qu'en d'autres pays, au lieu d'un chancelier unique et omnipotent, il y a une douzaine de ministres, dont chacun porte fièrement sous le bras un portefeuille. Voilà qui achève le tableau de la vie parlementaire en Allemagne. Il existe dans ce jeune empire autant de partis que dans les vieux États européens. Certains de ces partis ont, je dirai, une intensité qu'ils n'atteignent en aucun autre pays. Aucun n'est assez fort pour prétendre à former une majorité. Ils sont opposés les uns aux autres et ne peuvent s'entendre que sur un point, les droits de la nation et du parlement qui la représente.

III

Sur ce point, toute transaction est impossible entre le parlement d'Allemagne et l'esprit du gouvernement prussien. C'est cet esprit qui a inspiré les Constitutions de 1866 et de 1871, et la forme actuelle de l'Allemagne est exactement celle que la Prusse pouvait donner à ce pays unifié par elle.

L'État que la bizarrerie de sa constitution géographique a si longtemps contraint à la conquête perpétuelle ne pouvait pas ne pas conquérir l'Allemagne. Le gouvernement qui, depuis trois siècles, a eu besoin pour vivre de produire la force à jet continu, et qui l'a captée avec une rare intelligence à toutes les sources d'où elle pouvait jaillir, devait imposer à l'Allemagne un régime qui eût pour effet de produire la force. Assurer la libre circulation des personnes et des marchandises, le service des communications par voies de terre, de fer et d'eau et par une bonne organisation de la poste et du télégraphe, mettre la marine et l'armée dans les mains de l'empereur, tels sont les principaux objets de la charte écrite par M. de Bismarck. Naturellement les titres *armée* et *marine* ont une importance toute particulière dans ce document. Le style en est bref et net :

« La législation militaire prussienne dans son entier sera introduite immédiatement dans tout l'empire, aussi bien les lois elles-mêmes que les règlements, instructions et rescrits qui en règlent l'exécution, les expliquent et les complètent. — La totalité des forces de terre de l'empire forme une armée unie, laquelle, en temps de paix comme en guerre, est placée sous le commandement de l'empereur. — Les régiments portent des numéros qui se suivent sans interruption dans toute l'armée allemande; pour l'habillement, la couleur et la coupe sont réglées sur l'uniforme de l'armée royale prussienne. Les signes distinctifs extérieurs, tels que cocardes, etc., sont laissés au choix des souverains commandant les contingents respectifs. — L'empereur a le devoir et le droit de veiller à ce que, dans l'armée allemande, tous les corps soient au complet et prêts à marcher, et que l'unité s'établisse et soit maintenue dans l'organisation des troupes, leur formation, leur armement, leur commandement et leur instruction, comme aussi dans la qualification hiérarchique des officiers. A cet effet, l'empereur est autorisé à se convaincre en tout temps, par des inspections, de la situation des différents contingents et à faire disparaître au moyen d'ordonnances impériales les vices et défauts qui se seraient manifestés. L'empereur fixe l'effectif, la division et la distribution des contingents de l'armée de l'empire, ainsi que l'organisation de la landwehr; il a le droit de désigner les garnisons dans toute l'étendue de l'empire et d'ordonner la mobilisation de n'importe quelle partie de l'armée impériale. Toutes les troupes allemandes sont tenues d'obéir sans restriction aux ordres de l'empereur. Cette obligation sera introduite dans le serment au drapeau. — Le droit de construire des forteresses sur toute l'étendue du territoire fédéral appartient à l'empereur. — Il n'y a qu'une marine de guerre pour tout l'empire. Elle est placée sous le commandement suprême de l'empereur. Son organisation et sa composition incombent à l'empereur, qui nomme les officiers et les employés de la marine, lesquels lui prêtent serment, ainsi que les équipages. »

Telle est l'organisation de l'empire : elle est tout économique et militaire; elle est prussienne. Quelques théoriciens attardés, admirateurs rétrospectifs du saint-empire, disciples de Leibniz et de Pufendorf, la trouvent bien moderne, bien pratique et bien prosaïque. On n'y parle, disent-ils, que de matière et d'intérêts matériels. La grande patrie des philosophes, des penseurs et des poètes est devenue une maison de commerce et une caserne. Eh quoi! tel article prévoit que les princes allemands voudront conserver quelques apparences de leur souveraineté d'autrefois : il leur permet de passer des revues en tout temps. Pour les consoler du chagrin qu'ils éprouveront à voir leurs soldats vêtus de tuniques de coupe et de couleur prussiennes, il les autorise à donner à leurs contingents des signes extérieurs particuliers, « tels que cocardes ». Un autre article impose aux administrateurs des chemins de fer, en de certaines circonstances déterminées, un abaissement des tarifs « pour le transport des farines, farineux, pommes de terre »! Et le législateur, qui descend à de pareils détails, n'a point trouvé un mot, un seul mot pour l'esprit et pour l'âme de l'idéaliste Allemagne!... Mais ce sont là des regrets superflus, et il est clair qu'il ne convient pas de demander au roi de Prusse de travailler pour l'idéal. La Prusse a inventé, au temps où l'Allemagne était morcelée en petits États, l'Union douanière ou *Zollverein*, et elle a trouvé un bon système militaire. Le *Zollverein* et l'armée ont fait sa fortune et l'ont conduite à l'empire : elle a transformé le *Zollverein* en institution et versé l'Allemagne dans l'armée prussienne. Pouvait-elle faire autre chose ?

Il est tout naturel encore que l'esprit du gouvernement prussien se retrouve dans les titres politiques proprement dits de la Constitution. Ils sont au nombre de quatre : territoire de l'empire, conseil fédéral (*Bundesrath*), présidence, parlement de l'empire (*Reichstag*). Le premier définit le territoire par l'énumération des États dont il se compose. Les trois autres contiennent les attributions de l'empereur, du conseil fédéral et du parlement. — L'empereur procède directement des victoires remportées par la Prusse sur l'Allemagne en 1866 et par l'Allemagne sur la France en 1871, mais il a reçu la dignité impériale des mains des princes allemands, qui l'ont prié à Versailles de la vouloir bien accepter. Guillaume, roi de Prusse par la grâce de Dieu, ne pouvait être promu que par la victoire, qui est un don de Dieu, et par le suffrage d'hommes que la grâce de Dieu a faits souverains. — Le conseil fédéral compte cinquante-huit voix, réparties proportionnellement entre les divers États : il est comme un congrès permanent des délégués des princes. — Le parlement au contraire représente la nation entière.

Quelles relations sont établies entre ces trois pouvoirs ?

« Le pouvoir législatif de l'empire est exercé par le conseil fédéral et par le parlement. » Voilà qui est net. « L'accord des deux majorités des deux assemblées est

nécessaire et suffisant pour édicter une loi d'empire[1]. »
De l'empereur, il n'est pas question. Cela est de tout point parlementaire ; mais, dans le conseil fédéral, le tiers des voix environ appartient au roi de Prusse, et ce n'est un secret pour personne qu'il est toujours assuré d'y trouver une majorité. Cependant il a bien fallu prévoir qu'une opposition du conseil fédéral était possible ; puis c'était faire une concession grave au parlement de la nation allemande que de lui reconnaître le droit de consentir la loi. La législation de l'empire comprenant la marine et l'armée, le *Reichstag* pourrait à son gré organiser, désorganiser, supprimer même les forces militaires. Aussi la Constitution a-t-elle mis au-dessus de tout débat non seulement le principe du service militaire, mais toutes les applications de ce principe jusque dans leurs moindres détails, et elle a donné à l'empire des ressources financières permanentes pour faire vivre cette armée. A l'armée et aux finances il ne peut être touché sans la permission de la Prusse ; car l'article que nous avons cité tout à l'heure et qui débute si bien s'achève ainsi : « Pour les projets de loi sur l'armée, la marine militaire et les impôts mentionnés à l'article 34 (ce sont les impôts qui constituent les revenus de l'empire), lorsqu'une divergence d'opinion se manifeste au sein du conseil fédéral, la voix du président est prépondérante, s'il se prononce pour le maintien des institutions en vigueur. »

Remarquez qu'il s'agit ici non plus de majorité ni de minorité dans le conseil, mais simplement d'une dissidence. La majorité peut demander la modification des institutions en vigueur ; mais le président, c'est-

---

[1]. Art. 5 de la Constitution.

à-dire le roi de Prusse, peut la refuser. Dès lors il y a dissidence, et le président tranche le débat : sa voix n'est pas seulement prépondérante, elle est omnipotente. De par la Constitution, il est donc le maître de l'armée et de l'impôt. Pour le déposséder, une seule voie est ouverte : modifier la Constitution ; mais voici l'article 78 et dernier : « Les modifications à la Constitution ont lieu par la voie législative. Elles sont considérées comme rejetées, si elles ont quatorze voix contre elles dans le conseil fédéral. » Quatorze voix seulement, et le roi de Prusse en a davantage dans le conseil.

Ainsi toutes les précautions ont été prises afin d'assurer dans l'empire la liberté de l'empereur. Guillaume entend pratiquer le régime constitutionnel en Allemagne comme en Prusse. Or les rois de Prusse ont bien essayé chez eux une sorte de conciliation entre le principat et la liberté par le régime parlementaire, mais ils estiment être et ils sont en effet des personnes trop considérables pour qu'ils consentent à partager leur pouvoir et à le subordonner. Trop peu de temps s'est écoulé depuis qu'ils gouvernaient en princes absolus un État qui est bien leur chose, car ils l'ont conçu et mis au monde, nourri, élevé, fortifié. Qu'on nous permette de recourir ici à l'histoire : elle seule peut éclairer les problèmes politiques en expliquant certaines fatalités de l'heure présente.

Où était donc la Prusse il y a trois siècles, alors que le roi Henri IV régnait sur la France unie, forte et glorieuse déjà d'une si longue histoire? Elle était, comme disent les philosophes allemands, dans le *devenir*, tout entière contenue en la très médiocre personne d'un pauvre électeur de Brandebourg, qui régnait sur quelques lieues carrées entre l'Elbe et l'Oder. Ce pays était le plus misérable qu'il y eût dans le saint-empire. Le prince y vivait comme un gueux. Sa cour était besogneuse, ses sujets de pauvres hères : le sable de Brandebourg ne pouvait porter ni une noblesse puissante ni une bourgeoisie riche. Point de vie intellectuelle : aucune idée ne poussait dans la sablière. La réforme et la renaissance à Berlin ressemblent à la réforme et à la renaissance allemandes telles qu'elles se sont manifestées à Wittenberg et à Nurenberg, comme un mendiant de Callot à un gentilhomme de la cour des Valois.

Personne ne prévoyait à la fin du XVIe siècle que Berlin deviendrait jamais la capitale d'un grand État; personne ne pouvait deviner ni même pressentir la Prusse. C'est l'électeur qui, par une habile politique de famille, en plaçant bien ses filles et ses fils, a fait, au XVIIe siècle, des acquisitions qui ont accru sa principauté au point d'inquiéter la cour impériale, où l'on faisait déjà au Hohenzollern l'honneur de le traiter comme le rival de l'avenir. Mais ces territoires sont éparpillés sur la vaste étendue de l'Allemagne. Le duché de Prusse est au delà de la Vistule en terre polonaise; Magdebourg est sur l'Elbe, Minden sur le Wéser, Clèves sur le Rhin. Prussiens, Brandebourgeois, Clévois ne se connaissent pas et n'ont pas le désir de se connaître; ils ont vécu chacun chez eux sous le régime de la longue anarchie germanique. La guerre de Trente ans s'ouvrait au moment où l'électeur héritait de la Prusse et des duchés rhénans; au cours de cette guerre, chacun de ces fragments a souffert le martyre sans que l'un songeât à secourir l'autre, sans que leur commun prince en pût défendre aucun. Dans cette lutte gigantesque où la politique et la religion étaient mêlées, et dont le champ s'étendait de l'Océan au Niémen, de la Suède à la Sicile, les provinces des Hohenzollern ont été foulées horriblement. Les duchés du Rhin ont servi de terrain de bataille aux Hollandais et aux Espagnols, la Prusse aux Suédois et aux Polonais, le Brandebourg aux Suédois et aux impériaux. Au vrai, l'électeur, après avoir recueilli ses héritages, possédait trois enclumes sur lesquelles frappaient six marteaux.

A la fin de cette guerre, en l'année 1648, quand la paix de Westphalie organise l'Europe moderne, où donc était ce que nous appelons la Prusse? Ni dans la nature, qui a préparé une Italie, une France, une Espagne, une Angleterre, une Allemagne, mais non pas une Prusse; ni dans l'histoire, qui n'avait rien fait pour donner au même prince ces sujets nés si loin les uns des autres et qui avaient vécu de vies si différentes. Alors encore la Prusse était dans la tête de l'électeur, comme Minerve, avant le coup de hache, dans la tête de Jupiter.

L'électeur (il s'appelait Frédéric-Guillaume et on l'a surnommé le Grand) commença par retirer des flammes de la guerre les morceaux calcinés de sa principauté. Il apprit à ses sujets de toutes les rives à se considérer comme les membres d'un même corps. Il ne put faire un pays prussien, car on ne compose pas un pays avec des lisières, mais il fit un État prussien. Il fut un autocrate, un administrateur économe et éclairé, un despote bienfaiteur. La situation de ses provinces éparpillées le mettait en relations avec des puissances diverses; ses territoires rhénans étaient au point de contact entre la France et l'Espagne toujours en guerre; la Prusse, au contact entre Suède et Pologne, toujours ennemies. Il n'y avait point de conflit européen où il ne courût risque d'être impliqué, lui si faible; aussi fut-il un homme de guerre, et il eut cette diplomatie inquiète et laborieuse qu'il faut aux États maladifs et menacés. Il fit mieux encore : il devint, ce que n'avait été aucun de ses prédécesseurs, un véritable souverain. En Allemagne, pour son électorat et pour ses diverses principautés, il était vassal de l'empereur et membre de l'empire, c'est-à-dire d'un corps dont il ne pouvait régler les mouvements. En Prusse, il était l'humble vassal du roi de Pologne; mais il arriva que, à la faveur d'une longue guerre entre Suède et Pologne, Frédéric-Guillaume, après avoir manœuvré entre les deux ennemis, réussit à faire reconnaître l'indépendance de son duché. Il y eut dès lors un coin de terre où il régna par la grâce divine, et n'eut au-dessus de lui personne, sauf Dieu. C'est parce qu'il a su devenir duc souverain en Prusse que son fils a reçu la couronne royale. Plusieurs princes allemands devinrent ainsi des rois hors de l'Allemagne, en Angleterre, en Danemark, en Pologne, mais ils oublièrent à peu près l'empire. Les rois de Prusse au contraire demeurèrent électeurs résidents de Brandebourg. Ils se firent couronner à Kœnigsberg, mais ils ne quittèrent pas Berlin. Ils entrèrent dans le concert des rois, mais gardèrent leur place dans les rangs du principat allemand. Ils purent chercher fortune au dehors, mais aussi poursuivre celle qu'ils avaient commencée dans l'empire. Une double carrière s'ouvrit à leur ambition : l'Allemagne et l'Europe.

Cet accroissement de dignité ne diminuait pas les périls de l'État naissant : il ne fit que rendre plus sensibles les défauts de sa constitution territoriale. Le royaume de Prusse serait demeuré un bien petit royaume, si Frédéric-Guillaume, le roi-sergent, n'avait forgé l'épée de la Prusse, si Frédéric II, le roi-capitaine, n'en avait fait sentir la pointe à l'Europe entière. L'œuvre du grand Frédéric est une des plus considérables qu'un homme ait accomplies : il a fait de l'État prussien une patrie prussienne. Ailleurs, la patrie, c'est le sol natal; c'est aussi la longue tradition des communs souvenirs; ce sont les joies et les larmes des ancêtres; mais les sujets du roi de Prusse, ces riverains de la Vistule, de l'Elbe et du Rhin, séparés par des territoires étrangers, n'avaient ni la communauté du sol ni la communauté des souvenirs; un hasard les avait réunis, un hasard les pouvait disjoindre. Frédéric les a scellés pour toujours par l'admiration de son génie et la gloire qu'il a jetée sur le nom prussien. Au même moment, l'Allemagne ressentit l'orgueil de posséder une Prusse, et, dans le profond abaissement politique où elle était tombée, elle aperçut comme une aurore des temps nouveaux.

De quel droit une puissance quelconque se lèverait-elle en Prusse pour contester au roi la propriété de la chose qu'ont faite ses ancêtres? Ces événements se sont-ils donc accomplis dans la nuit des temps? Mais il n'y a pas deux cents ans que le premier roi de Prusse a été couronné : il y a cent quatre-vingt-six ans, c'est-à-dire deux fois la vie du roi d'aujourd'hui, qui est né onze ans après la mort de Frédéric.

Sans doute de grandes perturbations ont été apportées dans le monde par la Révolution. La théorie des Droits de l'homme a cheminé derrière nos armées et elle est entrée dans toutes les capitales. La machine de l'État prussien, un moment brisée, a été refaite après 1807, avec le concours du peuple prussien et du peuple allemand, et il a bien fallu payer leur part de peines à ces collaborateurs. Tout roi de Prusse se pique d'ailleurs d'être un homme éclairé. C'est une de ses manières d'être que de savoir se plier aux nécessités de la vie moderne. Il a toujours voulu faire une autre figure que le Habsbourg de Vienne, endormi dans la tranquillité d'un despotisme traditionnel. Bien qu'il n'aime guère l'esprit nouveau, il a donc entretenu un commerce de coquetteries avec lui : mais il ne s'y est pas compromis sans retour et n'est pas allé jusqu'aux épousailles. Frédéric-Guillaume IV, lorsqu'il a consenti à donner une Constitution à son peuple, a trouvé cette jolie formule : Un peuple libre sous un roi libre. Qu'entendait-il par la liberté du roi ? Son successeur, le roi Guillaume, l'a montré dès son avènement, pendant la grande crise constitutionnelle qui s'est terminée au lendemain de Sadowa.

Le roi de Prusse veut demeurer libre de faire son office, de garder l'État fondé par ses ancêtres, de l'étendre comme ils ont fait ; pour cela, d'organiser son armée comme il lui plaît, de l'accroître, de prélever sur le pays le tribut nécessaire. Que si la constitution accorde à des chambres le droit de voter l'impôt chaque année, et, par conséquent, de le refuser, la constitution se trompe, ou plutôt le peuple en interprète mal l'esprit, car elle n'a pas pu subordonner la liberté du roi à la liberté du peuple. A la vérité, ces deux personnes, le roi et le peuple, dont les relations sont nombreuses et compliquées, ne peuvent être aussi libres l'une que l'autre sans entrer par moments en conflit ; mais la liberté du roi consiste précisément en ceci qu'il a seul qualité pour résoudre ce conflit. Ainsi a fait le roi Guillaume, et l'événement lui a donné raison. Ses ancêtres avaient acquis le territoire de l'État prussien avant que fût né le peuple de Prusse; lui, il a conquis les duchés de l'Elbe, et Francfort, et la Hesse, et le Hanovre, malgré la chambre prussienne. Il est donc et il demeure le vrai représentant de la Prusse; il est antérieur et supérieur aux partis et aux rouages constitutionnels, comme ses pères à ces morceaux de peuple et de territoires dont ils ont composé l'État prussien, ainsi qu'un artiste compose une mosaïque où il fait concourir des marbres de couleurs variées à l'harmonie d'un dessin imaginé par lui.

Le roi de Prusse, empereur d'Allemagne, est à l'Allemagne comme empereur ce qu'il est à la Prusse comme roi. Cette équation est tout le problème allemand.

A ces causes historiques d'incompatibilité entre l'esprit du gouvernement prussien et le régime parlementaire, s'ajoute une cause présente, le caractère de M. de Bismarck.

M. de Bismarck a beaucoup parlé, beaucoup écrit, et ne s'est point donné la peine de mentir sur ses actes : il sera donc facile de faire un jour son portrait. La postérité admirera en lui, comme sa qualité maîtresse, la hardiesse, qui vient tout à la fois de la puissance de sa nature et de la faculté de voir les choses telles qu'elles sont. La puissance, toute sa personne en est empreinte. « Il est colossal, dit l'auteur de *l'Allemagne actuelle*, qui excelle dans le portrait; je l'ai vu à cheval, vêtu de son uniforme blanc; j'ai cru apercevoir les quatre fils Aymon. » De sa clairvoyance témoignent ses succès, qu'il a prévus et prédits; mais les historiens en trouveront d'autres preuves tout intimes dans sa correspondance particulière. Jamais écrivain de métier n'a dépassé ce grand seigneur dans l'art de décrire. Ses lettres sont des tableaux ou plutôt des musées. Le fleuve et la mer, la steppe et la montagne, l'orage et la sérénité, toutes les forces et toutes les formes de la nature, la pleine lumière du jour et les clartés de la nuit, la fureur du vent et la caresse du souffle léger, les animaux et les hommes, les toisons et les pelages, les figures et les vêtements, toutes les variétés du dessin, toutes les nuances de la couleur, tous les bruits, sons de cloche, mélodies jetées dans l'air par le paysan qui passe, murmure des feuilles, hurlements de la mer, la vie enfin, toute la vie, il la voit, il l'entend, il la sent. On a dit que son œil « absorbe » les choses. Cela est vrai, et il voit dans la politique comme dans la nature. A l'abri de l'énorme sourcil qui semble fait pour arrêter les fantômes, cet œil profond, cet œil qui voit et qui veut, pénètre la réalité. Que de pauvres fantômes se sont perdus dans cette épaisse broussaille : fantôme, apparu en 1848, d'une république allemande ; fantôme de la puissance autrichienne ; fantôme de l'équilibre européen ; hélas ! fantôme de la force militaire de la France ! L'œil a perçu la niaiserie du sentimentalisme germanique, le décousu de l'Autriche, l'instabilité de l'équilibre entre des puissances dont chacune avait ses visées particulières, mais aussi, hélas ! la faiblesse de notre régime pseudo-militaire. M. de Bismarck a compris qu'à travers ces vanités pouvait passer la fortune de la Prusse, et que la force aurait raison de ces apparences.

Justement le roi Guillaume perfectionnait l'arme et l'aiguisait. Savait-il que bientôt il la mettrait au clair ? Peut-être, car les vieux soldats attendent vaguement la guerre à chaque printemps, comme les poètes attendent les violettes et les roses. Combattant de 1814, il vivait dans l'esprit de la revanche inassouvie. Humilié en 1848 par la révolution, en 1850 par l'Autriche, il se fortifiait contre tous les dangers possibles. Puis il était l'héritier d'une race inquiète, toujours menacée et qui le plus souvent a échappé au péril par des conquêtes. Sans doute il avait appris l'histoire de sa famille dans quelqu'un de ces livres populaires que l'on trouve dans les écoles de Prusse. A la fin est la liste des souverains; à côté de chaque nom, un carré et un chiffre : dans le carré, le nombre de milles ajoutés par le prince au territoire; le chiffre donne le « nombre de têtes » ajoutées à la population. Guillaume Ier laisserait-il le carré vide et l'histoire écrire un zéro à la colonne des têtes? Enfin, il se croyait sincèrement l'élu de la Providence, et la Providence ne pouvait l'avoir élu pour ne rien faire, elle qui, par fonction, a des desseins. Bref, le roi Guillaume était une force disponible, et M. de Bismarck une activité qui cherchait à s'employer L'ébranlement de cette force par cette activité a bouleversé le monde.

Le don d'agir uni au don de voir, le plaisir de l'action joint au goût et à la faculté de l'observation profonde, voilà M. de Bismarck. S'il était né roi, son cheval, comme jadis le cheval de Louis XI ou celui du grand Frédéric, porterait tout son conseil. On saurait par ses ordres qu'il a délibéré. Après la méditation solitaire du cabinet, l'acte éclaterait tout d'un coup. Né sujet, il a dû discuter avec son maître, longuement, péniblement, avec des caresses et des soumissions, mais avec des colères aussi et la rage interne. Vingt fois, il a failli quitter la partie et, comme il dit, se retirer « sous le canon de Schönhausen ». Du moins il entend n'être le serviteur que de son roi, le courtisan que de son empereur. Il n'a jamais flatté la foule ni enjôlé un parlement. Ironie, sarcasmes, sourires, mépris, menaces animent son éloquence parlementaire. A peine, au lendemain des grands succès, après Sadowa quand il a fait la Confédération de l'Allemagne du Nord, après Sedan quand il a fait l'empire, a-t-il condescendu à quelque bienveillance : la moindre opposition réveille en lui le lutteur des temps de conflit, et de nouveau il accable de ses dédains professeurs, avocats, journalistes, idéologues. Il oppose à leur prétention de participer au gouvernement les droits sacrés de la couronne, à leurs théories les faits, à leurs critiques sa gloire, à leur inexpérience son œuvre. C'est la lutte de l'homme d'État de profession contre le politicien de rencontre, de l'homme d'action contre les hommes de mots. Je suis sûr que j'ai vu la plus parfaite expression qu'un visage humain puisse donner au mépris, un jour que j'ai regardé le chancelier écoutant une harangue de M. le professeur Virchow : l'homme qui a étudié l'anatomie des peuples et pratiqué la vivisection sur l'Europe ne croyait évidemment pas que le bon docteur progressiste eût le droit de lui faire la leçon, au sortir d'un laboratoire où il venait de disséquer une grenouille.

M. de Bismarck est un politique du XVIe ou du XVIIe siècle, égaré dans ce temps de discussions et de polémiques. Assurément cette incapacité de s'accommoder aux nécessités de la vie publique est une faiblesse chez cet homme fort. S'il avait daigné être aimable et conciliant, s'il avait mis au service de sa politique le charme et la séduction de son esprit, s'il avait caressé les opposants de sa fine main au lieu de les faire cabrer sous les coups de sa cravache, il aurait épargné à lui-même la fatigue des conflits et à ses successeurs les revanches qu'il leur faudra subir. Mais le chancelier ne veut entendre à aucune concession, et, plutôt que de remettre au *Reichstag* de se tromper lui-même par des apparences, il le rappelle durement à la modestie de son rôle.

Un jour, il raillait avec sa familiarité superbe le parlement, qui rejetait tous ses projets et n'en proposait aucun. « Que voulez-vous donc? dit-il. Vous ressemblez à des enfants qui jouent à cacher un objet qu'un des joueurs doit chercher; mais, au moins, quand celui-ci s'approche de la cachette, on l'avertit par un air de musique. Vous, vous ne faites jamais de musique. » — M. de Bismarck sait bien ce que cache le *Reichstag*, — c'est-à-dire l'envie d'être un vrai parlement, — mais il tourne obstinément le dos à la cachette, et vraiment les députés n'ont pas de raison pour faire de la musique. Non seulement il enferme le *Reichstag* sur l'étroit terrain où l'a bloqué la Constitution, mais il le lui dispute. En somme, les représentants de l'Allemagne n'ont que deux droits politiques : ils fixent chaque année le chiffre du contingent, et aucun impôt *nouveau* ne peut être établi sans leur aveu. Le chancelier leur demande d'accroître par des monopoles les ressources permanentes dont il dispose, et d'affranchir ainsi le gouvernement de tout contrôle. Il les somme de renoncer pour une période septennale à leur prérogative de fixer le contingent. Le *Reichstag* ne se résout pas volontiers à ce suicide par persuasion, et voici le défaut capital, le vice irrémédiable de la Constitution : le parlement d'Allemagne n'a qu'un moyen de manifester, je ne dirai pas sa liberté, mais son existence. Ce moyen, c'est le conflit.

Pour éviter ce conflit, ou tout au moins pour le retarder, M. de Bismarck applique à la politique intérieure la méthode de la diplomatie. Il négocie avec les divers partis, les sépare ou les réunit, selon l'opportunité. Pas un seul n'a son estime ni sa confiance, et il leur a fait sentir tour à tour ses rigueurs; mais il ne peut, si puissant qu'il soit, les tenir devant lui à l'état de coalition permanente, et, comme il est en guerre nécessaire avec les protestataires, les socialistes et les progressistes, il essaye de se réconcilier avec les catholiques. Pour cela, il a dépensé plus de patience et d'habileté, employé des procédés plus inattendus que dans sa politique européenne. Il a étonné le monde par le spectacle de la réconciliation du pape et de l'empereur, qui rappelle les plus célèbres scènes de l'histoire du moyen âge. Je ne crois point me tromper en disant que le chancelier, qui a de la grandeur dans l'imagination, a été séduit par l'étrangeté même du coup de théâtre. Puis entre ces deux pouvoirs, l'Église et l'empire, même l'empire protestant d'un Hohenzollern, il y a des affinités secrètes : tous les deux représentent la persistance et la résistance du passé. Au-dessus de l'Europe travaillée dans les profondeurs par la révolution, ils s'élèvent comme deux sommets, éclairés par les derniers rayons d'un soleil qui descend vers l'abîme. Mais M. de Bismarck ne perd jamais de vue le réel, et sa haute fantaisie est inspirée par les nécessités de la vie pratique; il n'aurait point pris le successeur de Grégoire VII pour arbitre dans l'affaire des Carolines, s'il n'avait voulu faire pièce à M. Windthorst et au parti catholique.

Sans doute, ce n'est pas une méthode normale de gouvernement que la méthode diplomatique; elle ne résout rien, parce qu'elle ne tue personne. Faire une alliance étroite entre la royauté prussienne qui est de droit divin et la royauté italienne qui est de droit révolutionnaire; accabler l'Autriche sous ces forces combinées, puis confondre dans une entente cordiale l'Allemagne, l'Autriche et l'Italie, c'est un chef-d'œuvre; mais, du temps où M. de Bismarck combattait les catholiques avec l'aide des libéraux, il n'a pas mené ceux-ci à l'assaut des églises. La lutte n'a point jeté par terre des blessés ni des morts; les catholiques n'ont point subi le fait accompli d'une victoire évidente reconnue par un traité. Lorsque la réconciliation sera faite entre l'Église et le chancelier, ils n'iront point de conserve attaquer la tourbe socialiste dans ses repaires; aucune armée ne se lèvera contre ces nouveaux anabaptistes, aucune solution ne sera imposée par le fer. On prend un parti entre deux feux, mais ces feux ne brûlent pas. M. de Bismarck a montré à l'Autriche et à l'Italie que leurs intérêts ne s'opposent point, et que chacune d'elles trouvera dans une alliance le moyen de faire ses affaires particulières; mais les partis d'un même pays n'ont qu'une seule carrière, qui est le pays même; ils ont un commun adversaire, le maître. L'Autriche s'est détournée du nord vers l'est; catholiques, socialistes, protestataires, progressistes ont l'œil attaché à un point fixe. Il est possible d'atténuer les effets de leur coalition, soit dans les élections, soit dans le parlement, et de grouper leurs suffrages de façons diverses : il est impossible de les réconcilier dans une commune obéissance. Tout cela est vrai, mais le chancelier fait ce qu'il peut. Ce n'est point parce qu'il est le premier diplomate du monde qu'il gouverne comme on négocie; ce n'est point parce qu'il est, comme il a dit, « inhabile au gouvernement intérieur », ni parce que son esprit, plié à des habitudes, en subit le joug. Il a en face de lui, dans cet empire qu'il a créé, des puissances intérieures aussi difficiles à manier que les puissances du dehors.

Toute cette habileté, jointe à l'autorité que donnent au chancelier les services qu'il a rendus à son pays, n'a pu empêcher les conflits. Deux fois, M. de Bismarck a eu recours à la dissolution, après des éclats de colère; mais il retrouve dans le pays les partis qu'il a chassés du parlement. Il vient de remporter une sorte de victoire. Il n'a point entamé les catholiques, ni les protestataires, mais le nombre des députés socialistes a été réduit, — avantage qui est plus que compensé d'ailleurs par l'accroissement du chiffre des suffrages socialistes. Des conservateurs et des nationaux-libéraux ont conquis les sièges sur des progressistes. Ceux-ci sont les vaincus des dernières journées électorales, justement parce que leurs doctrines ne sont point de celles qui puissent être appréciées par la masse; ils présentent une nuance à la foule, qui ne voit que les grosses couleurs. Mais ce succès, à quel prix il a fallu l'acheter! Au prix d'une pression électorale violente, en remuant l'Allemagne jusque dans ses profondeurs, en mettant en cause l'empire lui-même, car les élections dernières ont eu le caractère d'un plébiscite. Le chancelier a obtenu l'appui du pape auprès des catholiques, et signifié à ceux-ci par la voix des officieux qu'ils doivent obéir sans examen dès que le saint-père a parlé : doctrine singulièrement dangereuse, car un pape n'est l'allié perpétuel que de ceux qui sont les perpétuels serviteurs de l'Église. Enfin il a dressé devant le peuple allemand le spectre de la guerre, troublé ou même arrêté les transactions commerciales, donné à penser que l'unité de l'Allemagne coûte cher au monde, et qu'il n'est point juste qu'une crise parlementaire allemande agite l'Europe entière. De pareils procédés ne peuvent longtemps se soutenir. Ces convulsions énervent le corps qui les subit : le tétanos n'est pas un système de gouvernement.

Certes il faut être autorisé par des raisons très sérieuses pour oser dire que ce puissant édifice de l'empire allemand n'est point solide; mais, si forts que soient les hommes qui l'ont bâti, ils ne le soutiendront pas longtemps contre la force des choses. L'unité de l'Allemagne a été longtemps désirée; elle était prévue et prédite, mais elle a été faite brusquement. Les esprits y étaient préparés par l'histoire et par les lettres, par la politique et par la poésie, par des raisons et par des chansons, mais elle a été improvisée. Elle est l'œuvre des siècles et l'œuvre d'un jour, une conséquence et un accident. Elle ne pouvait être accomplie que par la Prusse, et la Prusse, qui a eu son développement propre et son histoire très particulière, ne pouvait constituer l'Allemagne qu'à la façon prussienne; mais l'Allemagne ne peut s'accommoder à jamais du régime prussien.

C'est pourquoi les fondateurs de l'empire sont inquiets. Le vieil empereur, comme jadis Charlemagne, regarde avec anxiété l'avenir. Son fils a la terreur de l'inconnu. Son petit-fils se raidit contre les dangers futurs, et des paroles qu'il a prononcées sont des expressions de haine et des menaces. Très sombre enfin est la philosophie de M. de Moltke. On ne peut reprocher à ces hommes cette forme de l'infatuation qui est la sécurité. Ils ont les yeux grands ouverts et l'attitude vigoureuse de la défensive. Ils savent qu'il était plus aisé de vaincre sur les champs de bataille et d'improviser une constitution que de faire vivre l'incohérente Allemagne sous la rigueur de la loi prussienne.

M. de Bismarck a exprimé ses soucis à plusieurs reprises et en termes clairs. L'indiscret confident de ses pensées, M. Busch, ne nous a-t-il point dit qu'on verrait en Allemagne, après la mort de son maître, des folies, courtes peut-être, mais qui pourraient faire un mal irréparable? Les discours du chancelier commentent ces prévisions pessimistes. Un jour, il déclare qu'il aime mieux voir élever la jeunesse dans des séminaires ecclésiastiques que dans les universités, reniant ainsi par défiance de l'esprit libéral une des gloires incontestées de l'Allemagne. Au lendemain même des dernières élections, il a parlé des difficultés intérieures, qui lui semblent aussi graves que les périls du dehors. Du vivant même des trois héros de l'unité allemande, nous entendons avec étonnement ces pronostics. La mélancolie du soir s'est mêlée tout de suite au sourire de l'aurore.

Qu'adviendra-t-il de l'œuvre quand les ouvriers auront disparu? quand les partis ne seront plus dominés par l'autorité du chancelier, par le respect qu'inspirent ses succès prodigieux et par cette considération que les hommes accordent toujours à quiconque a fait tuer beaucoup d'hommes? quand enfin l'armée aura porté en grande pompe dans les caveaux de Potsdam le vieil empereur, dont l'Allemagne entière vénère la simple et tranquille majesté? L'avenir dépend des circonstances, de la volonté de telle personne qui peut détendre les ressorts en essayant du régime parlementaire; de telle autre, qui les comprimera jusqu'à les briser. Il dépend des accidents, d'une mort, d'un crime, d'une guerre. Verra-t-on le roi de Prusse et ses alliés, comme l'a dit M. de Bismarck à la veille de la dissolution du *Reichstag*, « reprendre les sacrifices qu'ils ont faits à l'empire » et chercher une autre forme de l'unité? ou bien le parlement entrer en possession des prérogatives parlementaires, le pouvoir impérial s'affaiblir, les partis se disputer le gouvernement, et le *Reichstag*, où aucune majorité n'est possible, devenir une tour de Babel, au pied de laquelle les peuples allemands exprimeront en leur langue unique la diversité confuse de leurs sentiments? Arrivera-t-il alors, comme le prévoit M. de Bismarck, qu'une « majorité démocratique..., sans patriotisme et sans conscience », envahira la représentation de l'empire? Enfin ce professeur d'université, qui a fait de si curieuses confidences à l'auteur de *l'Allemagne actuelle*, aurait-il vu juste en annonçant qu'un jour le socialisme, comme comme jadis la Réforme, mettra ses armées en campagne et, par la guerre civile et sociale, qui détruiront toutes les formes du passé, édifiera au milieu de l'Europe l'Allemagne de l'avenir? Une chose est certaine, c'est que la constitution présente de l'Allemagne est accidentelle et passagère.

IV

Un des grands mérites de l'auteur de *l'Allemagne actuelle* est de donner au lecteur une impression juste. Aussi ne s'est-il pas contenté de montrer quelques-uns des défauts graves de la constitution de l'empire : il a commencé par en vanter la force présente ; il a fini en nous conseillant la prudence et en prêchant la paix.

La force est encore intacte. La pays est divisé, mais l'armée ne l'est pas. La propagande socialiste pénètre dans les casernes, mais elle n'a enhardi aucune recrue jusqu'à la désobéissance. Les partis parlementaires se querellent avec le chancelier, mais le soldat est soumis à l'empereur. L'armée a ce caractère singulier qu'elle est à la fois l'armée d'un peuple et l'armée d'un homme : tout un pays la recrute et elle est comme la propriété de l'empereur. C'est l'Allemagne en armes, et pourtant elle est avec son chef au-dessus de l'Allemagne. Il n'est jamais question de la plier aux convenances de la vie nationale : elle doit être la première servie et satisfaite. Certainement elle est le symbole le plus clair de l'unité. Autour d'elle se rallieraient, si l'œuvre était mise en péril par l'étranger, tous les Allemands de tous les pays. Ils saisiraient avec enthousiasme la joie de se retrouver unanimes, et le malaise, qui gagne peu à peu les patriotes les plus clairvoyants, s'apaiserait dans un hurrah formidable. De même, chez nous, lorsqu'un ministre demande à la chambre, qui est une arène de partis, quelque nouveau sacrifice exigé par la sécurité de la patrie, les députés de la France, pour un moment, se sentent tous Français.

Quand deux pays voisins se trouvent dans cette situation que chacun d'eux est divisé contre soi-même et uni contre l'autre, une légitime inquiétude pèse sur le monde entier : la guerre paraît fatale et toute prochaine.

L'auteur de *l'Allemagne actuelle* nous affirme que l'Allemagne ne menace personne et qu'elle est pacifique. Depuis quinze ans, dit-il, elle maintient la paix, et elle a évité plus d'un conflit; à la vérité, la Prusse est de nature belliqueuse, mais le jour où elle a mis la main sur les États allemands, tout en augmentant ses forces matérielles, elle a gêné ses mouvements et diminué l'impétuosité de son initiative. L'Allemagne accepterait sans hésiter la lutte contre l'Europe entière, si sa frontière était menacée; mais elle se trouve bien comme elle est, répugne à toute conquête, et, pourvu qu'on la laisse tranquille, ne cherchera noise à personne... Rien de plus vrai, et nous serions rassurés en effet, si nous avions devant nous un pays en pleine possession de ses destinées; mais l'Allemagne ne sera point consultée le jour où sera lancé l'ordre de mobilisation et publiée la déclaration de guerre.

Certes M. de Bismarck n'est pas homme à recommencer légèrement l'épreuve de 1870. Il n'aime point la guerre pour la guerre. Il est un grand homme d'État; il a le souci de sa responsabilité envers son pays, envers l'histoire et envers Dieu : il n'abandonnera pas au parti militaire la direction de sa politique et ne lui permettra pas de se jeter sur la France, uniquement parce que l'heure serait bien choisie d'une guerre d'extermination. Mais il semble que, depuis quelques mois, il ne soit plus aussi maître de lui-même : ne serait-ce point parce qu'il ne se sent plus aussi maître d'autrui ?

L'échec de la politique de la triple alliance lui a fait perdre l'espoir de maintenir longtemps la paix. L'opposition du parlement l'a exaspéré : elle a donné plus de précision à ses inquiétudes. Les dernières élections enfin ont révélé la ténacité des oppositions et la violence de l'antipathie de l'Alsace contre les vainqueurs. Pendant plusieurs années après la guerre, le chancelier a été l'arbitre de l'Europe; sa puissance même lui faisait trouver doux le repos du lion. Aujourd'hui, il a devant lui la série des difficultés intérieures et extérieures : il les classe, et peut-être pense-t-il qu'il est d'une bonne méthode de se mesurer successivement avec elles, pour ne point les léguer toutes ensemble à la seconde génération de l'empire.

La France a montré par des signes évidents sa volonté de retarder la lutte que l'opinion européenne considère comme fatale. Les Allemands craignent ou font semblant de craindre qu'elle ne se précipite un jour et tout à coup dans la guerre; mais cette promptitude aux résolutions extrêmes n'est plus dans nos mœurs, et nos institutions la rendent impossible. Nous avons, nous aussi, une armée nationale, et chacun de nous sait que la guerre suspendra toute vie et mettra des angoisses dans toutes les âmes. Personne d'ailleurs en France n'a le pouvoir de donner le signal décisif. Nous avons une procédure parlementaire pour la déclaration de guerre, et ceux qui dirigent aujourd'hui notre parlement avaient tout au moins âge de jeune homme en 1870 : ils ont des souvenirs qui rendent grave. Enfin nous vivons dans une crise continue, sous le régime de la division des partis, du conflit des programmes, des tiraillements en tous sens, des efforts contradictoires qui se neutralisent et se perdent en piétinement. L'Allemagne sait comment et par qui elle serait gouvernée pendant la lutte : savons-nous qui nous gouvernerait? Pour toutes ces raisons, la France ne peut avoir une politique offensive. Elle est prête à une résistance qui serait formidable, car elle y mettrait toutes les forces accumulées depuis dix-sept ans, une résolution unanime et le sentiment que l'alternative est entre la victoire ou la mort; mais elle ne prendra point la responsabilité de l'attaque : elle attendra.

Cependant une réconciliation sincère est impossible. L'auteur de *l'Allemagne actuelle* nous donne de sages avis dans le chapitre original qu'il intitule *la Revanche*. Il y a, nous dit-il, des revanches inattendues, comme celle que la France a prise sur sa vieille ennemie l'Angleterre, le jour où Bosquet a sauvé les Anglais à Inkermann, le jour encore où Pélissier a pris d'assaut Malakoff, pendant que nos alliés étaient arrêtés au pied du Grand-Redan. A merveille! Mais comment et contre qui pourrions-nous donc nous allier à l'Allemagne? — Il ne faut pas non plus nous proposer l'exemple de l'Autriche vaincue et réconciliée avec le vainqueur, car l'Autriche n'a point perdu d'âmes qui fussent siennes. Les territoires qu'on lui a enlevés ne lui appartenaient point. Elle n'a pas subi d'amputation dans la chair vive, et même ses malheurs lui ont été bienfaisants : elle marche plus librement depuis que son pied ne traîne plus ce boulet du royaume lombard-vénitien qui pesait si lourd à Sadowa. L'Allemagne a fait une tout autre condition à la France, qu'elle a mise dans l'impossibilité d'oublier la défaite.

Voilà donc deux grands peuples dont les génies, divers et puissants, collaboreraient efficacement au progrès de la civilisation générale, qui vivent sous la menace permanente de la guerre, l'attendent et se fatiguent à s'y préparer. Aussi entendons-nous des empiriques proposer un remède au mal : « Mieux vaut, disent-ils, en finir tout de suite. » Heureusement, il n'est point si simple d'appliquer ce remède effroyable. Un peuple vaincu n'a jamais attaqué le vainqueur quelques années après la lutte, uniquement parce qu'il se croyait prêt à recommencer l'expérience ; un peuple vainqueur n'a jamais attaqué le vaincu, parce qu'il le soupçonnait de vouloir prendre une revanche. Si la guerre est inévitable, personne ne voit comment elle commencera : la *modalité* est incertaine ; la partie est si redoutable, qu'il ne se trouvera peut-être de sitôt aucune personne assez hardie pour l'engager, aucun homme assez inhumain. Dès lors, qui connaît les secrets de l'avenir ? Il paraît insensé de rêver aujourd'hui le triomphe de la raison et de l'humanité, et d'espérer que l'Allemagne avoue qu'elle s'est trompée en abusant de sa victoire ; mais notre temps a vu tant de catastrophes, tant de révolutions, tant de revirements inattendus ! L'Allemagne est-elle donc assurée qu'elle pourra toujours braver l'hostilité de la France ? Elle est aujourd'hui enchaînée à notre frontière et, pour ainsi dire, captive de ses conquêtes. N'aura-t-elle jamais le désir de reprendre la liberté de ses mouvements? N'en sentira-t-elle jamais la nécessité?

Quoi qu'il doive arriver, tenons compte des possibilités de l'avenir. Ayons, au moins pour la politique extérieure, le long espoir et les pensées vastes. Prenons garde d'y appliquer des principes abstraits et des formules : il faut ici l'observation attentive, le calme, la patience, la docilité envers la force des choses, la prudence éclairée de la diplomatie.

Pour dire toute notre pensée, il est difficile à un gouvernement démocratique de conduire une diplomatie, car la démocratie a des vues simples et elle aime les décisions promptes, au lieu que la diplomatie est en présence d'intérêts compliqués et fait entrer le temps dans ses calculs. La démocratie considère la lutte entre la France et l'Allemagne comme un duel entre deux personnes ; elle a l'honneur irascible, et le sang lui monte à la tête à la moindre occasion. La diplomatie étudie tout l'échiquier de la politique européenne ; elle place dans l'ensemble les questions particulières ; elle sait que l'honneur d'une nation se répartit, pour ainsi dire, sur toute son histoire ; elle représente et elle sert la patrie continue. Si la diplomatie et la démocratie étaient inconciliables, il faudrait redouter de graves surprises, peut-être des dangers mortels ; mais notre pays a fait preuve, dans des crises récentes, de sang-froid et de raison. L'Allemagne nous met à de rudes épreuves. Elle nous cherche des querelles qui ressemblent trop à celle du loup et de l'agneau. Elle feint de s'alarmer si nous voulons pourvoir à la sécurité d'une frontière où elle a massé tout le matériel d'une invasion. Elle a inventé un délit international nouveau, celui du souvenir ; elle fait du regret un attentat, un *casus belli* de l'espérance. Pourtant nous n'avons point perdu la tête. Si nous persévérons dans notre calme, si la démocratie française apporte dans les relations extérieures l'esprit de conduite et l'esprit de suite, si elle est clairvoyante et patiente, point obstinée au même objet, si elle ne se laisse point fasciner par les regards et les mouvements d'aile de l'aigle d'Allemagne planant au-dessus des Vosges, elle attendra peut-être la récompense, mais elle l'aura.

N'allons point lui dire surtout qu'elle est nécessairement isolée dans le monde : ce serait la dispenser de toute sagesse, et d'ailleurs ce serait mentir. Les monarchies européennes ne s'entendront pas plus en ce siècle pour faire une croisade contre une république qu'elles ne se sont accordées au XVIe siècle pour renvoyer le Turc en Asie. Il n'y a point de sentiments en politique : il y a des intérêts. Les puissances monarchiques ont des intérêts qui se contredisent; elles ne semblent pas du tout disposées à faire régner sur la terre la paix perpétuelle. Le jour, soit lointain, soit prochain, où elles mobiliseront leurs armées, elles donneront des marques d'une considération empressée à un État, même démocratique, qui disposera d'un million de soldats.

FIN

TABLE DES MATIÈRES

L'invasion dans le département de l'Aisne... *15 Nov 1871* ... 1
Une visite au parlement d'Allemagne. *15 juin 1877* ... 99
Les partis socialistes en Allemagne... *15 sept 1873* ... 131
Les élections au parlement d'Allemagne. *1 mars 1874* ... 167
L'émigration allemande... *1 d am 1874* ... 197
La crise économique en Allemagne. *15 nov 1874* ... 217
Notes prises dans une excursion en Allemagne *July 15 '86* ... 259
L'état politique de l'Allemagne ... *1 July 1887* ... 289

LIBRAIRIE HACHETTE ET Cie
BOULEVARD SAINT-GERMAIN, 79, A PARIS

LES
GRANDS ÉCRIVAINS FRANÇAIS

ÉTUDES SUR LA VIE, LES ŒUVRES ET L'INFLUENCE
DES PRINCIPAUX AUTEURS DE NOTRE LITTÉRATURE

Notre siècle qui finit a eu, dès son début, et léguera au siècle prochain un goût profond pour les recherches historiques. Il s'y est livré avec une ardeur, une méthode et un succès que les âges antérieurs n'avaient pas connus. L'histoire du globe et de ses habitants a été refaite en entier; la pioche de l'archéologue a rendu à la lumière les os des héros de Mycènes et le propre visage de Sésostris. Les ruines expliquées, les hiéroglyphes traduits ont permis de reconstituer l'existence des illustres morts; parfois, de pénétrer dans leur pensée.

Avec une passion plus intense encore, parce qu'elle était mêlée de tendresse, notre siècle s'est appliqué à faire revivre les grands écrivains de toutes les littératures, dépositaires du génie des nations, interprètes de la pensée des peuples. Il n'a pas manqué en France d'érudits pour s'occuper de cette tâche; on a publié les œuvres et débrouillé la biographie de ces hommes illustres que nous chérissons comme des ancêtres et qui ont contribué, plus même que les princes et les capitaines, à la formation de la France moderne, pour ne pas dire du monde moderne.

Car c'est là une de nos gloires, l'œuvre de la France a été accompli moins par les armes que par la pensée, et l'action de notre pays sur le monde a toujours été indépendante de ses triomphes militaires : on l'a vue prépondérante aux heures les plus douloureuses de l'histoire nationale. C'est pourquoi les grands penseurs de notre littérature intéressent non seulement leurs descendants directs, mais encore une nombreuse postérité européenne éparse au delà des frontières.

Initiateurs d'abord, puis vulgarisateurs, les Français furent les premiers, au sein du tumulte qui marqua le début du moyen âge, à recommencer une littérature; les premières chansons qu'entendit la société moderne à son berceau furent des chansons françaises. De même que l'art gothique et que l'institution des universités, la littérature du moyen âge commence dans notre pays, puis se propage dans toute l'Europe : c'est l'initiation.

Mais cette littérature ignorait l'importance de la forme, de la sobriété, de la mesure; elle était trop spontanée et pas assez réfléchie, trop indifférente aux questions d'art. La France de Louis XIV mit en honneur la forme : ce fut, en attendant l'âge du renouveau philosophique dont Voltaire et Rousseau devaient être les apôtres européens au XVIIIe siècle, et en attendant la période éclectique et scientifique où nous vivons, l'époque de la vulgarisation des doctrines littéraires. Si cette tâche n'avait pas été remplie comme elle l'a été, la destinée des littératures eût été changée ; l'Arioste, le Tasse, Camoens, Shakespeare ou Spenser, tous les étrangers réunis, ceux de la Renaissance et ceux qui suivirent, n'eussent point suffi à provoquer cette réforme ; et notre âge, peut-être, n'eût point connu ces poètes passionnés qui ont été en même temps des artistes parfaits, plus libres que les précurseurs d'autrefois, plus purs de forme que n'avait rêvé Boileau : les Chénier, les Keats, les Gœthe, les Lamartine, les Leopardi.

Beaucoup d'ouvrages, dont toutes ces raisons justifient de reste la publication, ont donc été consacrés de notre temps aux grands écrivains français. Et cependant ces génies puissants et charmants ont-ils dans la littérature actuelle du monde la place qui leur est due? Nullement, et pas même en France, pour des raisons multiples.

D'abord, ayant reçu tardivement, au siècle dernier, la révélation des littératures du Nord, honteux de notre ignorance, nous nous sommes passionnés d'étranger, non sans profit, mais peut-être avec excès, au grand détriment dans tous les cas des ancêtres nationaux. Ces ancêtres, de plus, il n a pas été possible jusqu'ici de les associer à notre vie comme nous eussions aimé, et de les mêler au courant de nos idées quotidiennes; du moins, et précisément à cause de la nature des travaux qui leur ont été consacrés, on n'a pas pu le faire aisément. Où donc, en effet, revivent ces morts? Dans leurs œuvres ou dans les traités de littérature. C'est déjà beaucoup sans doute, et les belles éditions savantes, et les traités artistiquement ordonnés ont rendu moins difficile, dans notre temps, cette communion des âmes. Mais ce n'est point encore assez ; nous sommes habitués maintenant à ce que toute chose nous soit aisée ; on a clarifié les grammaires et les sciences comme on a simplifié les voyages ; l'impossible d'hier est devenu l'usuel d'aujourd'hui. C'est pourquoi, souvent, les anciens traités de littérature nous rebutent et les éditions complètes ne nous attirent point : ils conviennent pour les heures d'étude qui sont rares en dehors des occupations obligatoires, mais non pour les heures de repos qui sont plus fréquentes. Aussi, le livre qui s'ouvre, tout seul pour ainsi dire à ces moments, est le dernier roman paru ; et les œuvres des grands hommes, complètes et intactes, immobiles comme des portraits de famille, vénérées, mais rarement contemplées, restent dans leur bel alignement sur les hauts rayons des bibliothèques.

On les aime et on les néglige. Ces grands hommes semblent trop lointains, trop différents, trop savants, trop inaccessibles. L'idée de l'édition en beaucoup de volumes, des notes qui détourneront le regard, de l'appareil scientifique qui les entoure, peut-être le vague souvenir du collège, de l'étude classique, du devoir juvénile, oppriment l'esprit ; et l'heure qui s'ouvrait vide s'est déjà enfuie ; et l'on s'habitue ainsi à laisser à part nos vieux auteurs, majestés muettes, sans rechercher leur conversation familière.

Le but de la présente collection est de ramener près du foyer ces grands hommes logés dans des temples qu'on ne visite pas assez, et de rétablir entre les descendants et les ancêtres l'union d'idées et de propos qui, seule, peut assurer, malgré les changements que le temps impose, l'intègre conservation du génie national. On trouvera dans les volumes en cours de publication des renseignements précis sur la vie, l'œuvre et l'influence de chacun des écrivains qui ont marqué dans la littérature universelle ou qui représentent un côté original de l'esprit français. Les livres seront courts, le prix en sera faible; ils seront ainsi à la portée de tous. Ils seront conformes, pour le format, le papier et l'impression, au spécimen que le lecteur a sous les yeux. Ils donneront, sur les points douteux, le dernier état de la science, et par là ils pourront être utiles même à ceux qui savent : ils ne contiendront pas d'annotations, parce que le nom de leurs auteurs sera, pour chaque ouvrage, une garantie suffisante : le concours des plus illustres contemporains est, en effet, assuré à la collection. Enfin une reproduction exacte d'un portrait authentique permettra aux lecteurs de faire en quelque manière la connaissance physique de nos grands écrivains.

En somme, rappeler leur rôle, aujourd'hui mieux connu grâce aux recherches de l'érudition, fortifier leur action sur le temps présent, resserrer les liens et ranimer la tendresse qui nous unissent à notre passé littéraire; par la contemplation de ce passé, donner foi dans l'avenir et faire taire, s'il est possible, les dolentes voix des découragés : tel est notre but principal. Nous croyons aussi que cette collection aura plusieurs autres avantages. Il est bon que chaque génération établisse le bilan des richesses qu'elle a trouvées dans l'héritage des ancêtres; elle apprend ainsi à en faire meilleur usage; de plus, elle se résume, se dévoile, se fait connaître elle-même par ses jugements. Utile pour la reconstitution du passé, cette collection le sera donc encore, si l'accueil qu'elle reçoit permet de la mener à bien, pour la connaissance du présent.

10 avril 1887.

J. J. Jusserand.

LES
GRANDS ÉCRIVAINS FRANÇAIS

ÉTUDES SUR LA VIE, LES ŒUVRES ET L'INFLUENCE
DES PRINCIPAUX AUTEURS DE NOTRE LITTÉRATURE

Chaque volume est consacré à un écrivain différent
et se vend séparément.
Prix du volume, avec un portrait en photogravure. **2 fr.**

Viennent de paraître

VICTOR COUSIN
par M. Jules Simon
de l'Académie française.

MAD. DE SÉVIGNÉ
par M. Gaston Boissier
de l'Académie française.

MONTESQUIEU
par M. Albert Sorel.

Pour paraître incessamment

GEORGE SAND
par M. E. Caro
de l'Académie française.

TURGOT
par M. Léon Say
de l'Académie française.

VOLTAIRE
par M. Ferd. Brunetière.

RACINE
par M. Anatole France.

En préparation

Villon, par M. Gaston PARIS, membre de l'Institut

D'Aubigné, par M. Guillaume GUIZOT, professeur au Collège de France.

Boileau, par M. Ferdinand BRUNETIÈRE.

Rousseau, par M. CHERBULIEZ, de l'Académie française.

Joseph de Maistre, par le vicomte Eugène Melchior DE VOGÜÉ.

Lamartine, par M. de POMAIROLS.

Balzac, par M. Paul BOURGET.

Musset, par M. Jules LEMAITRE.

Sainte-Beuve, par M. TAINE, de l'Académie française.

Guizot, par M. G. MONOD, directeur de la *Revue historique*.

Etc., etc., etc.

www.ingramcontent.com/pod-product-compliance
Lightning Source LLC
Chambersburg PA
CBHW070435170426
43201CB00010B/1095